Eisenbahnregulierung zwischen öffentlichem Recht und Privatrecht

Europäische Hochschulschriften

Publications Universitaires Européennes
European University Studies

Reihe II
Rechtswissenschaft

Série II Series II
Droit
Law

Bd./Vol. 5318

PETER LANG
Frankfurt am Main · Berlin · Bern · Bruxelles · New York · Oxford · Wien

Ludger Pflug

Eisenbahnregulierung zwischen öffentlichem Recht und Privatrecht

PETER LANG
Internationaler Verlag der Wissenschaften

Bibliografische Information der Deutschen Nationalbibliothek
Die Deutsche Nationalbibliothek verzeichnet diese Publikation in der Deutschen Nationalbibliografie; detaillierte bibliografische Daten sind im Internet über http://dnb.d-nb.de abrufbar.

Zugl.: Berlin, Humboldt-Univ., Diss., 2011

Gedruckt auf alterungsbeständigem,
säurefreiem Papier.

11
ISSN 0531-7312
ISBN 978-3-631-62408-1

Vorwort

Die vorliegende Arbeit wurde von der juristischen Fakultät der Humboldt-Universität zu Berlin im Wintersemester 2011/2012 als Dissertation angenommen. Die Disputation erfolgte am 8. Dezember 2011.

Mein aufrichtiger Dank gilt meinem Doktorvater, Herrn Professor Dr. Christoph Möllers, für die Betreuung der Arbeit. Frau Professorin Dr. Anna-Bettina Kaiser danke ich für die Erstellung des Zweitgutachtens.

Inhaltsverzeichnis

Vorwort 5

Einleitung 17

Gang der Arbeit 19

1. Teil: Öffentliches und privates Recht 21
1. Entwicklung der Unterscheidung zwischen öffentlichem und privatem Recht 21
   a) Geschichtliche Entwicklung der Unterscheidung zwischen öffentlichem und privatem Recht bis zum Anfang des 19. Jahrhunderts 22
   b) Entwicklung von der Zweiteilung der Rechtsordnung zu gegensätzlichen Ordnungen bis zum Ende des 19. Jahrhunderts 23
   c) Stand der Forschung: keine strikte Dichotomie zwischen öffentlichem und privatem Recht, sondern Leitgedanke der wechselseitigen Auffangordnungen 25
      aa) Raiser 25
      bb) Hoffmann-Riem, Schmidt-Aßmann: Öffentliches Recht und Privatrecht als wechselseitige Auffangordnungen 26
      cc) Burgis Verbund-Perspektive 27
   d) Zwischenfazit 29
2. Dualismus der Rechtsordnung: Abgrenzung zwischen öffentlichem und privatem Recht 30
   a) Einwände gegen die Trennung der Rechtsordnung in Teilordnungen 30
      aa) Schaffung von Gemeinrecht als dritter Ebene 30
      bb) Unterscheidung zwischen Staat und Gesellschaft 30
      cc) Zusammenfassung 32
   b) Notwendigkeit der Unterscheidung der Teilrechtordnungen im positiven Recht 33
   c) Übersicht über die Abgrenzungstheorien 33
      aa) Interessentheorie 33
      bb) Subordinationstheorie 34

cc) Modifizierte Subjekttheorie (Zuordnungs-, Sonderrechtstheorie) 34
dd) Gesetzgebungskompetenztheorie 34
d) Kritik an den Abgrenzungstheorien 34
e) Abgrenzung der Teilrechtsordnungen durch die Rechtsprechung: Kasuistik 38
aa) Anknüpfung an außerrechtliche Topoi 38
bb) prozessökonomische Tendenzen 39
f) Fazit 39

2. Teil 41
1. Die geschichtliche Entwicklung der Eisenbahn 41
a) Die Anfänge im 19. Jahrhundert 41
b) Nach der Reichsgründung 42
c) Zwischen den Weltkriegen 42
d) Zeit des Nationalsozialismus 43
e) Die Bonner Republik 43
f) Dreistufige Bahnstrukturreform ab 1994 44
2. Ökonomische Grundlagen des Eisenbahnsektors 46
a) Ökonomische Sondersituation in den regulierten Netzsektoren 46
3. Grundbegriffe des Regulierungsrechts 47
a) Regulierungsbegriff 47
aa) Notwendigkeit eines Regulierungsbegriffes 47
bb) Sozialwissenschaftlicher Begriff 48
cc) Regulierung aus wirtschaftswissenschaftlicher Sicht 49
dd) Rechtswissenschaftlicher Regulierungsbegriff 50
aaa) Beschränkung der Regulierung auf das Privatisierungsfolgenrecht 50
bbb) Beschränkung der Regulierung auf monopolistisch geprägte Märkte 51
ee) Begriffsannäherung durch Definition der Regulierungsziele/ Finalität des Regulierungsbegriffes 51
aaa) Definition Fehlings 52
bbb) Eigene Definition des Regulierungsbegriffes 52
ccc) Regulierung und Planungsrecht 53
ddd) Die Regulierungsmaßnahme als neue Handlungsform des Verwaltungsrechts 53
b) Wettbewerbsbegriff 54
aa) Definition des Wettbewerbs als neuartiges Rechtsproblem 54
bb) Anknüpfung an ökonomische Modelle 55

aaa) Wirtschaftsverfassung des Grundgesetzes ... 56
bbb) Wettbewerbstheorie ... 58
ccc) Wettbewerbsbegriff des AEG ... 61
i) Wirksamkeit des Wettbewerbs ... 61
ii) Unverfälschter Wettbewerb ... 61
cc) Zwischenfazit ... 63
dd) Herstellung unverfälschten Wettbewerbs durch Regulierung ... 63
ee) Regulierung als Übergangsphänomen ... 64
ff) Beschränkung des Regulierungsrechts auf Netzwirtschaften ... 65
gg) Regulierte Selbstregulierung ... 65
c) Eisenbahnbegriff ... 66
d) Eisenbahninfrastruktur ... 67
aa) Europarechtlicher Infrastrukturbegriff, Verhältnis Verkehrswege – Eisenbahninfrastruktur ... 68
bb) Serviceeinrichtungen als Infrastruktur ... 69
cc) Eisenbahnspezifischer Infrastrukturbegriff ... 69
aaa) Zur allgemeinen wissenschaftlichen Diskussion über den Infrastrukturbegriff ... 69
bbb) Verwendung des Infrastrukturbegriff in der Rechtsprechung ... 70
dd) Einschränkende Auslegung des Infrastrukturbegriffes: Beschränkung auf fehlende Marktalternativen? ... 71
e) Betreiber der Schienenwege ... 72
4. Einordnung des allgemeinen Eisenbahngesetzes (AEG) in das System des besonderen Verwaltungsrechtsrechts ... 73
5. Verfassungs- und europarechtlicher Rahmen der Schienenregulierung ... 74
a) Der verfassungsrechtliche Rahmen der Schienenregulierung ... 74
aa) Art. 87e GG ... 74
aaa) Verpflichtung zu wirtschaftlicher Führung, Art. 87e Abs. 3 S. 1 GG ... 75
bbb) Gewährleistungsverantwortung, Art. 87e Abs. 4 S. 1 GG ... 75
ccc) Keine Fortführung der Staatszwecklehre im Paradigma des Gewährleistungsstaates ... 77
ddd) Privatisierungsschranke in Art. 87e Abs. 3 S. 2 GG ... 78
bb) Grundrechte ... 78
aaa) Abwehrrechte aus Art. 12, 14 GG ... 78
bbb) Die Deutsche Bahn AG als Grundrechtsträger ... 79
i) HEW-Beschluss des Bundesverfassungsgerichtes ... 79
ii) Urteil des Bundesverwaltungsgericht zur Deutschen Telekom AG ... 79

iii) Rechtsprechung des OVG Münster zur Grundrechtsfähigkeit der Deutschen Bahn AG 80
ccc) Verfassungsmäßigkeit von Regulierungsmaßnahmen 81
ddd) Kosten durch besondere Pflichten, die Monopolisten auferlegt werden als verfassungsrechtliches Problem? 83
eee) Grundrechtliche Schutzpflichten 83
cc) Einordnung der Regulierungsverwaltung in das Gewaltenschema: Verwaltung iSd Art. 20 Abs. 2 GG 85
b) Der europarechtliche Rahmen 86
aa) Eisenbahnpakete 87
bb) Transeuropäische Netze, Art. 154 ff. EG 87
6. Das System der Schienenregulierung 88
a) Materielle Netzzugangsregulierung im Eisenbahnsektor 89
aa) Regulierungsrechtsverhältnis: Systematisierung, Einordnung und Überblick, Regulierungsebenen 89
bb) Eisenbahnrechtlicher Netzzugang zwischen Regulierung und Verhandlung 91
aaa) Regulierter Netzzugang 91
bbb) Verhandelter Netzzugang 91
cc) Mischtyp in der Schienenregulierung 93
aaa) Privatautonomer Infrastrukturnutzungsvertrag 93
bbb) Verfahrensvoraussetzungen für das Zustandekommen des Nutzungsvertrags 94
ccc) Anzeigepflicht der EIU gem. § 14d AEG 95
ddd) Ex-Ante-Regulierung: Widerspruchsrecht der Bundesnetzagentur in § 14e Abs. 1 AEG 95
eee) Ex-Post-Regulierung 96
i) Überprüfungsverfahren: Verpflichtung zur Änderung von SNB oder deren Ungültigerklärung (§ 14f Abs. 1 AEG) 96
ii) Zugangsverfahren: Verpflichtung zur Änderung der Entscheidung (§ 14f Abs. 2 AEG) oder Anordnung des Zugangsvertrages (§ 14f Abs. 3 AEG) 97
fff) Verdichtung des Diskriminierungsverbotes zu einem Kontrahierungszwang; Anordnung als privatrechtsgestaltender Hoheitsakt 97
dd) Das eisenbahnrechtliche Diskriminierungsverbot (§ 14 Abs. 1 S. 1 AEG) 98
aaa) Relevanz des Diskriminierungsverbotes in der Praxis 99

bbb) Inhalt des Diskriminierungsverbotes; kartellrechtsanaloge Interpretation des Diskriminierungsbegriffes ... 100
ccc) Materieller Diskriminierungsbegriff der Bundesnetzagentur, Transparenzgebot ... 101
ddd) Wandel der Rechtsprechung des OVG Münster hin zum Diskriminierungsbegriff der Bundesnetzagentur ... 102
eee) Fazit: materielles Diskriminierungsverbot, Transparenzgebot ... 105
ee) Einschränkung des Diskriminierungsverbotes/ Zugangsbegrenzungsgründe ... 106
aaa) § 14 Abs. 1 S. 2 AEG: Berücksichtigung des vertakteten und ins Netz eingebundenen Verkehrs ... 106
bbb) Einschränkung durch die Kapazität der Infrastruktur ... 106
ccc) Weitere Zugangsbeschränkungsgründe ... 108
ff) Zugangsberechtigung ... 109
gg) Zugangsverpflichtung ... 109
b) Netzentgeltregulierung ... 110
aa) Überblick ... 110
bb) Ökonomische Problematik einer staatlichen Entgeltregulierung ... 111
aaa) Preisermittlungsmethoden ... 112
bbb) Externe Effizienzvergleiche ... 112
ccc) Interne Kostenkontrollen ... 113
cc) Entgeltregulierung im AEG ... 114
dd) Entgeltmaßstab (§ 14 Abs. 4 S. 1, Abs. 5 AEG): Vollkostendeckung minus Effizienzsteigerungsanreiz ... 115
ee) Regulierung der Entgeltgrundsätze ... 116
ff) Anreizregulierung ... 117
gg) Europarechtswidrigkeit des AEG wegen fehlender Anreizregulierung ... 118
hh) Rolle der LuV (Ergänzung der Anreizregulierung?) ... 118
ii) Fazit ... 119
c) Unbundling-Regime, §§ 9, 9a AEG ... 119
aa) Begriff des Unbundling ... 119
bb) Ökonomische Ausgangslage ... 119
aaa) Verbundvorteile ... 120
bbb) Quersubventionierung ... 120
ccc) Konzernrechtliche Verflechtung ... 121
cc) Funktion des Unbundling ... 121
dd) Arten des Unbundling ... 122

ee) Konkrete Ausgestaltung des Unbundling im AEG, §§ 9, 9a AEG: Gebote der buchhalterischen, organisatorischen und gesellschaftsrechtlichen Entflechtung 123
d) Sonstige Regulierungsinstrumente 127
e) Flankierende kartellrechtliche Regulierung 127
aa) Art. 19 Abs. 4 Nr. 4 GWB 128
bb) § 20 Abs. 1 GWB 128
cc) Artt. 81, 82 EGV 129
f) Kartellrechtliche Regulierung als Unterfall der sektorspezifischen Regulierung? 129
g) Das Verhältnis zwischen Regulierungsrecht und Kartellrecht im AEG 130
aa) Anwendungsvorrang des AEG 130
bb) parallele Anwendbarkeit AEG/GWB 131
cc) Fazit 132
7. Die institutionelle Ausgestaltung der Schienenregulierung 133
a) Bundesnetzagentur 133
b) Das Eisenbahnbundesamt 134
c) Zuständigkeiten der Bundesnetzagentur: Netzzugangs- und Entgeltregulierung 134
d) Zuständigkeiten des Eisenbahnbundesamt: Unbundling-Regulierung und sonstiges Eisenbahnrecht 135
e) Verhältnis Eisenbahnbundesamt – Bundesnetzagentur 135
f) Eisenbahninfrastrukturbeirat 136
g) Monopolkommission 136

3. Teil: Verknüpfungen zwischen öffentlichem und privatem Recht in der Schienenregulierung 137
1. Verknüpfungen beim Netzzugangssystem 137
a) Anspruch auf diskriminierungsfreie Behandlung bei Abschluss des Nutzungsvertrages oder unmittelbarer Zugangsanspruch? 137
aa) Zugangsanspruch nur nach Abschluss eines Infrastrukturnutzungsvertrages 138
aaa) Anspruch auf diskriminierungsfreie Behandlung 139
bbb) Anspruch auf Abschluss eines Nutzungsvertrages (Kontrahierungszwang) 139
bb) Unmittelbarer gesetzlicher Anspruch auf Zugangsgewähr 141
aaa) Wortlautargument 141
bbb) Gesetzessystematische Auslegung 142
ccc) Teleologische Auslegung 142

ddd) Rechtsvergleichende Auslegung ... 143
eee) Europarechtskonforme Auslegung ... 143
fff) Rechtsnatur des Zugangsanspruches ... 144
b) Sowohl zivil- als auch verwaltungsrechtlicher Nutzungsanspruch ... 145
c) Stellungnahme ... 145
aa) Kritik an der Zweistufigkeit des Zugangsanspruches, der Unterscheidung zwischen „ob“ und „wie“ des Zuganges ... 146
bb) Zwischenergebnis ... 148
cc) Exkurs: Kontrahierungszwang als neutrales Recht ... 148
2. Rechtsschutz ... 149
a) Zuständigkeit der ordentlichen Gerichte ... 150
b) Zuständigkeit der Verwaltungsgerichte ... 151
c) Parallelität der Rechtswege ... 152
aa) Zivilprozessuales Rechtsschutzbedürfnis ... 153
bb) Vollstreckbarkeit einer zivilgerichtlichen Entscheidung ... 154
cc) Zwischenfazit zum alternativen Rechtsschutz ... 155
d) Besonderheiten der Rechtswege: Verwaltungsrechtsweg ... 155
aa) Klagebefugnis der Wettbewerber im verwaltungsbehördlichen und -gerichtlichen Verfahren, § 42 Abs. 2 VwGO ... 155
bb) Beteiligte des Verwaltungsverfahrens/Verwaltungsprozesses ... 158
e) Prozessuale Besonderheiten des Zivilrechtswegs ... 158
aa) Besonderheiten beim vorläufigen Rechtsschutz ... 159
bb) Kontrolldichte der Gerichte: Anerkennung von Beurteilungsspielräumen der Bundesnetzagentur ... 159
aaa) Zivilgerichte ... 160
bbb) Verwaltungsgerichte ... 160
f) Fazit zu parallelen Rechtsschutzmöglichkeiten ... 161
g) Zur Vereinheitlichung der Rechtswege im Regulierungsrecht ... 161
aa) Befürwortende Argumente: Gefahr divergierender Entscheidungen ... 161
bb) Tendenzen in der Rechtsprechung hin zu Rechtsschutzverweigerungen ... 163
cc) Argumente für den Verwaltungsrechtsweg: Sachnähe ... 163
dd) Einheitliche Fortentwicklung der Verwaltungsdogmatik ... 164
ee) Stellungnahme ... 164
3. Prüfungsumfang der Bundesnetzagentur in der Ex-Ante-Kontrolle: Widersprüche gegen Bedingungen, die in „zivilrechtlichen“ AGB vereinbart sind? ... 166
a) Unterschiedliche Rechtsnatur von AGB und SNB ... 167

b) Beanstandung rechtswidriger AGB, die nicht in SNB/NBS enthalten sind 169
aa) Ex-Ante-Kontrolle 169
bb) Ex-Post-Regulierung 169
cc) TKG: Keine zivilgerichtliche Prüfung von AGB nach Entgeltanordnung: BGH – Urteil vom 24.5.2007 (Az. III ZR 467/04) 170
c) Zwischenfazit 171
4. Ex-Post-Kontrolle der Bundesnetzagentur: Erwägungen auf Rechtsfolgenseite bei der Beanstandung rechtswidriger Vertragsbedingungen und der Vertragsanordnung 172
a) Orientierung an zivilrechtlichen Grundsätzen 173
b) Kollision mit Bindungen der Exekutive 173
c) Orientierung am Planungsrecht 174
d) Parallelproblematik in anderen Netzsektoren: Maßstäbe der Zugangsanordnung nach § 25 Abs. 5 TKG 175
e) Übertragung der Grundsätze auf das eisenbahnrechtliche Anordnungsverfahren in § 14f Abs. 3 Nr. 2 AEG 177
aa) Umfassende Befugnis der Bundesnetzagentur zur Anordnung des Nutzungsvertrages 177
bb) Pflichtgemäße Ausübung des Auswahlermessens 178
cc) Beschränkung des Anordnungsermessens und konkrete Abwägungsdirektiven 179
aaa) Verpflichtung zur Übernahme bereits ausgehandelter Teile des Nutzungsvertrages? 179
bbb) Prüfungsmaßstab bei der Inhaltskontrolle von Vertragsbedingungen 180
dd) Verfassungsrechtliche Legitimation einer an zivilrechtlichen Grundsätzen orientierten Anordnung 181
5. Gestaltungsspielräume der Unternehmen beim Netzzugang: Geltung zivilrechtlicher Zurückbehaltungsrechte (§ 273 BGB) des EIU gegenüber zugangsbegehrenden EVU im Regulierungsrechtsverhältnis 182
a) Zivilrechtliche Natur des regulierungsrechtlichen Nutzungsvertrags 183
b) Abschließende Regelung des Regulierungsrechtsverhältnisses durch die EIBV (§ 5 Abs. 1 EIBV)? 183
c) Verbleibende Gestaltungsspielräume der Unternehmen im Regulierungsrechtsverhältnis/Reichweite des Diskriminierungsverbotes 184
d) Fazit 187
6. Zivilrechtliche Folgen eines Verstoßes gegen das Diskriminierungsverbot aus § 14 Abs. 1 S. 1 AEG 187

a) Diskriminierungsverbot als Verbotsnorm iSd § 134 BGB 187
aa) Literatur: Diskriminierungsverbot als Gebotsnorm 187
bb) Eigene Auffassung: Verbotsnorm.. 188
b) Zivilrechtliche Sekundäransprüche: Schadensersatz/Unterlassung....... 190
7. Verknüpfungen im System der Entgeltregulierung...................................... 191
a) Monopolpreis-Rechtsprechung des BGH 191
b) Kritik 192
c) Stellungnahme 192

Fazit und Thesen.. 195

Literaturverzeichnis 201

Einleitung

> Der Charakter einer Rechtsordnung drückt sich durch nichts so deutlich aus wie durch das Verhältnis, in das sie öffentliches und privates Recht zueinander stellt, und durch die Weise, wie sie die Rechtsverhältnisse zwischen Privatrecht und öffentlichem Recht aufteilt[1].

Die deutsche Rechtsordnung wird durch den Dualismus der Teilrechtsordnungen öffentliches Recht und Privatrecht grundlegend geprägt. Es ist nicht übertrieben, diesen Dualismus als in der öffentlichen Wahrnehmung bedeutsamste Strukturvorgabe unserer Rechtsordnung zu qualifizieren. Sie wird den Studierenden im ersten Semester regelmäßig als Schaubild vorgehalten, prägt die gesamte universitäre Ausbildung, die Veranstaltungen, die Organisation der Lehrstühle, die Gerichtsbarkeit, die rechtliche Dogmatik und Methodik und nicht zuletzt das juristische Selbstverständnis eines „Öffentlich-Rechtlers" oder „Zivilrechtlers".

Im immer noch in der Entstehung begriffenen Regulierungsrecht sind beide Teilrechtsordnungen besonders intensiv miteinander verwoben. Das Regulierungsrecht wird durch diese engen Verknüpfungen wesentlich geprägt. Mit den Verknüpfungen der Teilrechtsordnungen einher geht ein besonderes Interesse an ihrer Abgrenzung[2].

Regulierungsrecht wird eingesetzt in Wirtschaftssektoren, die entweder durch eine monopol- oder oligopole Marktkonzentration oder durch eine Verlagerung vormals staatlicher Aufgaben auf Private gekennzeichnet sind. Diese Aufgabenverlagerung wurde besonders forciert durch die zahlreichen Privatisierungen zu Beginn der 1990er Jahre. Mit ihr einher geht eine Evolution der Rolle des Staates von der normativen Erfüllungsverantwortung, in der der Staat bestimmte Leistungen per Gesetz selbst bereitstellt in Richtung einer Gewährleistungsverantwortung, die dem Staat eine Reservefunktion zuweist und ihn zwingt, nur noch bei defizitären Marktergebnissen selbst einzuschreiten.

Durch diese Aufgabenverlagerung verliert das im Regulierungsrecht enthaltene öffentliche Recht nicht an Bedeutung, wandelt aber seinen Charakter. Es ist weniger durch das bipolare Staat-Bürger-Verhältnis der Eingriffsverwaltung, als durch multipolare Konflikte zahlreicher Privater untereinander geprägt, die es – unter Berücksichtigung öffentlicher Interessen – auszutarieren hat. Verdeutlicht wird

---

1 Radbruch, Rechtsphilosophie, S. 228.

2 Schmidt-Aßmann, VBlBW 2000, 45 (46 f.).

dieser Wandel des öffentlichen Rechts vor dem Hintergrund der Tatsache, dass das Zivilrecht die Teilrechtsordnung ist, die a priori das Verhältnis der Privaten untereinander regelt.

Radbruchs Zitat verdeutlicht, dass mit den Teilrechtsordnungen jeweils spezifische Steuerungsleistungen für ein politisch vorgegebenes Gesamtergebnis bereitstehen. Beide Ordnungen sind daher je nach „Einsatzgebiet“ in unterschiedlich ausgeprägtem Maße – entsprechend ihren Vor- und Nachteilen – einzusetzen. Von diesem Ausgangspunkt erscheint eine dualistische Rechtsordnung gegenüber einer monistischen grundsätzlich im Vorteil. Dementsprechend wird heute überwiegend nicht mehr gefordert, den Dualismus insgesamt abzuschaffen: weder eine Vereinheitlichung noch eine strikte Trennung werden im Sinne Radbruchs als zielführend angesehen, sondern nur eine sachgerechte Verbindung beider Teilrechtsordnungen[3].

3 Schmidt-Aßmann, Wechselseitige Auffangordnungen, S. 15.

Gang der Arbeit

Die Arbeit beginnt mit einem geschichtlichen Überblick über die Entwicklung der nationalen Rechtsordnung hin zum Dualismus öffentliches Recht – Privatrecht. Dabei wird untersucht, ob rechtstheoretisch die Einteilung so fundamental ist, wie es der skizzierte praktische Umgang mit der Unterscheidung nahelegt. Sodann wird auf die Notwendigkeit und die Möglichkeiten eingegangen, die Teilrechtsordnungen voneinander abzugrenzen.

Nach der Darstellung der wichtigsten Grundbegriffe des Regulierungsrechts werden im Überblick das Eisenbahnregulierungsrecht, seine wichtigsten Instrumente (Zugangs-, Entgeltregulierung, Unbundling-Regime und kartellrechtliche Regulierung) und die institutionelle Ausgestaltung erörtert. Anschließend werden einige Konstellationen herausgegriffen, in denen die Verzahnung der Teilrechtsordnungen besonders ausgeprägt ausgestaltet ist. Schon die wichtigsten Instrumente des Regulierungsrechts führen die Verklammerungen anschaulich vor Augen. Bei der Zugangs- und Entgeltregulierung „begleitet" eine Behörde private Rechtssubjekte bei Abschluss und Durchsetzung eines Vertrages. Schon der erste Eindruck legt nahe, dass die Gemengelage eine Reihe von Anwendungsproblemen für Behörden und Gerichte verursacht, die sich nicht nur auf die Ermittlung des Rechtsweges beschränken. Hierzu sollen einige Beispiele aus der Rechtsprechung herangezogen und analysiert werden.

Dieser Befund wirft die Frage auf, ob die ausgeprägte Gemengelage im Regulierungsrecht wirklich als sachgerechte Verbindung der Teilrechtsordnungen angesehen werden kann. Denkbar wäre alternativ auch, die regulierungsrechtlichen Probleme rein zivilrechtlich oder rein öffentlich-rechtlich zu lösen. Rechtspolitisch ist fraglich, ob und inwieweit der status quo gegenüber einer Vereinheitlichung vorteilhaft ist. Diskutiert wird jedenfalls eine Vereinheitlichung des Regulierungsrechts. In materieller Hinsicht wurde 2006[4] die Frage aufgeworfen, ob ein sektorenübergreifendes Netzwirtschaftsgesetz geschaffen werden soll. Für die Zuständigkeitsebene wird gefordert, dass für das Regulierungsrecht nur noch

4 Durch das Gutachten Masings (Gutachten D) auf dem 66. deutschen Juristentag; vgl. dazu Masing, NJW 2006 Beilage S. 18.

ein Rechtsweg – hier wird für eine Konzentration der Zuständigkeiten bei den Verwaltungsgerichten[5] plädiert – eröffnet ist.

Die Arbeit will somit einen Bogen schlagen von der Theorie unserer dualistischen Rechtsordnung hin zu konkreten Problemen, die sich Behörden und Gerichten bei der Anwendung des Eisenbahnregulierungsrechts im Hinblick auf die ausgeprägten Verknüpfungen stellen. Sie erhebt keinen Anspruch auf Vollständigkeit, sondern ist in der Auswahl der angesprochenen Rechtsprobleme höchst selektiv.

5 Knauff, VerwArch 2007, 382.

1. Teil: Öffentliches und privates Recht

1. Entwicklung der Unterscheidung zwischen öffentlichem und privatem Recht

Die Unterscheidung der Rechtsordnung in öffentliches Recht und Privatrecht ist im positiven Recht, insbesondere in den Generalklauseln für den Rechtsweg zu den ordentlichen Gerichten bzw. den Verwaltungsgerichten in §§ 13 GVG, 40 Abs. 1 VwGO angelegt[6]. Eine wissenschaftliche Aufarbeitung des Problems findet überwiegend in Monographien statt, trotzdem ist auch die Kommentarliteratur wegen der praktischen Bedeutung der Rechtswegfrage gezwungen, sich mit der theoretischen Fundierung der Abgrenzung der Teilrechtsordnungen auseinanderzusetzen. Dabei erschöpft sich diese Problematik nicht in der Rechtswegfrage. Sie ist bedeutsam für die Art der Auslegung und Anwendung der regulierungsrechtlichen Normen.

Auch deswegen wird teilweise die Auffassung vertreten, der Dualismus unserer Rechtsordnung sei rechtsinhärent angelegt, ohne diese Prämisse jedoch zu hinterfragen[7]. Dies ist aber, wie im folgenden Kapitel gezeigt werden wird, nicht der Fall. Es ist der – nationale – Gesetzgeber, der die Einteilung des Rechts in die Teilordnungen vorgibt[8].

Für das Verständnis der Unterscheidung der Rechtsordnungen ist es unabdingbar, sich die geschichtliche Rechtsentwicklung zu vergegenwärtigen, weil der status quo nur unter Berücksichtigung des sozialgeschichtlichen Kontextes verstehbar wird[9].

---

6 Z. B. in §§ 40 I VwGO, 13 GVG, wobei der Gesetzgeber nicht selbst eine Abgrenzungsformel liefert, sondern die Abgrenzung der Rechtsprechung überlässt.

7 Grimm, Die Trennung von öffentlichem und privatem Recht, in: Dilcher/Horn, Sozialwissenschaften im Studium des Rechts, Bd. IV 1978, S. 57.

8 Menger, Meinungen über die Unterscheidung von Öffentlichem und Privatem Recht, S. 149; Wolff, AöR 76 (1950), 205 (207); Leisner, Unterscheidung zwischen privatem und öffentlichem Recht, JZ 2006, 869 (875); Stolleis, Öffentliches Recht und Privatrecht im Prozess der Entstehung des modernen Staates, in: Wechselseitige Auffangordnugnen, S. 41 (45).

9 Grimm, Die Trennung von öffentlichem und privatem Recht, in: Dilcher/Horn, Sozialwissenschaften im Studium des Rechts, Bd. IV 1978, S. 57.

a) Geschichtliche Entwicklung der Unterscheidung zwischen öffentlichem und privatem Recht bis zum Anfang des 19. Jahrhunderts

Die Unterscheidung zwischen öffentlichem und privatem Recht geht nach verbreiteter Auffassung auf den römischen Juristen Ulpian (170-228 n. Chr.) zurück[10]: „publicum ius est quod ad statum rei Romanae spectat, privatum, quod ad singulorem utilitatem[11]“. Ulpian gilt als Vater der Interessentheorie, die lange Zeit die Grenze zwischen ius publicum und ius privatum abstecken sollte. Anders als nach dem heutigen Verständnis der Begriffe war mit dieser Unterscheidung wohl keine zwingende Systematisierung im Sinne einer durchgehenden Zweiteilung der Rechtsordnung intendiert[12]. Wahrscheinlicher ist, dass Ulpian eine unter mehreren Möglichkeiten gewählt hatte, den Rechtsstoff einzuteilen[13]. Dafür sprechen Bullingers Nachweise, wonach im römischen Recht zahlreiche Durchbrechungen und Überlagerungen zwischen dem ius privatum und dem ius publicum existierten[14].

Im 16. und 17. Jahrhundert wuchs die Bedeutung der Unterscheidung. Im Zuge humanistischen Denkens wurde die Rezeption des römischen Rechts rationalisiert. Um die Komplexität der justinianischen Gesetze reduzieren zu können, suchte man nach Ordnungsprinzipien, die über die Einteilung der Legalordnung in Digesten hinausgingen. Man bediente sich dazu der bereits vorhandenen Formel Ulpians, löste aber zugleich das ius publicum von seiner römischrechtlichen Verankerung[15]. Beeinflusst durch die Auseinandersetzung zwischen protestantischen und katholischen sowie kaisertreuen Autoren über die „translatio imperii“, also die Frage, ob die deutschen Kaiser legitime Rechtsnachfolger der römischen Kaiser seien[16], entwickelte sich ein eigenständiges ius publicum. Zu dieser Zeit entstanden auch die ersten Lehrstühle für öffentliches Recht an den Universitäten. Einen anschaulichen Grund lieferte Eberhard von Wehye, der 1610 beklagte, „die Juristen lernten auf der Universität alle Dinge des Privatrechts, bis hin zum Trauf- und Kloakenrecht (…), aber nichts über Religionsstreitigkeiten, Deputationstage oder Reichskreistage, nichts von Fiskus, Heerwesen, Krieg und Frieden oder Bünd-

10 Bydlinski, AcP 194 (1994), 319 (322).

11 Dig. 1,1,1 § 2 g.A.: Öffentliches Recht ist, was den Bestand des römischen Staates; Privatrecht, was den Nutzen einzelner betrifft.

12 Bullinger, Funktionelle Unterscheidung, in: Wechselseitige Auffangordnungen, S. 244; Bydlinski, Unterscheidung von Privatrecht und öffentlichem Recht, AcP 1994, 319 (322).

13 Bullinger, Öffentliches Recht und Privatrecht, S. 13.

14 Bullinger, Öffentliches Recht und Privatrecht, S. 13 ff..

15 Stolleis, Öffentliches Recht und Privatrecht im Prozess der Entstehung des modernen Staates, in: Wechselseitige Auffangordnungen, S. 41 (48 f.).

16 Stolleis, Öffentliches Recht und Privatrecht im Prozess der Entstehung des modernen Staates, in: Wechselseitige Auffangordnungen, S. 41 (48).

nissen, also nichts von Dingen, die weit wichtiger seien als die der privaten Angelegenheiten[17]". Die Rechtsbereiche wurden bis in das 18. Jahrhundert zwar unterschieden, die Gesamtrechtsordnung aber nicht dichotomisch in Teilordnungen gegliedert. Noch im preußischen Allgemeinen Landrecht fungierte das „ius civile" als Überbegriff für das gesamte Recht[18].

b) Entwicklung von der Zweiteilung der Rechtsordnung zu gegensätzlichen Ordnungen bis zum Ende des 19. Jahrhunderts

Das änderte sich gegen Ende des 18. Jahrhunderts. Was bis dato noch eine Unterscheidung zwischen den Rechtsordnungen war, avancierte zu einer Zweiteilung[19], die bis zu einer vollständigen Trennung der Rechtsordnungen ausgebaut wurde. Aus einer politischen Forderung nach einer Einteilung der Rechtsordnung wird ein wissenschaftliches Prinzip[20]. Bullinger[21] benennt zwei Gründe für diese Entwicklung:

Erstens die sich entwickelnde Trennung von Staat und Gesellschaft[22] und die damit verbundene Hierarchisierung der Rechtskreise: Öffentliches Recht galt zwischen der entfesselten absolute Staatsgewalt und den Untertanen, Privatrecht regelte Rechtsgeschäfte zwischen den Untertanen untereinander. Hauptgrund für die Schaffung eines von Privatautonomie geprägten Wirtschaftsraumes für die Untertanen waren hierfür wohl in erster Linie Machterhaltungsinteressen des Souveräns. Denn zeitgleich mit der Trennung von Staat und Gesellschaft wurde der Rechtsschutz auf das Privatrecht beschränkt[23]. Der Monarch wollte sich von Gerichten in den öffentlichen Bereich nicht hineinregieren lassen.

---

17 Zitiert von Stolleis, Öffentliches Recht und Privatrecht im Prozess der Entstehung des modernen Staates, in: Wechselseitige Auffangordnungen, S. 41 (49 f.); vgl. auch Bullinger, Öffentliches Recht und Privatrecht in Geschichte und Gegenwart, in: FS Rittner, S. 69 (71).

18 Stolleis, Öffentliches Recht und Privatrecht im Prozess der Entstehung des modernen Staates, in: Wechselseitige Auffangordnungen, S. 41 (54).

19 Bullinger, Funktionelle Unterscheidung, in: Wechselseitige Auffangordnungen S. 239.

20 Grimm, Die Trennung von öffentlichem und privatem Recht, in: Dilcher/Horn, Sozialwissenschaften im Studium des Rechts, Bd. IV 1978, S. 55 (62).

21 Bullinger, Öffentliches Recht und Privatrecht in Geschichte und Gegenwart, in: FS Rittner, S. 69 (72 ff.).

22 So auch Grimm, Die Trennung von öffentlichem und privatem Recht, in: Dilcher/Horn, Sozialwissenschaften im Studium des Rechts, Bd. IV 1978, S. 55 (63); Ehlers, Verwaltung in Privatrechtsform, S. 34.

23 Zum privaten Rechtsschutz zählten auch die gleichartigen Rechtsverhältnisse zwischen Staat und Bürger; gleichwohl lag die Beschränkung des Rechtsschutzes auf den Zivilrechtsweg auch

Als zweiten Grund für die Entwicklung der Zweiteilung benennt Bullinger die Funktion des Privatrechts, die Bürger zu freiverantwortlicher Gewerbetätigkeit zu animieren und dadurch das Gemeinwohl zu fördern. Dazu mussten die überkommenen Privilegien und Gewerbemonopole beseitigt werden, was eher einem liberalen und von den öffentlich-rechtlichen Fesseln losgelösten Privatrecht zugetraut wurde, als dem langwierigen Weg, die Privilegien einzeln und gegen die zu erwartenden Widerstände der Profiteure abzuschaffen[24].

Übersimplifizierend wurden die Teilrechtsordnungen unterschiedlich charakterisiert, indem ihnen wertende Funktionen zugedacht wurden. Diese Funktionen tauchen auch im heutigen Diskurs immer wieder auf: individuelle und gesellschaftliche Freiheit des Privatrechts gegenüber Befehl und Zwang im öffentlichen Recht[25]. Sehr fraglich ist, ob diese Pauschalierung angesichts der Beschränkung der „Freiheiten" nur auf bestimmte Wirtschaftssektoren schon damals überhaupt zutraf[26]. Widerlegt wurde diese Überhöhung de facto im Verlaufe des 19. Jahrhunderts, als sich im Zuge der industriellen Revolution private Vermachtungen und damit auch private Gefährdungslagen für die individuelle Freiheit entwickelten. Interessanterweise wurden diese Freiheitsgefährdungen unter dem Trennungsdenken lange nicht als solche erkannt[27]. Diese Erkenntnis hat verstärkt erst in neuester Zeit durch das Verbraucherschutzrecht, das soziale Mietrecht oder das Arbeitsrecht Einzug in das Zivilrecht erhalten. Von einer Wertneutralität des Privatrechts konnte also niemals ausgegangen werden, die Privatautonomie bildete stets nicht mehr und nicht weniger als den Grundsatz des Privatrechts, von dem mal mehr, mal weniger abgewichen wurde und wird.

Mit sichtbar werdender Trennung von Staat und Gesellschaft entwickelte sich ein das Verhältnis zwischen Untertanen und dem Monarchen regelndes öffentliches Recht. Als wichtiges Ergebnis bleibt somit festzuhalten, dass die Publifizierung des öffentlichen Rechts im heutigen Sinne und die damit verbundene Unterscheidung zwischen den Teilrechtsordnungen als „Begleitphänomen der Entstehung des modernen Staates[28]" charakterisiert werden kann.

---

im Interesse liberaler Reformer, vgl. Bullinger, Öffentliches Recht und Privatrecht in Geschichte und Gegenwart, in: FS Rittner, S. 69 (72).

24 Bullinger, Funktionelle Unterscheidung in: Wechselseitige Auffangordnungen, S. 241 f.

25 Kritisch auch Trute, Wechselseitige Auffangordnungen, S. 168 (171).

26 Grimm, Die Trennung von öffentlichem und privatem Recht, in: Dilcher/Horn, Sozialwissenschaften im Studium des Recht, Bd. IV 1978, S. 55 (62); Bullinger, Öffentliches Recht und Privatrecht in Geschichte und Gegenwart, in: FS Rittner, S. 69 (74), der diese Pauschalierung als „Ideologie des Privatrechts" bezeichnet; Bydlinski, AcP 194 (1994), 319 (322).

27 Grimm, Die Trennung von öffentlichem und privatem Recht, in: Dilcher/Horn, Sozialwissenschaften im Studium des Recht, Bd. IV 1978, S. 55 (63).

28 Stolleis, Öffentliches Recht und Privatrecht im Prozess der Entstehung des modernen Staates, in: Wechselseitige Auffangordnungen, S. 41 (60).

c) Stand der Forschung: keine strikte Dichotomie zwischen öffentlichem und privatem Recht, sondern Leitgedanke der wechselseitigen Auffangordnungen

Nach verbreiteter Auffassung[29] lassen sich nur die Kernbereiche der beiden Großmaterien öffentliches Recht und Privatrecht überzeugend voneinander abgrenzen, während die Randmaterien und Grenzbereiche von einer komplexen Gemengelage geprägt sind[30]. Auch wenn die Einteilung in Teilrechtsordnungen als „überkommener Dualismus“ bezeichnet wird[31], wird überwiegend an ihr festgehalten. Überwiegend wird vertreten, dass sich eine strikte Dichotomisierung der Rechtsregime nicht einhalten lässt. Ein Wandel lässt sich insbesondere konstatieren in der Funktion, die den beiden Teilrechtsordnungen jeweils zugedacht wurde.

aa) Raiser

Ludwig Raiser plädierte dafür, die Leitgedanken von öffentlichem und privatem Recht als Pole zweier „allgemeiner Teile“ des gesamten Rechtssystems herauszustellen und im Einzelfall Normen in ein solches Schema zuzuordnen. Kombinationen der Leitgedanken sollten nicht ausgeschlossen sein[32]. Er analysierte das Verhältnis der Teilrechtsordnungen vom Privatrecht ausgehend. Ausgangspunkt war die Erkenntnis, dass auch das Privatrecht, beispielsweise das Arbeitsrecht, Machtungleichgewichte zwischen Arbeitnehmer und Arbeitgeber abmildern soll und damit auch öffentliche Interessen verfolgt. Soweit zivilrechtliche Normen, die weniger der Privatautonomie als der sozialen Verantwortung dienen, zu diesen Zwecken nicht mehr ausreichen, sah er das öffentliche Recht in der Pflicht, korrigierend einzugreifen[33]. Auch wenn dies auch damals schon keine neue Erkenntnis war, half die klare Benennung der Funktion, die Unmöglichkeit einer dichotomischen Unterscheidung der Teilrechtsordnungen herauszustellen. Raiser wollte die Funktionsfähigkeit des Zivilrechts erhalten. Er forderte, mit der Fortentwicklung der Wirtschaft, der Ausprägung von Großunternehmen auch das Privatrecht anzupassen. Den Fortbestand des Privatrechts sah er dadurch gefährdet,

29 Bullinger, Öffentliches Recht und Privatrecht in Geschichte und Gegenwart, in: Festschrift Rittner, S. 69 (91); Trute, Verzahnungen von öffentlichem und privatem Recht in: Wechselseitige Auffangordnungen, S. 169.

30 Ehlers, Verwaltung in Privatrechtsform, S. 50.

31 Hoffmann-Riem, GVwR II, § 33 Rn. 70.

32 Raiser, Die Zukunft des Privatrechts in: Die Aufgabe des Privatrechts, S. 208 (219) benutzt die Metapher einer Ellipse mit zwei Brennpunkten; dazu Bullinger, Funktionelle Unterscheidung, in: Wechselseitige Auffangordnungen, S. 249 f.

33 Raiser, Die Zukunft des Privatrechts in: Die Aufgabe des Privatrechts, S. 208 (224).

dass sich Großunternehmen unter dem Deckmantel eines behaupteten liberalen und unpolitischen Privatrechts ihrer politischen Verantwortung entziehen, indem sie ihre wirtschaftliche Macht ausnutzen[34].

bb) Hoffmann-Riem, Schmidt-Aßmann: Öffentliches Recht und Privatrecht als wechselseitige Auffangordnungen

In den 1990ern wurde die Idee Raisers wieder aufgegriffen. Unter Ablehnung einer dichotomischen Unterscheidung der Teilrechtsbereiche wurde von Hoffmann-Riem und Schmidt-Aßmann der Begriff der „wechselseitigen Auffangordnungen" geprägt[35]. Der Begriff knüpft an die unterschiedlichen Steuerungsleistungen der Teilrechtsordnungen an, die in den Dienst der Gesamtrechtsordnung gestellt werden sollen. So soll jeweils die Teilordnung aktiviert werden, die die jeweils passenden Regelungsinstrumente bereithält, Defizite der anderen Teilordnung ausgleichen und in diesem Sinne „auffangen"[36]. Die Teilrechtsordnungen werden als funktionale Äquivalente der Gesamtordnung verstanden. Mit der funktionellen Charakterisierung der Teilrechtsordnungen kann die Arbeit Raisers somit in der Grundaussage als Vorläufer der Arbeit über die Teilrechtsordnungen als „wechselseitige Auffangordnungen" angesehen werden.

Nach diesem Konzept können systematisch verschiedene Verbindungsebenen, auf denen die Teilordnungen zueinander finden, unterschieden werden[37]: gemeinsame Systemgedanken, beispielsweise gemeinsame Datenschutzregelungen in den §§ 1-11 BDSG, die sowohl auf öffentliche wie auf nicht-öffentliches Stellen anwendbar sind. Anknüpfungen an Normen der jeweils anderen Teilordnung auf Tatbestands- oder Rechtswidrigkeitsebene, etwa § 62 S. 2 VwVfG, der für den öffentlich-rechtlichen Vertrag die ergänzende Anwendung des BGB vorsieht. Von der zivilrechtlichen Seite ausgehend kann § 906 BGB angeführt werden, der die Einhaltung öffentlich-rechtlicher Pflichten in die Systematik des Zivilrechts implementiert oder §§ 134, 823 Abs. 2 BGB, die auch an Verbots- bzw. Schutzgesetze des öffentlichen Rechts anknüpfen[38].

Normen, die beide Teilrechtsordnungen durchziehende Grundsätze beinhalten, werden mitunter im Sinne Raisers auch einem „gemeinsamen Recht" zuge-

34 Raiser, Die Aufgabe des Privatrechts, S. 208 (230).

35 Hoffmann-Riem, DVBl. 1994, 1381 (3186 f.); Calliess, DV 2001, 169 (184).

36 Schmidt-Aßmann, Öffentliches Recht und Privatrecht, in: Wechselseitige Auffangordnungen, S. 7 (8).

37 Schmidt-Aßmann, Öffentliches Recht und Privatrecht, in: Wechselseitige Auffangordnungen, S. 7 (9 f.).

38 Palandt-Heinrichs, BGB, 68. Auflage 2009, § 134 Rn. 2: alle Gesetze im formellen Sinne; § 823 Rn. 56: Gesetz iSd § 823 Abs 2 ist jede Rechtsnorm.

schlagen[39], ohne damit eine dritte Kategorie zu begründen. Diese Vorschriften des gemeinsamen Rechts werden vielmehr abhängig von der Fallkonstellation jeweils einer Teilrechtsordnung zugerechnet.

Schließlich wird auf die interessanteste und im Regulierungskontext relevanteste Ebene hingewiesen, die Nutzung von Instrumenten der jeweils anderen Teilordnung, insbesondere die Anknüpfung an den Vertrag in regulierten Rechtsverhältnissen. Bedeutsam ist diese Ebene aus der Sicht der neuen Verwaltungsrechtswissenschaft, die die Steuerungsfunktion des Rechts in den Mittelpunkt stellt. Beispiel für diese dritte Ebene ist das Verwaltungsprivatrecht. Die Verwaltung kann sich der Handlungsformen des Privatrechts bedienen[40]. Ob private oder öffentliche Instrumente eingesetzt werden, steht in ihrem Organisationsermessen[41]. Eine kommunale öffentliche Einrichtung kann häufig sowohl in öffentlicher Rechtsform als auch als GmbH betrieben werden. Die verschiedenen Systemebenen verdeutlichen, dass die beiden Teilordnungen nicht dichotomisch voneinander getrennt werden können, sondern vielmehr in vielfältiger Weise miteinander „verzahnt[42]" sind.

cc) Burgis Verbund-Perspektive

Der Schlüsselbegriff der wechselseitigen Auffangordnungen stößt in der Literatur aber auch auf Ablehnung. Burgi kritisiert, dass er eine Planmäßigkeit der Abstimmung impliziere, die in der Praxis oft nicht vorhanden sei[43]. Ein Beziehungsverhältnis beider Rechtsordnungen sei nämlich auch dort existent, wo es zu Konflikten der Teilrechtsordnungen komme. Begünstigt werden solche Konfliktsituationen durch die Aufsplitterung der Gesetzgebungskompetenzen im föderalen System, die einheitliche Rechtsmaterien unterschiedlichen Verbänden zuordne und damit Kooperation erfordere.

Als Beispiel für eine mangelhafte Abstimmung zwischen Bund und Ländern wird etwa die „Baurechtsvereinfachung[44]" angeführt. Die Landesgesetzgeber haben das Genehmigungserfordernis für Bauvorhaben in den jeweiligen Bauordnungen durch Freistellungs- und Anzeigeverfahren stark eingeschränkt. Gerade

---

39 Sodan/Ziekow, VwGO, § 40 Rn. 309: §§ 3 AbgG, 7 StVG, 22 Abs. 1 WHG.

40 Hoffmann-Riem, GVwR II, § 33 Rn. 69

41 Schmidt-Aßmann, Öffentliches Recht und Privatrecht, in: Wechselseitige Auffangordnungen, S. 7 (36).

42 So etwa Trute, Wechselseitige Verzahnungen zwischen Privatrecht und öffentlichem Recht, in: Wechselseitige Auffangordnungen, S. 167 (170); der Begriff taucht aber auch schon bei Bullinger auf, vgl. ders.: Öffentliches Recht und Privatrecht, S. 113.

43 Burgi, GVwR I, § 18 Rn. 37; Stelkens, Verwaltungsprivatrecht, 346.

44 Calliess, Öffentliches und privates Nachbarrecht als wechselseitige Auffangordnungen, DV 2001, 169 (170 ff.).

im Bereich des vorläufigen Rechtsschutzes klaffen Schutzlücken, weil auch für größere Gebäude bis zur Hochhausgrenze innerhalb eines Bebauungsplanes für den Baubeginn kein Verwaltungsakt mehr erforderlich ist, der mit Rechtsbehelfen zumindest suspendiert werden könnte. Damit kann der Bau bis zu einer Entscheidung über die Baurechtskonformität in der Hauptsache von Dritten nicht mehr gestoppt werden. In Frage kommt nur noch ein Anspruch auf baurechtliches Einschreiten gegen die Behörde, bei Ablehnung des Antrags verwaltungsgerichtlicher Rechtsschutz in Form der Verpflichtungsklage. Der Rechtsschutz des Nachbarn wird durch die Baurechtsvereinfachung eingeschränkt, weil die Entscheidung der Behörde, einzuschreiten, in ihrem Ermessen steht und Anhaltspunkte für eine Ermessensreduzierung nur in Ausnahmefällen vorliegen.

Nach der Logik der Teilrechtsordnungen als funktionaler wechselseitiger Auffangordnungen müsste nun das Zivilrecht in die Bresche springen und Lösungsmodelle anbieten[45]. Problematisch ist insoweit jedoch, dass die Bauordnungsrechtsreform das materielle öffentliche und private Baurecht unangetastet ließ. Die skizzierten prozessualen Defizite im öffentlich-rechtlichen Rechtsschutz können die ordentlichen Gerichte nur dadurch schließen, dass sie die zivilrechtlichen Normen für das materielle öffentliche Baurecht öffnen. Dies setzt aber eine funktionale Abstimmung, eine wirkungsvolle Koppelungsmöglichkeit der Normen voraus, die im Rahmen der Baurechtsvereinfachung nicht bedacht wurde. Allein das öffentliche Verfahrensrecht wurde modifiziert[46]. Diese im Baurecht entstandene Gemengelage öffentlichen und privaten Rechts ist mit einem Konzept wechselseitiger Auffangordnungen, das eine Abgestimmtheit der Teilrechtordnungen impliziert, kaum vereinbar[47].

Hier hätte es nahe gelegen, entweder auch das materielle Bauordnungsrecht zu privatisieren, oder das Freistellungsverfahren abzuschaffen[48]. Offensichtlich wurde dieser Zusammenhang im Gesetzgebungsverfahren nicht näher bedacht. Das Paradigma der wechselseitigen Auffangordnungen sollte den Gesetzgeber zwingen, bei Gesetzesänderungen möglichst weitgehend deren Auswirkungen in der jeweils anderen Teilrechtsordnung zu berücksichtigen.

Burgi plädiert aufgrund der aufgezeigten Schwächen des Begriffes der wechselseitigen Auffangordnungen für den des Verbundes[49]. Er verdeutliche, dass die

45 Calliess, Öffentliches und privates Nachbarrecht als wechselseitige Auffangordnungen, DV 2001, 169 (190).

46 Calliess, Öffentliches und privates Nachbarrecht als wechselseitige Auffangordnungen, DV 2001, 169 (192).

47 Calliess, Öffentliches und privates Nachbarrecht, DV 2001, 168 (190 ff.) veranschaulicht diese These anhand des Froschteich-Falles (NJW 1993, 925 ff.), der die Unzulänglickeit des zivilrechtlichen Instrumentariums zeige

48 Calliess, DV 2001, 168 (202).

49 Burgi, GVwR I, § 18 Rn. 37.

Teilrechtsordnungen nicht zwingend im Verhältnis der Komplementarität, sondern auch der Dysfunktionalität zueinander stehen könnten, wie im obigen Froschteich-Fall, der Norm- und Wertungswidersprüche zwischen einer Regelung des öffentlichen und einer solchen des Privatrechts aufzeigt[50]. Weiteres Beispiel für Dysfunktionalitäten bilden Rechtswegspaltungen, die insbesondere das Regulierungsrecht prägen und immer die Gefahr sich widersprechender Entscheidungen in sich bergen. Daher ist nach Auffassung Burgis der Verbundbegriff gegenüber dem Begriff der wechselseitigen Auffangordnungen wertungsneutraler und vorzugswürdig.

Den für die Zukunft bedeutendsten Verbundbereich sieht Burgi im Regulierungsverwaltungsrecht[51], das privatem Recht auch im Zusammenspiel mit Eingriffsverwaltung im öffentlichen Recht zur Geltung zu verhilft. Er verortet das Regulierungsrecht also in der Sphäre des öffentlichen Rechts. Es implementiert Handlungsrationalitäten des privaten Marktmodells und damit des Zivilrechts in das öffentlich–rechtliche System, indem es Instrumente beider Systeme verknüpft, um vorgegebene Zwecke, vor allem die Herstellung und Förderung von Wettbewerb in Wirtschaftssektoren (vgl. z. B. § 1 AEG) zu fördern. Der Verbundbegriff tritt daher im Regulierungsrecht in einer speziellen Ausprägung zutage: er setzt nicht etwa erst auf der Ebene der fraglichen Rechtsregime an, sondern, wie Burgi herausarbeitet, schon früher, auf der Ebene der Gemeinwohlkonkretisierung[52].

d) Zwischenfazit

Im Ergebnis unterscheidet sich Burgis Konzept weniger von dem der wechselseitigen Auffangordnungen, als die Verwendung unterschiedlicher Begriffe suggeriert. Auch Burgi anerkennt die Indienststellung der Potentiale beider Ordnungen für das Gesamtkonzept, die er mit dem Verbundbegriff charakterisiert. Die Bezeichnung der Auffangordnungen impliziert eine Abgestimmtheit der beteiligten Rechtssetzungsgeber und ist damit eine theoretisches Idealkonzept, das in der Praxis – insofern trifft das Beispiel aus dem Bauordnungsrecht zu – nicht immer idealtypisch verwirklicht wird.

Das Paradigma der wechselseitigen Auffangordnungen ist für das Verständnis der Teilrechtsordnungen nach wie vor prägend. Beide Ordnungen lassen sich nicht dichotomisch voneinander abgrenzen, sondern stehen in vielfältigen Funk-

50 Burgi, GVwR I, § 18 Rn. 38 ff.

51 Burgi, GVwR I, § 18 Rn. 79; den Begriff „Regulierungsverwaltungsrecht“ hat Masing geprägt, vgl. Masing, DV 2003, 1.

52 Burgi, GVwR I, § 18 Rn. 80.

tionszusammenhängen, in denen sie sich im Idealfall wechselseitig ergänzen und dadurch die Steuerungsleistung des Rechts insgesamt erhöhen.

Das Regulierungsrecht bietet dabei ein besonders plastisches Beispiel für Verzahnungen der Teilrechtsordnungen, weil es nach dem Raiser'schen Tableau in der Schnittmenge zwischen öffentlichem und privatem Recht anzusiedeln ist und durch fließende Übergänge geprägt wird[53]. Es nimmt eine Zwitterstellung zwischen besonderem Wettbewerbsrecht und klassisch hoheitlichem Eingriffsrecht ein – eine Beobachtung, die nicht neu, sondern insbesondere für das allgemeine Wirtschaftsrecht seit geraumer Zeit anerkannt ist.

2. Dualismus der Rechtsordnung: Abgrenzung zwischen öffentlichem und privatem Recht

a) Einwände gegen die Trennung der Rechtsordnung in Teilordnungen

aa) Schaffung von Gemeinrecht als dritter Ebene

Gegen die Aufrechterhaltung der Trennung der Teilrechtsordnungen wurde immer wieder vorgegangen. Vor allem Bullinger wartete mit einem konstruktiven Vorschlag auf, als er in den Sechzigerjahren forderte, zwischen den Kernbereichen des öffentlichen und privaten Rechts ein Gemeinrecht zu schaffen und damit von einer Zwei- zu einer Dreiteilung überzugehen[54]. Allerdings relativierte er seinen Vorschlag später wieder, nachdem er auf breite Ablehnung stieß[55].

bb) Unterscheidung zwischen Staat und Gesellschaft

Prämisse für die Aufrechterhaltung des Dualismus der Rechtsordnung ist die (rechts-) systematische Trennung zwischen Staat und Gesellschaft. Nur wenn sie beibehalten wird, ist die Unterteilung der Rechtsordnung in Teilordnungen sinnvoll. Das Spezifische des öffentlichen Rechts besteht gerade darin, Funktionszusammenhänge zwischen staatlicher und gesellschaftlicher Ebene zu beschreiben und zu regeln. Auch wenn der Staat nicht in jedem Fall zwingend an die Hand-

53 Fehling, Die Zukunft des öffentlichen Sektors, S. 105.
54 Bullinger, Öffentliches Recht und Privatrecht, S. 111; bilanzierend Stolleis, Wechselseitige Auffangordnungen, S. 41 (43).
55 Manssen, Privatrechtsgestaltung durch Hoheitsakt, S. 53; Stolleis, Wechselseitige Auffangordnungen, S. 41 (43); Ehlers, Verwaltung in Privatrechtsform, S. 44 f.

lungs- und Organisationsformen des öffentlichen Rechts gebunden ist[56], würde die fehlende Differenzierung zwischen staatlicher und gesellschaftlicher Sphäre auch die Bedeutung der Unterscheidung der Teilrechtordnungen zumindest erheblich relativieren.

Die strikte Trennung zwischen Staat und Gesellschaft ist eine – gesamthistorisch betrachtet – relativ neue Entwicklung, die mit der Entstehung des modernen politischen Denkens einherging[57]. Angesichts der immer stärker ausgeprägten Kooperationsformen zwischen staatlichen und gesellschaftlichen Kräften wird allerdings bestritten, dass diese Trennung noch zeitgemäß ist. Die zahlreichen Verbundformen staatlicher und gesellschaftlicher Akteure in der modernen globalisierten Industriegesellschaft erschwerten die Abgrenzung nicht nur, sondern höben sie auf[58]. Ein weiterer Einwand gegen die Unterscheidung wird von denjenigen angeführt, die das Demokratieprinzip in den Mittelpunkt des Staatsverständnisses rücken. Wenn die Gesellschaft in der Demokratie mit dem Staatsvolk im Jellineck'schen Sinne übereinstimmt, und die Gesellschaft in der Demokratie die Staatsgewalt legitimiert, wird die Gesellschaft damit zur bestimmenden Determinante des Staatsverständnisses, was die Sinnhaftigkeit der Unterscheidung zwischen Staat und Gesellschaft insgesamt in Frage stellt[59].

Dem muss aber entgegengehalten werden, dass die Unterscheidung zwischen Staat und Gesellschaft, wenn auch mit anderem begrifflichen Inhalt, auch heute noch aufrechterhalten werden muss. Denn die Funktion der Grundrechte als Abwehrrechte gegen staatliches Handeln erfordern zwingend, dass zwischen grundrechtsverpflichtetem Handeln des Staates und grundrechtsberechtigten (natürlichen oder juristischen) Personen unterschieden wird. Diese wegen Art. 1 Abs. 3 GG zwingende Unterscheidung misst den herkömmlichen Staats- und Gesellschaftsbegriffen (neue) Bedeutung zu.

Insofern liefern die eine Unterscheidung von Staat und Gesellschaft bestreitenden Auffassungen einen Erkenntnisgewinn. Staat und gesellschaftliche Ebene lassen sich in einem sozialwissenschaftlichen Sinn nicht als dichotomische Ordnungen voneinander unterscheiden. Die vielfältigen Kooperationsformen sprechen einmal mehr für den Befund, dass eine starre Grenzziehung zwischen Staat und Gesellschaft schwer auszumachen ist. Im Bereich der Kooperationsverhältnisse sind die Details in den Blick zu nehmen, um aus rechtlicher Sicht die Grenzen zwischen staatlicher und gesellschaftlicher Verantwortungssphäre sichtbar zu

56 Heinig, Der Sozialstaat im Dienst der Freiheit, S. 300 f.

57 Heinig, Der Sozialstaat im Dienst der Freiheit, Tübingen 2008, S. 294 mit Verweis vor allem auf G. W. F. Hegel, Grundlinien der Philosophie des Rechts (1821), 1970.

58 Brohm, Wirtschaftsverwaltung, S. 41, 183.

59 Heinig, Sozialstaat im Dienst der Freiheit, S. 296.

machen. Die Unterscheidung wird also nicht aufgehoben, sondern nur unübersichtlicher[60]. In Anlehnung an Kelsen ist die rechtlich gebotene Unterscheidung zwischen Staat und Gesellschaft vielmehr funktionaler Natur[61], eine rechtliche Konstruktion, die zwingend aufrechterhalten werden muss, um den Grundrechtsschutz gewährleisten zu können.

Denn verfassungsrechtlich muss zwingend zwischen grundrechtverpflichtetem Staat einerseits und grundrechtsberechtigter gesellschaftlicher Sphäre auf der anderen Seite unterschieden werden. Als Folge dieser Unterscheidung kommt eine weiter zwingende Unterscheidungsfolge hinzu: Staatliches Handeln ist rechtfertigungsbedürftig, Handeln gesellschaftlicher Akteure nicht[62].

Auch wenn die die Unterscheidung zwischen Staat und Gesellschaft aus sozialwissenschaftlicher Sicht unscharf ist und berechtigten Einwänden ausgesetzt ist, ist sie normativ, da in Art. 1 Abs. 3 GG angelegt, fundamental. Die Unterscheidung gehört zum änderungsfesten Kern des Grundgesetzes (Art. 79 Abs. 3 GG)[63].

cc) Zusammenfassung

Die Einteilung der Gesamtrechtsordnung in öffentliches und privates Recht ist funktional berechtigt und liegt dem geltenden – einfachen – Recht zugrunde. Aktuell wird die Sinnhaftigkeit der Einteilung – soweit ersichtlich – nicht mehr in Frage gestellt. Sie ist aus normativer Sicht wegen der Einwände gegen die Trennung von Staat und Gesellschaft nicht obsolet geworden. Denn rechtlich zwingt die Verfassung wegen Art. 1 Abs. 3 GG, zwischen grundrechtsverpflichteter und grundrechtsberechtiger Sphäre zu unterscheiden. Damit behält die Unterscheidung zwischen Staat und Gesellschaft nach wie vor ihre Berechtigung „als sinnvolle Kategorie verfassungswissenschaftlicher Argumentation“[64].

Gleichzeitig wird durch diese theoretische Fundierung sichtbar, dass die systematisch zwingendere Einteilung der Rechtsordnung als die, die durch die einfachrechtlichen Begriffe öffentliches und privates Recht vorgegeben wird, zwischen einfachem Recht und Verfassungsrecht verläuft. Denn diese Grenze wird durch die Bindung des einfachen Gesetzgebers an Verfassung in Art. 20 Abs. 3 GG im Gegensatz zu ersterer verfassungsrechtlich determiniert. Verfassungsrecht steht dem – einfachen – öffentlichen Recht und dem Privatrecht gegenüber. Auch das

---

60 Heinig, Sozialstaat im Dienst der Freiheit, S. 301.

61 Maunz/Dürig-Herzog, GG, Art. 20 Abs. 1 Rn. 46 f.; v. Simson, VVDStRL 29, 3 (28 ff.).

62 Heinig, Sozialstaat im Dienst der Freiheit, S. 301 f.

63 Maunz/Dürig-Herzog, GG, Art. 20 Abs. 1 Rn. 48.

64 Heinig, Sozialstaat im Dienst der Freiheit, S. 302; vgl. auch Schmidt-Aßmann, Das allgemeine Verwaltungsrecht als Ordnungsidee, S. 286 f.

Privatrecht dient der Konkretisierung der Verfassung[65]. Interessant ist, dass diese Einteilung gegenüber der Einteilung in privates und öffentliches Recht, die wie in der Einleitung skizziert in der Rechtspraxis als „die" fundamentale Systematisierung angesehen wird, eine untergeordnete Rolle spielt.

b) Notwendigkeit der Unterscheidung der Teilrechtordnungen im positiven Recht

Die Einteilung in öffentliches und privates Recht ist eine Vorgabe des einfachen Rechts. Da eine Legaldefinition öffentlichen oder privaten Rechts nicht existiert, wird die Unterscheidung in die Hand der Rechtsanwender gelegt. Die Frage ist durch die Auslegung der entsprechenden Normen zu beantworten.

Den praktischen Hauptanwendungsbereich für die Notwendigkeit der Unterscheidung der Teilrechtsordnungen bilden dabei die Rechtswegzuweisungen zu den Zivilgerichten gem. § 13 GVG einerseits und zu den Verwaltungs-, Finanz- und Sozialgerichten andererseits (§§ 40 Abs. 1 VwGO, 41 SGG, 33 FGO). Denn die §§ 13 GVG, 40 VwGO verkoppeln formelles und materielles Recht, indem sie unmittelbar an die Rechtsnatur der materiellen Normen anknüpfen. Von der materiellen Rechtsnatur einer Norm hängt die Frage ab, welcher Rechtsweg eröffnet ist.

c) Übersicht über die Abgrenzungstheorien

Die Literatur zur Abgrenzung der Teilrechtsordnungen ist kaum überschaubar. Bis zu dreißig Abgrenzungstheorien[66] sind ausfindig zu machen, von denen aber im Wesentlichen nur noch vier und die Interessentheorie davon nur eingeschränkt vertreten werden. Nur diese sollen hier dargestellt werden.

aa) Interessentheorie

Die älteste Abgrenzungsformel ist die oben bereits angerissene auf Ulpian zurückgehende Interessentheorie, nach der zum Privatrecht diejenigen Normen zu zählen sind, die in erster Linie Privatinteressen dienen. Öffentliches Recht umfasst die Normen, die – überwiegend – öffentliche Interessen schützen[67].

65 Schmidt-Aßmann, Wechselseitige Auffangordnungen, S. 15.

66 Nachweis bei Ehlers, Verwaltung in Privatrechtsform, S. 52 Fn. 4.

67 Ehlers, Verwaltung in Privatrechtsform, S. 53; Hufen, Verwaltungsprozessrecht, § 11 Fn. 15.

bb) Subordinationstheorie

Die Subordinations- oder Subjektionslehre differenziert danach, ob sich die agierenden Rechtssubjekte in einem hierarchischen Über- Unterordnungverhältnis zueinander befinden oder sich auf gleichrangiger Ebene treffen. Im ersten Fall handelt es sich um öffentliches, im zweiten Fall um Zivilrecht[68].

cc) Modifizierte Subjekttheorie (Zuordnungs-, Sonderrechtstheorie)

Die Lehre, die heute am ehesten als herrschend[69] bezeichnet werden kann, ist die modifizierte Subjekttheorie. Danach ist öffentliches Recht dadurch gekennzeichnet, dass durch einen Rechtssatz ausschließlich ein Träger öffentlicher Gewalt berechtigt oder verpflichtet wird[70].

dd) Gesetzgebungskompetenztheorie

Den neuesten Ansatz zur Abgrenzung zwischen öffentlichem Recht und Privatrecht liefert Stelkens[71]. Er geht davon aus, dass die Unterscheidung zwischen den Teilrechtsordnungen verfassungsrechtlich vorgegeben ist, und sucht folglich nach einem verfassungsrechtlichen Differenzierungskriterium. Fündig wird er beim Tatbestandsmerkmal „bürgerliches Recht“ in Art. 74 Abs. 1 Nr. 1 GG und entwickelt daraus eine Gesetzgebungskompetenztheorie. Danach gehören zum öffentlichen Recht diejenigen Normen, die der Bund als Privatrechtsgesetzgeber gestützt auf Art. 74 Abs. 1 Nr. 1 GG nicht hätte erlassen können. Außerdem sollen noch die Rechtsnormen zum öffentlichen Recht zählen, die die Länder bei der Annahme einer ausschließlichen Landesgesetzgebungskompetenz für das Privatrecht erlassen könnten[72].

d) Kritik an den Abgrenzungstheorien

Keine der dargestellten Theorien überzeugt restlos. Gegen die Interessentheorie lässt sich anführen, dass das Verhältnis von privaten zu öffentlichen Interessen bereits in der politischen Theorie, an die die Rechtswissenschaft insoweit anknüpft, ungeklärt ist. Teilweise wird dort vertreten, ein öffentliches Interesse be-

68 Ehlers, Verwaltung in Privatrechtsform, S. 53, Hufen, Verwaltungsprozessrecht, § 11 Rn. 16.
69 Hufen, Verwaltungsprozessrecht, § 11 Rn. 17.
70 Burgi, GVwR I, § 18 Rn. 21; Ehlers, Verwaltung in Privatrechtsform, S. 54.
71 Stelkens, Verwaltungsprivatrecht, S. 344 ff.
72 Stelkens, Verwaltungsprivatrecht, S. 349 f.

stehe aus einer Kumulation von Privatinteressen[73], teilweise wird ein öffentliches Interesse auch als ein aliud zu Privatinteressen qualifiziert. Öffentliche und private Interessen lassen sich jedenfalls nicht trennscharf voneinander abgrenzen. Die Abgrenzungsproblematik wird durch die Interessentheorie lediglich auf eine andere Ebene verlagert. Hinzu kommt, dass häufig auch eine umfassende Auslegung von Normen die Frage, welche Interessen überwiegen, unbeantwortet lässt. Schützt das arbeitsrechtliche Kündigungsschutzrecht etwa in erster Linie die Interessen des Arbeitnehmers oder öffentliche Interessen? Im öffentlichen Recht zeugen die Probleme bei der Anwendung der Schutznormtheorie, die zur Ermittlung eines drittschützenden Rechts herangezogen wird, von der Unsicherheit, private und öffentliche Interessen auseinander zu halten. Schließlich müsste eine konsequente Anwendung der Interessentheorie zu dem Ergebnis führen, dass Teile des BGB zum öffentlichen Recht gezählt werden, etwa das Gewährleistungsrecht in den typisierten Verträgen des besonderen Zivilrechts oder zwingendes Verbraucherschutzrecht. Andererseits existieren auch im herkömmlichen öffentlichen Recht Normen, die in erster Linie den Schutz von Privatinteressen im Blick haben. Beispiel ist etwa im Gefahrenabwehrrecht das Recht des Adressaten einer Ordnungsverfügung, ein Austauschmittel[74] vorzuschlagen, das die Gefahr ebenso sicher beseitigt wie das von den Behörden zunächst avisierte. Die Interessentheorie geht daher auf eine Vorstellung von Privat- und Zivilrecht zurück, die mit unserem heutigen komplexen Rechtssystem, in dem private- und öffentliche Interessen in beiden Teilrechtsordnungen auftauchen und somit miteinander verschränkt sind, nicht mehr konform geht[75].
Die Subordinationstheorie berücksichtigt nicht hinreichend, dass auch in Privatrechtsverhältnissen Machtungleichgewichte herrschen und dadurch zu Über- und Unterordnungsverhältnissen führen, wie es etwa bei Arbeits- oder Mietverhältnissen der Fall sein kann. Andererseits lassen sich auch im öffentlichen Recht Gleichordnungsverhältnisse ausmachen, etwa bei verfassungsrechtlichen Streitigkeiten zwischen Staatsorganen. Auch verfassungsrechtliche Streitigkeiten zwischen Staatsorganen sind, wie § 40 Abs. 1 VwGO verdeutlicht, öffentlich-rechtliche Streitigkeiten. Der Subordinationstheorie wird ferner vorgeworfen, Prämisse und Rechtsfolge miteinander zu vermengen und dadurch einen Zirkelschluss zu bilden. Denn das Über- Unterordnungsverhältnis zwischen Hoheitsträ-

73 So z. B. Schoch/Schmidt-Aßmann/Pietzner-Wahl, VwGO Vorb § 42 Abs. 2 Rn. 56, der aber in Rn. 57 zu bedenken gibt, dass aggregierte Einzelinteressen qualitativ umschlagen, wenn sie als Kollektivgut definiert werden.

74 Z. B. § 21 S. 2 OBG NRW; Schoch/Schmidt-Aßmann/Pietzner-Wahl, VwGO Vorb § 42 Abs. 2 Rn. 62.

75 Gegen die Interessentheorie auch dezidiert Burgi, GVwR Bd. 1, § 18 Rn. 19 Fn. 54.

ger und Regelungsadressaten, das Folge der Geltung öffentlichen Rechts ist, wird in der Subordinationstheorie zur Prämisse[76].

Schwäche der Sonderrechtstheorie ist, dass sie öffentlich-rechtliche Beziehungen zwischen Privaten nicht zulässt. Zum öffentlichen Recht gehört jedoch auch der Ausgleich zwischen Interessen Privater untereinander[77], nicht nur als Teil eines umfassenderen Regelungsprogramms, sondern in Ausnahmefällen auch als ausschließlicher Gegenstand des öffentlichen Rechts. Ein Beispiel sind öffentlich-rechtliche Verträge zwischen Privaten[78]. Da die Sonderrechtstheorie die Prämisse enthält, dass ein Hoheitsträger handeln muss, wird auch gegen diese Theorie das Zirkelschlussargument in Stellung gebracht: Hoheitsträger ist, wer nach hoheitlichem Recht handeln kann. Wieder wird der zu definierende Begriff von der Theorie vorausgesetzt[79]. Besonders problematisch ist, dass vom Rechtssubjekt auf die Rechtsnatur geschlossen wird: notwendige Voraussetzung dafür, dass eine Norm zum öffentlichen Recht gehört, ist, dass ein Hoheitsträger handelt. Wie Ehlers überzeugend nachgewiesen hat, existiert aber auf der einen Seite auch Zivilrecht, das ausschließlich Hoheitsträger adressiert. Andererseits ist denkbar, dass Normen an Private adressiert sind, sie aber dennoch herkömmlicher Weise zum öffentlichen Recht zählen[80]. Wenn ein Hoheitsträger als solcher adressiert wird, handelt es sich zwar im Regelfall, aber nicht ausschließlich um öffentliches Recht.

Die Gesetzgebungskompetenztheorie vermag schon im Ansatz nicht zu überzeugen. Der Verfassung ist die Unterscheidung zwischen den Teilrechtsordnungen nicht, wie Stelkens postuliert, immanent[81]. Nach der Auffassung des Bundesverfassungsgerichtes[82] ist der Begriff des bürgerlichen Rechts in Art. 74 Abs. 1 Nr. 1 GG traditionell auszulegen als Recht, das herkömmlicher Weise dem Zivilrecht zugerechnet wird. Damit ist das bürgerliche Recht im Sinne des GG nicht als Gegensatz zum öffentlichen Recht zu begreifen[83], sondern selbst Querschnittsmaterie. Bürgerliches Recht umfasst auch Rechtsnormen, die nach herkömmlicher Auffassung dem öffentlichen Recht zugehören, wie das Vereinsrecht in den

76 Ehlers, Verwaltung in Privatrechtsform, S. 55 f.

77 Schoch/Schmidt-Aßmann/Pietzner-Wahl, VwGO, Vorb § 42 Abs. 2 Rn. 62.

78 Pestalozza, JZ 1975, 50 (51 f.); Stelkens, Verwaltungsprivatrecht, S. 332, 376 f.; a. A. Bydlinski, AcP 194 (1994), 319 (334); Schoch/Schmidt-Aßmann/Pietzner-Ehlers, VwGO, § 40 Rn. 230.

79 Ehlers, Verwaltung in Privatrechtsform, S. 57 f.

80 Ehlers, Verwaltung in Privatrechtsform, S. 58 ff.

81 Schmidt-Aßmann, Das allgemeine Verwaltungsrecht als Ordnungsidee, S. 286 f.; Manssen, Privatrechtsgestaltung durch Hoheitsakt, S. 75, 97 f.; die Gesetzgebungskompetenztheorie lehnt auch Burgi, GVwR, § 18 Rn. 18 Fn. 53 ab, jedoch ohne Begründung.

82 BVerfGE 11, 192 (199); 42, 20 (29).

83 Stettner in: Dreier (Hrsg.), Grundgesetz-Kommentar, Bd. 2, Art. 74 Rn. 16.

§§ 22 ff. BGB[84]. Die Kompetenznormen laufen „quer“ zum Dualismus der Teilrechtsordnungen. Damit können zivilrechtliche Gesetze aber, was Stelkens nicht thematisiert, auch auf andere Kompetenzen gestützt werden, z. B. auf das Recht der Wirtschaft, Art. 74 Abs. 1 Nr. 11 GG[85]. Zudem ist kein Grund ersichtlich, die Lösung für die Zuordnung zu einer Teilrechtsordnung in die Kompetenznormen der Verfassung „hineinzulesen“. Warum sollte sich der Verfassungsgeber zu einer Frage äußern, die – nach Ansicht des Bundesverfassungsgerichts – auf verfassungsrechtlicher Ebene nicht existiert? Zwar knüpft die Verfassung an einigen Stellen an die Unterscheidung öffentlich – privat an[86], was im Sinne einer grundsätzlichen Aufrechterhaltung des Dualismus gedeutet werden kann. Die konkrete Grenzziehung wird jedoch nicht vorgenommen.

Die Unterscheidung der Teilrechtsordnungen ist wegen der positivrechtlichen Rechtswegzuweisungen alleinige Vorgabe des einfachen Rechts[87]. Die Verfassung enthält in Artt. 1 Abs. 3, 20 Abs. 3 GG zwar, soweit eine staatliche Stelle handelt, besondere Anforderungen an das Handeln des Akteurs, die in das öffentliche Recht im Regelfall schon eingearbeitet sind, wie etwa die Bindung an Grundrechte, Anhörung, Begründung, den Gesetzesvorbehalt. Damit enthält öffentliches Recht aber kein zwingendes Sonderrecht. Soweit ein Rechtsträger durch zivilrechtliche Normen handelt, müssen diese besonderen Bindungen eben unmittelbar der Verfassung entnommen werden.

Insgesamt fällt an der Theoriediskussion auf, dass zahlreiche Autoren die Theoriebildung hinsichtlich der Frage, was zum Zivilrecht und was zum öffentlichen Recht gezählt werden soll, stark vom eigenen Vorverständnis abhängig machen. Soweit die jeweilige Theorie dieses Vorverständnis stützt, wird sie in reiner Form angewandt, in abweichenden Fällen wird sie modifiziert. Dies ist vom Ausgangspunkt nicht zu kritisieren, da die Theoriebildung nie ein objektiver Vorgang ist und immer vom eigenen subjektiven Standpunkt ausgehen muss[88]. Konjunktur haben zurzeit „Kombinationstheorien“, die Aspekte verschiedener Theorien miteinander verknüpfen[89]. Problematisch an dieser Methode ist rechtstheoretisch vielmehr die fehlende Möglichkeit der Falsifizierbarkeit[90]. Die Komplexität des Theoriegebäudes steht einer Widerlegung der Theorie im Wege. Mit jeder Modifikation wird die Lehre der Ursprungstheorie ein Stück weiter ver-

84 Manssen, Privatrechtsgestaltung durch Hoheitsakt, S. 97.

85 Stettner in: Dreier (Hrsg.), Grundgesetz-Kommentar, Bd. 2, , Art. 74 Rn. 55.

86 Manssen, Privatrechtsgestaltung durch Hoheitsakt, S. 95 ff.

87 Leisner, JZ 2006, 869 (874); Manssen, Privatrechtsgestaltung durch Hoheitsakt, S. 98.

88 Rüthers, Rechstheorie, § 1 Rn. 12.

89 Z. B. bei Ehlers, Verwaltung in Privatrechtsform, S. 61 ff.; Hufen, Verwaltungsprozessrecht, § 11 Rn. 18.

90 Rüthers, Rechtstheorie, § 1 Rn. 15 ff.

lassen. So mag es gelingen, durch zahlreiche Modifikationen eine Vereinbarkeit zwischen Theorie und gewünschten Ergebnissen zu erzielen. Das theoretische System wird dadurch aber derart komplex und inkonsistent, dass es die eigentliche Aufgabe der Theorie, die trennscharfe Abgrenzung zur anderen Teilrechtsordnung, nicht mehr leisten kann.

e) Abgrenzung der Teilrechtsordnungen durch die Rechtsprechung: Kasuistik

Die grundsätzlichen Defizite der Abgrenzungstheorien sind auch der Rechtsprechung nicht verborgen geblieben. Sie steht vor dem Dilemma, entscheiden zu müssen, um ihrem Rechtsschutzauftrag nachzukommen. Sie muss die Streitigkeiten einer Gerichtsbarkeit zuweisen. Im Laufe der Zeit hat sich eine umfangreiche Kasuistik entwickelt, die die Kommentare zur VwGO füllt[91]. Interessanterweise beruft sich die Rechtsprechung zur Abgrenzung nicht ausschließlich auf die Abgrenzungstheorien[92], sondern auch auf Zweckmäßigkeitserwägungen, etwa der Sachnähe eines Gerichtes zu einer Rechtsmaterie[93]. Rechtsdogmatisch überzeugend „gelöst" werden die Probleme auch durch die Rechtsprechung nicht.

aa) Anknüpfung an außerrechtliche Topoi

Keine Lösungsmöglichkeit für eine überzeugende Abgrenzung der Teilrechtsordnungen bietet das Anknüpfen an vordergründig außerrechtliche Topoi, wie das Verwaltungshandeln oder das Rechtsverhältnis. Teilweise rekurriert die Rechtsprechung auf diese Topoi und macht die Eröffnung etwa des Verwaltungsrechtsweges davon abhängig, dass dem Rechtsstreit ein Verwaltungsrechtsverhältnis zugrunde liegt[94]. Der Begriff des Rechtsverhältnisses wird aber – in Anlehnung an § 43 VwGO – überwiegend verstanden als Verhältnis zwischen Personen oder zwischen Personen und Sachen auf dem Gebiet des öffentlichen Rechts[95]. Mit der Anknüpfung an das öffentliche Recht wird über einen Umweg

---

91 Schoch/Schmidt-Aßmann/Pietzner-Ehlers, VwGO, § 40 Rn. 203-278.

92 Manssen, Privatrechtsgestaltung durch Hoheitsakt, S. 54, S. 75: „In den Entscheidungen von Untergerichten gibt es zwar gelegentlich durchaus eindeutige Theoriebekenntnisse, (…) in der maßgeblichen Rechtsprechung der obersten Bundesgerichte lassen sich einheitliche Tendenzen im Hinblick auf die Abgrenzung (…) nur schwer feststellen.", Überblick über die Rechtsprechungspraxis auf S. 78 ff.

93 Manssen, Privatrechtsgestaltung durch Hoheitsakt, S. 76.

94 Nachweise bei Manssen, Privatrechtsgestaltung durch Hoheitsakt, S. 57 f.

95 Hase, Die Verwaltung 2005, 453 (455).

wieder auf die Rechtsnatur der das Rechtsverhältnis konstituierenden Rechtsnormen abgestellt, ohne einen Erkenntnisgewinn zu erzielen[96].

bb) prozessökonomische Tendenzen

Der Gesetzgeber hat die Abgrenzungsproblematik erkannt und ihre Bedeutung deutlich entschärft, vor allem dadurch, dass das zuständige Gericht den Streitgegenstand gem. §§ 17, 17a GVG prozessökonomisch unter jedem rechtlichen Gesichtspunkt zu prüfen hat, soweit der Rechtsweg bezogen auf einen Teil des Streitgegenstandes eröffnet ist. Ein Verwaltungsgericht muss dann also auch Zivilrecht prüfen, ein ordentliches Gericht öffentlich-rechtliche Vorschriften.

f) Fazit

Die Herleitung „der" überzeugenden Theorie zur Abgrenzung der Teilrechtsordnungen muss als gescheitert angesehen werden. Dieser Befund kann darauf zurückgeführt werden, dass unsere Rechtsordnung durch die starke Verrechtlichung vieler Lebensbereiche eine Komplexität erreicht hat, die derart fundamental und simplifizierend nicht durchdrungen werden kann. Auch kombinatorische Theorien, die verschiedene Ansätze miteinander verknüpfen, erscheinen noch holzschnittartig. Es drängt sich gleichzeitig der Verdacht auf, dass eine theoretische Absicherung der Zuordnung von Normen zu einer Teilrechtsordnung deshalb nicht möglich ist, da eine Grenzlinie zwischen den Teilrechtsordnungen nicht existiert[97]. Die Literatur spricht von der Krise der Abgrenzungsdiskussion[98]. Fraglich ist aber, ob die Tatsache, dass die Herleitung einer allgemein überzeugenden Abgrenzungstheorie gescheitert ist, als Dilemma anzusehen ist.

Denkbar ist auch, aus diesem Befund den Schluss zu ziehen, dass die Abgrenzung der Teilrechtsordnungen relativ ist. Wie oben bereits angedeutet, können Rechtsnormen aus Grenzbereichen nicht isoliert in den Dualismus eingeordnet werden, sondern besitzen in Grenzbereichen, die als „gemeinsames Recht" bezeichnet werden, Doppelcharakter. Die Normen sind dort abhängig vom funktionellen Zusammenhang im Einzelfall zuzuordnen[99]. Im besonderen Teil dieser Arbeit soll diese These anhand konkreter Normen des Eisenbahnrechts überprüft werden.

---

96 Manssen, Privatrechtsgestaltung durch Hoheitsakt, S. 58.

97 Manssen, Privatrechtsgestaltung durch Hoheitsakt, S. 94.

98 Manssen, Privatrechtsgestaltung durch Hoheitsakt, S. 60.

99 Manssen, Privatrechtsgestaltung durch Hoheitsakt, S. 99 f.

Die entwickelten Abgrenzungstheorien sind damit nicht wertlos: sie besitzen zwar nur eine beschränkte Funktion als Theorien im Sinne einer Rechtswissenschaftstheorie, dienen aber der Veranschaulichung, da sie im Regelfall zu überzeugenden Ergebnissen gelangen[100]. Auch können und müssen sie zur Begründung der Einzelfallentscheidungen hinzugezogen werden. Unverständlich ist insoweit die Auffassung von Manssen[101], der nach einer Rechtsprechungsanalyse im Hinblick auf die Verwendung der Abgrenzungstheorien durch Gerichte zu dem Fazit kommt, dass die Streitfälle durch die Rechtsprechung am überzeugendsten gelöst würden, in denen die Abgrenzungstheorien eine nur untergeordnete Rolle spielten. Hier drängt sich einem die Frage auf, inwieweit von einer überzeugenden Abgrenzung gesprochen werden kann, wenn die Entscheidungsmaßstäbe die Abgrenzungstheorien unberücksichtigt lassen. Von einer überzeugenden Entscheidung kann nur gesprochen werden, wenn der eigenen Beurteilung tatsächlich ein von den Abgrenzungstheorien unabhängiges Vorverständnis zugrunde gelegt wird.

---

100 Kritisch zur Sinnhaftigkeit der theoretischen Diskussion um die Abgrenzung Manssen, Privatrechtsgestaltung durch Hoheitsakt, S. 60 ff., insbesondere S. 92 ff.; Leisner, JZ 2006, 869 (874 f.).

101 Manssen, Privatrechtsgestaltung durch Hoheitsakt, S. 92.

2. Teil

1. Die geschichtliche Entwicklung der Eisenbahn

a) Die Anfänge im 19. Jahrhundert

Die ersten Eisenbahnen wurden im 19. Jahrhundert nur teilweise von staatlichen Initiativen ausgehend errichtet. In Preußen wurde in der Anfangszeit der Entwicklung des Eisenbahnwesens aus finanziellen Gründen etwa ganz auf staatliche Eisenbahnen verzichtet. Die mit dem staatlichen Gewaltmonopol zusammenhängenden Rechtsprobleme wurden dadurch gelöst, dass privaten Eisenbahngesellschaften Enteignungsbefugnisse erteilt wurden. Nur die Zulassung von Eisenbahnen stand unter staatlicher Aufsicht[102].

Erst ab 1845 entstanden die ersten staatlichen Eisenbahnen, nachdem sich das Privatkapital auch wegen staatlicher Regulierung[103] zeitweise aus dem Eisenbahnbau verabschiedete. Der Staat war gezwungen, zu intervenieren. So entstand zwischen 1848 und 1858 ein preußisches Eisenbahnnetz. Nachdem nach und nach die militärische Funktion der Bahn in den Blick geriet, war es bedeutsam, dass der Staat jederzeitige Kontrolle über das System innehatte[104]. Erst im Zuge der Liberalisierung ab Ende der 1850er Jahre änderten sich die Vorzeichen wieder. Zwischen 1866 und 1876 etwa wurden aufgrund der nun entstehenden Konkurrenzsituation sechsmal so viele private wie staatliche Eisenbahnen gebaut[105].

---

102 Wieland in Dreier (Hrsg.), Grundgesetz-Kommentar, 2. Aufl. 2008, Art. 87e Rn. 2.

103 Gleim, Das Recht der Eisenbahnen in Preußen, S. 21 f. (zitiert nach: Ronellenfitsch, Eisenbahnsicherheit, S. 29) beschreibt den Inhalt dieser Konzessionsentscheidungen: „Entsprechend den Privilegien für Kunststraßen wurde ihnen (den Eisenbahnen) das Enteignungsrecht, das Recht zur Erhebung des Wegegeldes und des polizeilichen Schutzes gewährt, wogegen ihnen die Unterhaltung der Bahn zu Pflicht gemacht, der öffentliche Gebrauch derselben für jeden, der sich den Polizeiverordnungen unterwerfe, und die Genehmigung des Bahngeldtarifs durch den Staat vorbehalten wurden. Daneben enthalten die Konzessionen noch den Vorbehalt der Regulierung der Bahnlinie durch die Behörden, die Genehmigung der Gesellschaftsstatuten, falls die Rechte einer juristischen Person in Anspruch genommen werden sollten, und des Erlöschens der Konzession für den Fall, dass die Bahn nicht innerhalb einer bestimmten Frist ausgeführt worden ist.“

104 Gaupp, Netzzugang im Eisenbahnwesen, S. 68

105 Ronellenfitsch, Aktuelle Probleme des Eisenbahnrechts XI, S. 30 f.

Die Folge waren parallele und durch Kleinstaaterei nicht aufeinander abgestimmte Bahnnetze, die dem durch den Wirtschaftsaufschwung der 1870er Jahre geschuldeten Mehrbedarf nicht mehr gerecht wurden. Aus dieser Zeit stammten daher die ersten Überlegungen, die vorhandenen privaten Eisenbahnen zu verstaatlichen bzw. von nun an nur noch staatliche Eisenbahnen zu errichten[106]. Die Frage nach dem richtigen Verhältnis zwischen staatlicher und privater Beteiligung im Eisenbahnwesen ist also keineswegs nur in der aktuellen Diskussion anzutreffen, sondern ist so alt wie der Verkehrsträger selbst[107].

b) Nach der Reichsgründung

Bismarck war ein Verfechter der Staatsbahn und entschloss sich ab 1879, nachdem eine reichseinheitliche Lösung am Widerstand mehrerer Einzelstaaten gescheitert war, zur Verstaatlichung zumindest des preußischen Eisenbahnwesens[108]. Andere Länder schlossen sich dem Vorbild Preußens an. Trotzdem verblieben einige Eisenbahngesellschaften zunächst in privater Hand. Während des ersten Weltkrieges gelangten dann aber auch diese unter die Kontrolle der obersten Heeresleitung[109].

c) Zwischen den Weltkriegen

1920 wurde Bismarcks Idee einer Staatsbahn dann in der „Deutschen Reichsbahn" verwirklicht. Art. 89 Abs. 1 WRV definierte die Reichsaufgabe, die Eisenbahnen in staatliches Eigentum zu überführen und als einheitliche Verkehrsanstalt zu verwalten[110] – ein finanziell ambitioniertes Projekt. Denn die Reparationsleistungen nach dem ersten Weltkrieg sahen eine zumindest teilweise Privatisierung der Reichsbahn durch ausländische Investoren vor. Zudem sollte die Reichsbahn hohe Reparationsleistungen erbringen. Nachdem die Reichsbahn 1923 wegen der hohen Inflation nicht mehr finanzierbar war, wurde sie als mit eigener Rechtspersönlichkeit ausgestattetes selbständiges Wirtschaftsunternehmen verfasst.

---

106 Kramer, Eisenbahninfrastrukturrecht, S. 22.

107 Gaupp, Netzzugang im Eisenbahnwesen, S. 67.

108 Ronellenfitsch, Aktuelle Probleme des Eisenbahnrechts XI, S. 31.

109 Wieland, in: Dreier (Hrsg.), Grundgesetz-Kommentar, 2. Aufl. 2008, Art. 87e Rn. 4.

110 Wieland, in: Dreier (Hrsg.), Grundgesetz-Kommentar, 2. Aufl. 2008, Art. 87e Rn. 4.

d) Zeit des Nationalsozialismus

Die Privatisierungspläne wurden durch die bekannten außen-[111] und innenpolitischen Entwicklungen der NS-Zeit zunichte gemacht. Das Reichsbahngesetz von 1939 unterwarf das Unternehmen Deutsche Reichsbahn dem Führerprinzip, löste die Gesellschaft aus und verwaltete es als Sondervermögen „Deutsche Reichsbahn" weiter. Die Reichsbahn sollte gemeinwirtschaftlich geführt werden, hatte zwar noch eine eigene Rechtspersönlichkeit, unterstand aber den Weisungen des Reichsverkehrsministers und verlor damit ihre Autonomie[112].

Der Zweite Weltkrieg wirkte sich nachhaltig auf die Eisenbahninfrastruktur aus. Viele Strecken, gerade militärisch bedeutsame Stellen wie Brücken und Tunnel wurden zerstört, das einheitliche Netz durch die Einteilung Deutschlands in Besatzungszonen schließlich aufgeteilt. Die Hoheitsrechte an der Infrastruktur wurden den deutschen Stellen nach dem Ende des 2. Weltkrieges erst nach und nach zurück übertragen.

e) Die Bonner Republik

Das Bonner Grundgesetz sah sich dem Staatsbahngedanken verpflichtet. Art. 87 Abs. 1 S. 1 GG a. F. forderte eine staatlich organisierte Bundesbahn und wies auch die Verwaltungskompetenz entgegen dem Grundsatz in Art. 83 GG dem Bund zu. Die Länder hatten in diesem Bereich keine Kompetenz. Nur Art. 80 Abs. 2 GG a. F. forderte für bestimmte Rechtsverordnungen aus dem Eisenbahnwesen die Zustimmung des Bundesrates. Einfluss hatten die Länder schließlich auf die nicht von Art. 87 GG a. F. erfassten nichtbundeseigenen, also z. B. kommunalen Eisenbahnen.

Die Nachkriegszeit ist von einem permanenten Bedeutungsverlust der Bahn gekennzeichnet. Bedingt wurde diese Entwicklung zum einen dadurch, dass die Deutsche Bundesbahn für die Kriegsschäden an Infrastruktur und rollendem Material selbst aufzukommen hatte, das Straßennetz hingegen mit staatlichen Investitionen wiederauf- und ausgebaut wurde. Zum anderen wurde die Straße in der Folgezeit bei Investitionsentscheidungen entsprechend ihrer wachsenden Bedeutung – wohl ein Verdienst effektiver Lobbyarbeit der geschlossen hinter diesem Verkehrsträger stehenden Interessengruppen – bevorzugt. Der Marktanteil der Schiene im Personenverkehr sank von 36 % 1950 auf 6 % 1990, die

---

111 Etwa der Young-Plan von 1930, der vorsah, die Reparationsleistungen zunächst für ein Jahr auszusetzen; vgl. Ronellenfitsch, Eisenbahnsicherheit, S. 32; Hitlers Erklärungen zum Reparationssystem 1933 bewirkten dann den vollständigen Ausstieg.

112 Wieland, in: Dreier (Hrsg.), Grundgesetz-Kommentar, Art. 87e Rn. 5.

Deutsche Reichsbahn in Ostdeutschland verschwand nach der Wiedervereinigung zunächst in der Bedeutungslosigkeit: Die Verkehrsleistungen im Personenverkehr ging dort innerhalb von zwei Jahren um 58 %, im Güterverkehr gar um fast 70 % zurück[113]. Die finanzielle Situation entwickelte sich parallel: Nachdem die Bundesbahn 1951 noch einen Gewinn von rund 70 Millionen DM erzielte, wuchs die Verschuldung 1990 auf 47 Milliarden DM, 1993 betrug die Gesamtverschuldung inklusive der ostdeutschen Reichsbahn 77 Milliarden DM. Die Regierungskommission Bundesbahn prognostizierte den Finanzbedarf der Bahnen zwischen 1993 und 2000 ohne strukturelle Änderungen gar auf apokalyptische 400 Milliarden DM[114].

f) Dreistufige Bahnstrukturreform ab 1994

In diesen Kontext ist die dreistufige Anfang 1994 begonnene Bahnreform einzuordnen. Sie verfolgte mehrere Ziele gleichzeitig[115]: Haushaltsentlastung, Marktöffnung für den Wettbewerb, Stärkung der Schiene gegenüber der Straße im intermodalen Wettbewerb sowie verbesserter Integration des öffentlichen Nahverkehrs auf Schiene und Straße.

Die erste Stufe der Bahnreform bestand 1994 darin, die Deutsche Bundesbahn in eine Aktiengesellschaft zu überführen. Eigentümer der Aktiengesellschaft blieb der Bund, so dass nur eine formelle Privatisierung[116] durchgeführt wurde.

Auf zweiter Stufe wurde 1998 die Deutsche Bahn AG aufgespalten in mehrere Tochtergesellschaften.

Die dritte Stufe der Bahnreform steht noch aus. Über die politische Frage nach Sinn und Reichweite einer materiellen Privatisierung der Deutschen Bahn AG herrscht große Unsicherheit, was angesichts ausländischer Erfahrungen mit Bahnprivatisierungen (Beispiel Großbritannien) einerseits und als vorbildlich angesehenen staatlichen Bahnsystemen anderseits (Beispiel: Schweiz) verständlich ist. Außerdem stellt eine materielle Privatisierung eine Realoption dar. Das bedeutet, dass die Entscheidung im Nachhinein nicht mehr rückgängig gemacht werden kann.

Neben der Frage des „ob" einer materiellen Privatisierung ist auch das „wie" streitig. Es existiert eine unüberschaubare Bandbreite an Privatisierungsmodellen, die zwischen den Polen eines getrennten Börsengangs und der Erhaltung der Bahn als integriertem Konzern anzusiedeln sind. Kern des Streites ist die Frage,

---

113 Delbanco, Bahnstrukturreform, S.14 f.

114 Delbanco, Bahnstrukturreform, S. 13.

115 Hierzu Fehling, DÖV 2002, 793 ff.

116 Zu den Privatisierungsbegriffen vgl. Schoch, DVBl. 1994, 962 ff.

ob eine materielle Privatisierung der Bahn mit einer Trennung zwischen Netz und Betrieb der entsprechenden Unternehmen der Deutschen Bahn verbunden werden soll. Die Bahn fordert dagegen vehement den Börsengang als vertikal integrierter Konzern, also als Unternehmen, das Eisenbahninfrastruktur-, Transport- und sonstige Eisenbahndienstleistungen unter einem Dach vereint.

Trotz zahlreicher Stimmen aus der Wissenschaft, die den getrennten Börsengang anmahnten[117], war er gegen die geschlossene Position des Bahn-Managements politisch nicht durchsetzbar. Daher ist gegenwärtig ein hohes Maß an Regulierung erforderlich, um dennoch zumindest ein gewisses Maß an Wettbewerb auf dem Schienennetz zu etablieren[118]. Bei einer vollständigen Trennung von Verkehrs- und Infrastrukturunternehmen verringerten sich die Anreize, Wettbewerber, die nicht zum Mutterkonzern gehören, zu diskriminieren. Ein unabhängiges und nach wirtschaftlichen Grundsätzen geführtes Eisenbahninfrastrukturunternehmen hätte trotz der erforderlich bleibenden staatlichen Subventionierung ein wirtschaftliches Eigeninteresse daran, durch die effektive Vergabe der Trassenkapazitäten einen möglichst hohen Gewinn zu erzielen. Eine Trennung hätte also ein verringertes Maß an Regulierung und gleichzeitig ein Plus an Wettbewerb versprochen. Insoweit ist fraglich, inwieweit die von der Deutschen Bahn AG behauptete notwendige Verbindung von Schiene und Verkehr („integriertes Unternehmen") diesen Umstand zu entkräften vermag. Die durch einen integrierten Konzern erzielten Synergieeffekte, das sind Effizienzgewinne, die darauf beruhen, dass Infrastruktur und Verkehr in einer Hand liegen, werden nach dem von der Bundesregierung in Auftrag gegebenen PRIMON-Gutachten, das verschiedene Privatisierungsmodelle untersucht hat[119], durch den bei einer Trennung von Netz und Betrieb generierten Wettbewerb mehr als aufgewogen. Daher rieten die Gutachter der Bundesregierung auch dazu, auf die kurzfristig höhere Gewinnerwartung, die ein integrierter Börsengang versprach, zu verzichten.

117 vgl. etwa Delbanco, Bahnstrukturreform; Kramer, NVwZ 2006, 26 (32).

118 Sondergutachten Monopolkommission 2009.

119 Abrufbar unter: http://privatisierungstoppen.deinebahn.de/story/61/261.html, abgerufen am 2.8.2010.

2. Ökonomische Grundlagen des Eisenbahnsektors

a) Ökonomische Sondersituation in den regulierten Netzsektoren

Regulierung knüpft an ökonomische Sonderkonstellationen in Märkten an. Die Wirtschaftssektoren der Energie-, Gas-, Telekommunikations- und Verkehrswirtschaft etwa haben gemeinsam, dass die Marktteilnehmer auf eine Netzstruktur zugreifen müssen, um den Endkunden Produkte anzubieten und damit an diesen Märkten teilnehmen zu können. Der Zugriff auf das Netz eröffnet dabei nicht den Wettbewerb auf der Netz- bzw. Infrastrukturebene, sondern die Teilnahme am Wettbewerb an auf dieser Ebene vor- oder nachgelagerten Märkten[120]. Netze sind raumübergreifende, komplex verzweigte Transport- und Logistiksysteme für Güter, Personen oder Informationen. In der Eisenbahnwirtschaft ist dies in erster Linie das Schienennetz. Zu beachten ist aber, dass daneben eine Vielzahl weiterer Infrastruktureinrichtungen existiert, die mit dem Schienennetz zusammenhängen und deren Nutzung ebenfalls erforderlich ist, z. B. Bahnhöfe, Gleis- und Zugsicherungssysteme, IT, Wartungseinrichtungen, etc.

Vielfältige Gründe[121] hindern Unternehmen, parallele Infrastrukturen zu errichten. Aus ökonomischer Sicht sind das vorrangig Kostennachteile[122]: die Anfangsinvestitionen, die für die Errichtung der Infrastruktur getätigt werden müssen, bilden extrem hohe versunkene Kosten, die bei einem eventuellen Marktaustritt für das Unternehmen verloren gehen. Die Kostendifferenz zwischen den versunkenen Kosten und den zu erwartenden Renditen für die Netznutzung[123] ist gerade in der Eisenbahnwirtschaft sehr hoch. Das bewirkt eine Konzentration der Anzahl der Marktteilnehmer. Wirtschaftlich ist es effizienter, wenn das Netz von einem Teilnehmer betrieben wird, als wenn mehrere Netzbetreiber konkurrieren. Das Schienennetz bildet daher ein natürliches Monopol[124].

Dieser Befund richtet den Fokus damit auf die bestehende Infrastruktur und die Frage, wie daran Nutzungsmöglichkeiten geschaffen werden können. Ist

120 Götting in: Loewenheim/Meessen/Riesenkampff, Kartellrecht, 2. Aufl. 2009, S. 1882.

121 Juristisch etwa das wohl aussichtslose Unterfangen, die erforderlichen Grundstücke zu erwerben und öffentlich-rechtliche Genehmigungen für Errichtung und Betrieb der Infrastrukturen zu erhalten.

122 Heise, Das Verhältnis von Regulierung und Kartellrecht im Bereich der Netzwirtschaften, S. 46 ff.

123 Heise, Das Verhältnis von Regulierung und Kartellrecht im Bereich der Netzwirtschaften, S. 51.

124 Dies wird, soweit ersichtlich, von niemandem bestritten, vgl. Ernert, Zugangs- und Entgeltregulierung in der Eisenbahnwirtschaft, S. 12; Kühling, Sektorspezifische Regulierung, S. 38.

wirtschaftspolitisch die Entscheidung getroffen, in diesen Netzsektoren Wettbewerb zu installieren, so sind Mitbenutzungsrechte der Konkurrenten an der Infrastruktur aus den dargelegten Gründen unverzichtbar. Die Schaffung dieser Rechte steht in extremen Interessenspannungsfeldern, denn die Netzbetreiber haben grundsätzlich kein wirtschaftliches Interesse, die Nutzung der Infrastruktur mit Wettbewerbern zu teilen. Rechtspolitisch geht es also um die Herkulesaufgabe, diese Rechte im Sinne einer möglichst effektiven Wettbewerbsermöglichung gegen die Widerstände der Monopolisten zu installieren.

Ökonomisch spricht für die Marktöffnung, dass neben dem Schienennetz als natürlichem Monopol vor- und nachgelagerte Märkte existieren, auf denen unter bestimmten Voraussetzungen Wettbewerb möglich ist. Wirtschaftspolitisch eröffnen sich zwei Alternativen: Entweder die Installierung einer möglichst effizienten Regulierung des Netzbetreibers oder die Entflechtung des – häufig – vertikal integrierten Netzbetreibers durchzusetzen und damit die Infrastruktur- von der Dienstleistungsebene zu trennen.

Das natürliche Monopol bildet einen sogenannten „bottleneck". Gelingt es, die Hemmnisfunktion dieses Flaschenhalses durch Mitbenutzungsrechte am Netz zu entschärften, kann der Wettbewerb auf den übrigen Märkten erzeugt werden. Das bedeutet, dass Wettbewerb „um das Netz" nur begrenzt möglich ist, sehr wohl aber „Wettbewerb auf dem Netz" installiert werden kann.

3. Grundbegriffe des Regulierungsrechts

a) Regulierungsbegriff

Die Herleitung einer Definition des Regulierungsbegriffes ist eines der Kernprobleme des aktuellen wissenschaftlichen Diskurses. Allgemein anerkannte Konturen des Regulierungsbegriffes sind bisher nicht herausgearbeitet worden. Häufig begnügen sich Arbeiten zu regulierungsrechtlichen Themen mit der Feststellung, der Begriff sei als solcher nicht definierbar[125].

aa) Notwendigkeit eines Regulierungsbegriffes

Die Anhänger der „neuen Verwaltungsrechtswissenschaft" sehen darin kein Dilemma. Sie arbeiten mit schillernden Schlüsselbegriffen, die eher als Kompass

125 Ruffert, AöR 124 (1999), 239 (241); Schmitt/Staebe, VerwArch 2009, 228 (229); Knauff, VerwArch 2007, 382 (383); Bullinger, DVBl. 2003, 1355 (1357); eine übergreifende Theorie der Regulierung entwickelt Picot, Regulierung von Netzindustrien in Deutschland, S. 9 ff.

denn als Definition fungieren. Die Unschärfe der Begriffe wird kaum problematisiert, da eine Bestimmung durch Systembildung und Analyse erfolgen könne[126].

Problematisch ist die begriffliche Unschärfe aber, weil Unterschiede zu verwandten Rechtsgebieten – besonders das Kartellrecht – ohne Definition nicht aufgezeigt werden können[127]. Dies ist vorliegend aber erforderlich, um die oben aufgeworfenen Fragen – etwa die des Verhältnisses und der Vereinheitlichung von Regulierungs- und Kartellrecht – beantworten zu können. Außerdem setzt die Aufdeckung rechtsinhärenter Unterschiede und gegenseitiger Beeinflussungen der Teilrechtsordnungen innerhalb des Regulierungsrechts eine genauere Begriffsbestimmung voraus.

Die steuerungswissenschaftliche Unschärfe des Regulierungsbegriffes ist für die Fragestellung dieser Arbeit somit abträglich. Daher soll eine Definition, zumindest aber möglichst präzise Konturen des Regulierungsbegriffes herausgearbeitet werden.

Der steuerungswissenschaftliche Ansatz hat aber insofern Berechtigung, als dass sich in allen Netzsektoren bestimmte Instrumente des Regulierungsrechtes in der Zusammenschau der Netzwirtschaften (Elektrizität, Gas, Telekommunikation) zum neu entstehenden Regulierungsrecht formieren: gesetzlicher Netzzugang, Unbundling und Entgeltregulierung existieren in allen Netzwirtschaftssektoren – wenngleich in unterschiedlich ausgeprägter Form.

In einem ersten Schritt soll vergleichend untersucht werden, wie der Regulierungsbegriff in anderen Wissenschaftsbereichen definiert wird. Diese Ausführungen müssen pauschal und ungenau bleiben. Denn „der" sozial- oder wirtschaftswissenschaftliche Regulierungsbegriff existiert nicht. In einem zweiten Schritt soll dann analysiert werden, inwieweit diese Erkenntnisse auf einen rechtswissenschaftlichen Begriff übertragen werden können.

bb) Sozialwissenschaftlicher Begriff

In den Sozialwissenschaften wird Regulierung teilweise mit Regelung gleichgesetzt[128]. Regulierung ist die durch den Vollzug von Recht eröffnete kontrollierte Einwirkung auf gegebene Ordnungen oder Vorgänge[129].

Kennzeichnend ist, dass der Staat als Steuerungssubjekt mittels bestimmter Steuerungsinstrumente auf das Steuerungsobjekt (Wirtschaft oder Gesellschaft) einwirkt, um ein bestimmtes Steuerungsziel zu erreichen. Während der Begriff

---

126 Fehling in Hill: Die Zukunft des öffentlichen Sektors, S. 91; Voßkuhle, VVDStRL 62, (2003), S. 266 (286 ff.).

127 So auch Fehling in Hill: Die Zukunft des öffentlichen Sektors, S. 92.

128 Kühling, Sektorspezifische Regulierung, S. 12; Thoma, Regulierte Selbstregulierung, S. 36.

129 Bullinger, DVBl. 2003, 1357.

zu Zeiten „neo" liberaler Wirtschaftspolitik der 1980er und 90er Jahre überwiegend negativ besetzt[130] war, hat sich dies seit der Weltwirtschafts- und Finanzkrise relativiert.

Diese weite Begriffsdefinition ist für die vorliegende Untersuchung problematisch, weil damit das gesamte (öffentliche) Recht inklusive Sekundärrechtsetzung durch Verwaltungsakte oder Rechtsverordnungen erfasst wird. Dies führt dazu, dass Unterschiede zwischen netzwirtschaftsspezifischen Instrumenten, zivilrechtlicher und – gegebenenfalls davon zu unterscheidender – kartellrechtlicher Regulierung nicht deutlich werden.

Mehr Verwirrung als Klarheit stiftet der Begriff der Deregulierung, der nach einem sozial- oder steuerungswissenschaftlichen Verständnis den Abbau staatlicher Marktinterventionen beschreibt[131], um (allein) der Verteilungslogik des freien Marktes zur Entfaltung zu verhelfen. Deregulierung wird wirtschaftspolitisch auch als Synonym für Liberalisierung verwendet. Liberalisierung bedeutet Förderung der selbständigen Marktprozesse gegenüber staatlicher Einflussnahme[132]. Soweit dieses Verständnis von Deregulierung allein hierauf reduziert wird, geht dies, wie noch gezeigt werden wird, an der ökonomischen Realität der Netzwirtschaften vorbei. Denn mit der Aufgabe staatlicher Monopole werden zwar neue Märkte geschaffen und diese Märkte den freien Marktprozessen unterworfen. Gleichzeitig entsteht aber ein erheblicher neuer Regelungsbedarf. Deregulierung führt damit nicht nur zum Abbau staatlicher Einflussnahme, sondern generiert gleichzeitig neuen Rechtsetzungsbedarf.

cc) Regulierung aus wirtschaftswissenschaftlicher Sicht

In den Wirtschaftswissenschaften wird ein Regulierungsbegriff vertreten, der jede staatliche Intervention in marktliche Prozesse zum Inhalt hat[133]. Die wirtschaftswissenschaftliche Betrachtungsweise lehnt sich stark an das angloamerikanische Grundverständnis an, den freien Markt als den Naturzustand anzusehen und jede staatliche Intervention als Regulierung unter einen Rechtfertigungsvorbehalt zu stellen[134]. In der angloamerikanischen Literatur wird weitergehend zwischen „social" und „economic regulation" differenziert: „social regulation" wird ähnlich wie in den Sozialwissenschaften verstanden als jedwede staatliche Einwirkung auf Märkte wegen öffentlicher Interessen. „Economic regulation" beschreibt einschränkend gerade solche Einflussnahmen auf Märkte, die auf die

130 Ruffert, AöR 124 (1999), 239 (241 f.).
131 Ruffert, AöR 124 (1999), 241.
132 Kühling, Sektorspezifische Regulierung, S. 31.
133 Kühling, Sektorspezifische Regulierung, S. 13 f.
134 Umfassend Masing, AöR 128 (2003), 558 (561 ff.).

Beseitigung von Marktversagen ausgerichtet ist[135]. Die Differenzierung zwischen „social“ und „economic regulation“ ist problematisch. Denn ins Deutsche gewendet hat auch wirtschaftliche Regulierung das Ziel, soziale gerechtere Marktergebnisse zu produzieren[136].

dd) Rechtswissenschaftlicher Regulierungsbegriff

Regulierung als Rechtsbegriff ist eine relativ neue Erscheinung, die erst in den 1990er Jahren in der rechtswissenschaftlichen Literatur auftauchte[137]. Bis dato beschrieb Regulierung auch in den Rechtswissenschaften (jede) hoheitliche Beschränkung von Handlungsmöglichkeiten[138]. Erst danach wurde der Regulierungsbegriff auf bestimmte wettbewerbspolitische Ausnahmebereiche beschränkt[139]. Die juristische Verwendung lässt sich auf zwei Wurzeln zurückführen. Gebräuchlich ist sie im Zusammenhang mit dem Privatisierungsfolgenrecht und im Kontext monopolistisch geprägter Märkte[140].

aaa) Beschränkung der Regulierung auf das Privatisierungsfolgenrecht

Privatisierungsfolgenrecht beschreibt die staatliche Nachsorge für Wirtschaftssektoren nach einer Aufgabenprivatisierung. Die Aufgabenprivatisierung allein führt nicht zu einer automatischen Aktivierung des Wettbewerbs. Da ein freiheitliches Regime notwendige, aber keine hinreichende Bedingung für die Entstehung von Wettbewerb ist, sieht sich der Gesetzgeber in bestimmten Fällen gezwungen, auch nach Privatisierungen tätig zu werden, wenn ein Marktergebnis nicht mit dem politisch gewollten Zustand korreliert. Beispiele existieren im Postsektor. Nach der Privatisierung des Sektors werden Dienstleistungen, die zuvor staatliche garantiert waren, aus Kostengründen nicht mehr automatisch angeboten. Ein privater Postdienstleister wird einen Transport von Briefen an abgelegene Orte, etwa Inseln oder Bergregionen, aus Kostengründen ablehnen. Hier müssen Strategien entwickelt werden, diese defizitären Ergebnisse zu korrigieren. Im Postsektor wird das Instrument der Universaldienstleistung verwendet, das die Kosten von Dienstleistungen, die vom Markt nicht erfüllt werden, umlegt auf alle Markteilnehmer. Weiteres Beispiel aus der Eisenbahnwirtschaft ist die allgemeine Infrastrukturbetriebspflicht der Netzbetreiber aus § 11 AEG. Ein EIU

135 Kühling, Sektorspezifische Regulierung, S. 14.
136 Kühling, Sektorspezifische Regulierung, S. 15.
137 Bullinger, DVBl 2003, S. 1355 (1356).
138 Röhl, JZ 2006, 831 (831 f.).
139 Ruge, AöR 131 (2006), 1 (23).
140 Ruffert, AöR 124 (1999), 237 (246); Knauff, VerwArch 2007, 382 (383).

darf die Infrastruktur nur mit entsprechender Genehmigung stilllegen. Dadurch soll gewährleistet werden, dass im öffentlichen Interesse das Schienennetz möglichst umfassend erhalten und die Stilllegung von Strecken ultima ratio bleibt.

bbb) Beschränkung der Regulierung auf monopolistisch geprägte Märkte

Die Beschränkung des Regulierungsbegriffes auf das Privatisierungsfolgenrecht ist zu eng[141]. Richtig ist, dass Privatisierungen neue Felder der Regulierung eröffnen[142], das Privatisierungsfolgenrecht daher ein typischer Anwendungsfall des Regulierungsrechts ist. Privatisierungen sind jedoch nicht die einzigen Konstellationen, in denen das Regulierungsrecht auf den Plan tritt. Regulierungsbedarf taucht auch in Märkten auf, in denen keine Privatisierungen stattgefunden haben, wie etwa im Energiesektor. Die Energiewirtschaft war nie allein in staatlicher Hand, trotzdem nötigen durch Monopolisierung bewirkte defizitäre Marktergebnisse den Staat, zur Wettbewerbserzeugung einzugreifen. Weiteres Beispiel für Regulierungsbedarf in einem hauptsächlich privaten Sektor ist der Finanzmarkt, der durch die Wirtschaftskrise augenfällig wurde.

Die Gleichsetzung von Privatisierungsfolgen- und Regulierungsrecht[143] ist neben der beschriebenen inhaltlichen Ungenauigkeit auch begrifflich schief. Die Generierung und Erhaltung von Wettbewerb ist von der Zuordnung der Marktakteure zum privaten oder öffentlichen Sektor unabhängig. Vorbehaltlich der Ausführungen zur Wettbewerbstheorie sind es vor allem Monopol- oder Oligopolstrukturen in diesen Märkten, die durch Regulierung angegangen werden. Dabei sind die Mechanismen im Grundsatz unabhängig von der Eigentümerschaft der Unternehmen. Wird etwa in einem funktionierenden Markt ein staatliches Unternehmen materiell privatisiert, sollte im Regelfall keine spezielle Marktregulierung notwendig sein, sondern eine effiziente Marktallokation allein durch den Marktmechanismus gewährleistet werden. Dadurch wird deutlich, dass der Regulierungsbegriff im Kontext des Regulierungsbedarfes in monopolistisch geprägten Märkten steht.

ee) Begriffsannäherung durch Definition der Regulierungsziele/Finalität des Regulierungsbegriffes

Trotz dieser Verortung bleibt der Regulierungsbegriff unscharf. Weitere Aufklärung verspricht eine normative Auslegung des Regulierungsbegriffes unter Berücksichtigung der Gesetzeszwecke. Im AEG etwa wird Regulierung wie in allen

141 So auch Fehling in: Hill (Hrsg.), Die Zukunft des öffentlichen Sektors, S. 96.
142 Zutreffend Säcker, ZNER 2004, 98 (99 f): die Deregulierung bedient sich der Regulierung.
143 Etwa bei Ruffert, AöR 124 (1999), 237 (246).

netzwirtschaftsspezifischen Gesetzen bestimmt als Mittel, um in § 1 AEG vorgegebene Regulierungsziele zu verwirklichen. Auffälliges Charakteristikum des Regulierungsbegriffes ist also seine Finalität, sein Bezug zur Verwirklichung von Wettbewerb. Daher erscheint es viel versprechend, das Pferd von hinten aufzuzäumen, um dem Regulierungsbegriff durch eine Bestimmung der Regulierungsziele Konturen zu verschaffen. Regulierungsziele sind in der Eisenbahnwirtschaft gem. § 1 Abs. 1 AEG die Sicherheit des Eisenbahnsystems, ein attraktives Verkehrsangebot sowie wirksamer und unverfälschter Wettbewerb auf der Schiene.

aaa) Definition Fehlings

Fraglich ist, ob die Zielfestlegungen den Regulierungsbegriff abschließend determinieren. Fehling folgert aus der Zielbezogenheit des Regulierungsbegriffes, dass Regulierung „Förderung und rechtliche Ausgestaltung von Wettbewerb durch fortlaufende Korrektur partiellen Marktversagens und Implementierung von Gemeinwohlanforderungen in Marktprozesse[144]" bedeute. Er erstreckt folglich den Regulierungsbegriff auf alle Gemeinwohlerfordernisse und nähert sich damit den weiten amerikanischen, sowohl „economic" als auch „social regulation" umfassenden wirtschaftswissenschaftlichen Verständnissen an[145].

bbb) Eigene Definition des Regulierungsbegriffes

Hinsichtlich der Zielvorgabe „Sicherheit des Eisenbahnverkehrs" überzeugt dieses weite Verständnis nicht. Sicherheitsbelange sind öffentliche Interessen, die durch das klassische Gefahrenabwehrrecht bereits verarbeitet werden. Sicherheitsbelange sind auch in Märkten ohne wettbewerbsspezifischen Regelungsbedarf zu berücksichtigen und werden dort durch die klassischen verwaltungsrechtlichen Instrumente, etwa Genehmigungen, Ordnungsverfügungen und besondere bußgeldbewehrte Sicherungspflichten gewährleistet[146]. Regulierung in einem netzwirtschaftsspezifischen Sinne fokussiert jedoch allein die Implementierung solcher Gemeinwohlerfordernisse, die wegen der durch die Monopolisierung beschränkten Allokationsmechanismen des Marktes selbständig nicht erfüllt werden, also die Wettbewerbserzeugung und -erhaltung. Richtig an Fehlings Feststellung ist, dass Regulierungsentscheidungen der Regulierungsbehörden und Gerichte alle gegebenenfalls widerstreitende Gemeinwohlerfordernisse zu berücksichtigen haben, also auch Sicherheitsbelange, soweit sie etwa mit dem

144 Fehling in Hill: Die Zukunft des öffentlichen Sektors, S. 97. Auf S. 99 verweist er aber auf den konstituierenden Bezug des Regulierungsrechts zu Markt und Wettbewerb.

145 Ruge, AöR 131 (2006), 1 (24 ff.).

146 Ruffert, AöR 124 (1999), 237 (278).

Belang der größtmöglichen Auslastung des Schienennetzes kollidieren. Gefahrenabwehr ist aber seit jeher typisches Element des Verwaltungsrechtes, das im AEG primär in § 4 verarbeitet und allein der neuartigen Regulierung nicht bedarf.

Regulierung ist also mit Blick auf die wirtschaftsbezogenen Regulierungsziele zu definieren als Maßnahmen, die primär der Wettbewerbserzeugung und -erhaltung in monopolistisch geprägten Märkten dienen.

ccc) Regulierung und Planungsrecht

Fehlings Ansatz, den Regulierungsbegriff auf alle Gemeinwohlerfordernisse zu erweitern, verdeutlicht die Komplementarität der Regulierungsziele. Maßnahmen zur Gewährleistung der Betriebssicherheit werden häufig im Widerstreit stehen mit dem Interesse an wirtschaftlicher Führung der Bahnen und Maßnahmen, die die Attraktivität des Verkehrsangebotes erhöhen[147]. Diese Zielkonflikte verdeutlichen, dass in Regulierungsentscheidungen nicht ein öffentliches Interesse gegen ein anderes abzuwägen ist, sondern mehrere öffentliche Interessen miteinander in Einklang gebracht werden müssen. Regulierungsmaßnahmen gehen planerische Entscheidungen voraus, bei denen die divergierenden Belange zunächst ermittelt und dann gegeneinander abgewogen werden müssen. Insofern sind Parallelen zwischen Regulierungs- und Planungsrecht nicht zu übersehen.

ddd) Die Regulierungsmaßnahme als neue Handlungsform des Verwaltungsrechts

Für die vollständige Erfassung obiger Begriffsdefinition muss die Variationsbreite regulierungsrechtlicher „Maßnahmen" hervorgehoben werden. Diese Maßnahmen lassen sich nicht nahtlos in die Handlungsformenlehre des allgemeinen Verwaltungsrechts einfügen. Regulierungsrechtliche Maßnahmen beinhalten auch Möglichkeiten der Einflussnahme, die dort nicht verortet werden können. Beispiele sind Androhungen von Verfügungen der Bundesnetzagentur gegenüber den Marktteilnehmern oder der Austausch von Informationen, etwa gem. §§ 34, 35 AEG durch speziell gegründete Beiräte oder die Konfliktlösung mittels Mechanismen jenseits von Verwaltungsakt und öffentlich-rechtlichem Vergleich durch Konfliktschlichtungsinstrumente, die den Interessen der Marktteilnehmer an einer schnellen Entscheidung zugute kommen.

Die Bandbreite regulierungsrechtlicher Maßnahmen wird bei einem Seitenblick auf das Telekommunikationsrecht sichtbar. In § 3 Nr. 13 TKG wird der Begriff legal definiert. Bezug genommen wird in finaler Struktur allein auf die

---

147 Höppner, Regulierung der Netzstruktur, S. 29.

Regulierungsziele des TKG. Damit ist der Maßnahmenbegriff bedeutungsoffen. Das Fehlen näherer Vorgaben spricht nach Wortlaut und Zweck des Gesetzes dafür, auch Realakte oder informelles Verwaltungshandel ohne Rechtsqualität unter die Definition zu subsumieren[148].

Einerseits lassen sich somit die klassischen Handlungsformen der Verwaltung unter den Begriff der Regulierungsmaßnahme subsumieren. Die klassische Verfügung bildet auch ein wichtiges Element des Regulierungsrechts[149]. Gleichzeitig lässt das Regulierungsrecht die Handlungsformenlehre des allgemeinen Verwaltungsrechts hinter sich. Regulierung ist eine Gestaltungsaufgabe[150], die sich nur begrenzt konditional programmieren lässt. Hier bildet sich ein interessanter neuer Typus staatlichen Handelns, der Elemente der Rechtsetzung, Rechtsprechung und Verwaltung vermengt[151] und sich daher nicht bruchlos in das klassische Gewaltenschema einsortieren lässt.

Hervorzuheben ist die Bedeutung des Verfahrens für die Regulierung vor dem Hintergrund der schwachen konditionalen Programmierung der Regulierungsbehörden. Das Verwaltungsverfahren kann im Regulierungsrecht nicht auf eine „dienende Funktion" für materielles Recht reduziert werden[152], sondern substituiert die schwache materielle Determination der Behörden und fängt rechtsstaatliche und demokratische Bindungen dadurch auf.

b) Wettbewerbsbegriff

Die erörterte Finalität des Regulierungsbegriffes auch in der Eisenbahnwirtschaft macht es erforderlich, sich über den dem AEG zugrunde liegenden Wettbewerbsbegriff, der gem. § 1 Abs. 1 S. 1 AEG das Kernziel der Regulierung beschreibt, Klarheit zu verschaffen.

aa) Definition des Wettbewerbs als neuartiges Rechtsproblem

Dieses Rechtsproblem ist interessanter weise relativ neu. Es stellt sich vorrangig im Regulierungsrecht und weniger dringlich im Wettbewerbsrecht. Nur im Regulierungsrecht ist positiv die Herstellung von Wettbewerb klare gesetzliche

---

148 Ruffert, AöR 124 (1999), 237 (242 f.).

149 Ruffert, AöR 124 (1999), 237 (245).

150 Bullinger, DVBl. 2003, 1355 (1358); Fehling in Hill (Hrsg.): Die Zukunft des öffentlichen Sektors, S. 91, spricht von „Staatsaufgabe".

151 Bullinger, DVBl. 2003, 1355 (1359).

152 Schmidt-Aßmann, NVwZ 2007, 40 (44) kritisiert die Reduktion des Verfahrensrechts auf die dienende Funktion und verweist auf die neuere Rechtsprechung des Bundesverfassungsgerichts, die neuerdings auf Distanz zu diesem Topos geht.

Zielvorgabe. Das Kartellrecht hat insoweit einen anderen Ausgangspunkt, indem es im Regelfall von einem funktionsfähigen Wettbewerb ausgeht und diesen schützen, aber nicht gestalten soll[153]. Damit ist eine Wettbewerbsdefinition für die kartellrechtliche Rechtsanwendung nicht erforderlich. Sanktioniert werden kartellrechtliche wettbewerbsbeschränkende Verhaltensweisen. Erforderlich ist damit jeweils nur eine Subsumtion unter die Tatbestandsmerkmale dieser Verhaltensweisen, wobei eine Definition des Wettbewerbsbegriffes entbehrlich bleibt. Wettbewerb wird im Kartellrecht negativ als Fehlen dieser Verhaltensweisen definiert[154]. Die Frage, von welchem Wettbewerbsverständnis die Regulierungsgesetze eigentlich ausgehen, ist daher ein neues und relativ offenes Rechtsproblem. Zugleich ist es ungeheuer bedeutsam, da Art, Maßstab und Intensität sowohl der konkreten Regulierungsmaßnahmen wie auch der gesamten Wirtschaftspolitik hiervon abhängen.

bb) Anknüpfung an ökonomische Modelle

Fraglich ist, inwieweit die Rechtswissenschaft bei einer Definition des Wettbewerbsbegriffes an die wirtschaftswissenschaftlichen Erkenntnisse anknüpfen kann und muss.

Wirtschaftswissenschaftliche Modelle dürfen nicht unreflektiert auf Rechtsbegriffe übertragen werden[155]. Diese Modelle, die sogleich dargestellt werden, erfassen oft nur einzelne Aspekte innerhalb des komplexen Wettbewerbssystems und intendieren daher häufig nicht, eine umfassende Definition des Wettbewerbs zu geben. Daher muss bei der Übertragung wirtschaftswissenschaftlicher Erkenntnisse immer der Sinn und Zweck des gesamten Gesetzes bei der Auslegung berücksichtigt werden[156]. Andererseits existiert aber keine vermeintliche „Eigenrationalität" juristischer Begriffsbildung, soweit sie gegen ökonomische Erkenntnisse ausgespielt werden soll. Da das Regulierungsrecht mit dem Wettbewerbsbezug – wie jedes Recht – an außerrechtliche sozialwissenschaftliche Topoi anknüpft, sollten ökonomische Wettbewerbserkenntnisse bei Auslegung und Anwendung des Wettbewerbsbegriffes möglichst detailgetreu nachvollzogen werden.

---

153 Mestmäcker in: Immenga/Mestmäcker, GWB, Einleitung Rn. 1; Wissmann, FS Schmidt, S. 627 (642 ff.).

154 Kling/Thomas, Kartellrecht, § 14 Rn. 37.

155 Immenga in: Mestmäcker/Immenga, GWB, Einleitung, Rn. 67 f. erforderlich sei eine „Übersetzung in die Denkkategorie des Rechts".

156 Kling/Thomas, Kartellrecht, § 14 Rn. 32: im Kartellrecht die „kartellrechtlich-funktionale Auslegung" genannt.

In der ökonomischen Literatur herrscht Einigkeit, dass eine Definition des Wettbewerbs nicht möglich ist[157]. Auf der anderen Seite werden konkretisierende Details herausgearbeitet, die den Wettbewerb kennzeichnen. Je genauere Aussagen getroffen werden können, desto genauere Konturen gewinnt der wettbewerbsfinale Regulierungsbegriff und desto effizienter können Regulierungsmaßnahmen ihr Ziel erreichen.

Ökonomen arbeiten in der Wettbewerbstheorie zur Veranschaulichung dieser Mechanismen mit Modellen, die von bestimmten Grundannahmen ausgehen. Eine Grundannahme ist die durch die Rechtsordnung grundsätzlich gewährleistete freie Marktteilnahme der Wettbewerber. Mit ihrer Darstellung soll hier begonnen werden, daran anknüpfend werden einige ökonomische Modelle vorgestellt.

aaa) Wirtschaftsverfassung des Grundgesetzes

Die Möglichkeit grundsätzlich freier Marktteilnahme am Wettbewerb wird in erster Linie durch die Grundrechte bereitgestellt. Im Mittelpunkt steht die Wettbewerbsfreiheit, für die wegen ihres Charakters als „Innominatfreiheitsrecht[158]" umstritten ist, wo sie normativ angesiedelt werden muss. Die Literatur verortet sie überwiegend in den Artt. 12, 14 GG, das Bundesverfassungsgericht dagegen in Art. 2 Abs. 1 GG[159]. Teilweise wird die Wettbewerbsfreiheit auch als „Mosaikgrundrecht" auf mehrere Grundrechte gleichzeitig gestützt[160]. Die Ansichten unterscheiden sich im Hinblick auf das Schutzniveau der Wettbewerbsfreiheit nicht, so dass eine Entscheidung dahingestellt bleiben kann. Jedenfalls beinhaltet die Wettbewerbsfreiheit die Freiheit, anderen Unternehmen Konkurrenz machen zu dürfen[161]. Sie beinhaltet das Recht auf den Versuch, sich durch freie Leistungskonkurrenz als Anbieter und Nachfrager auf dem Markt gegenüber anderen durchzusetzen[162].

Die Wettbewerbsfreiheit wird dabei von anderen grundrechtlichen Gewährleistungen flankiert. Bedeutsam ist beispielsweise die aus Art. 5 Abs. 1 GG folgende Informationsfreiheit, die es Marktteilnehmern gewährleistet, sich für eine Marktanalyse aus frei zugänglichen Quellen zu informieren.

---

157 Örtel, Die Oligopolproblematik in Wettbewerbstheorie und europäischer Fusionskontrollpraxis, S. 4; Hefermehl/*Köhler*/Bornkamm, UWG Einl. 1.6.; Meesen in: Loewenheim/Meesen/Riesenkampff, Kartellrecht, 2. Auflage 2009, Einführung Rn. 6.

158 H. Dreier, in: H. Dreier (Hrsg), Grundgesetz-Kommentar, Bd. 1, 2. Aufl. 2004, Art. 2 I Rn. 51.

159 H. Dreier, in: H. Dreier (Hrsg), Grundgesetz-Kommentar, Bd. 1, 2. Aufl. 2004, Art. 2 I Rn. 24.

160 Schoch/Schmidt-Aßmann/Pietzner-Wahl/Schütz, VwGO, § 42 Abs. 2 Rn. 291 m. w. N.

161 Maunz/Dürig, GG, Art. 2 Abs. 1 Rn. 51.

162 Sodan/Ziekow-Sodan, VwGO, § 42 Rn. 432.

Der bekannte Satz des Bundesverfassungsgerichtes, das Grundgesetz sei wirtschaftspolitisch neutral[163], darf nicht falsch verstanden werden. Dadurch, dass Freiheitsrechte einen umfassend abgesicherten Raum gegenüber staatlichen Beschränkungen schaffen, in denen sich im Idealfall Wettbewerb entfalten kann, bekennt sich das Grundgesetz zu einer freiheitlichen Wirtschaftsverfassung. Unabhängig von der normativen Verortung der Wettbewerbsfreiheit streitet die Eröffnung eines grundrechtlichen Schutzbereiches für die Freiheit[164]. Jeder staatlicher Eingriff muss damit nach dem Verhältnismäßigkeitsprinzip einen legitimen Zweck verfolgen.

Detailliertere Aussagen, und insoweit ist das Zitat des Gerichtes zutreffend, können dem Grundgesetz aber nicht entnommen werden. Aus den Grundprinzipien der Menschenwürde, das in seiner Leistungsdimension jedem Menschen ein Existenzminimum gewährleisten muss, und dem Sozialstaatsprinzip lässt sich etwa kein Verfassungsprinzip der sozialen Marktwirtschaft herleiten[165]. Der Spielraum und die Verantwortung, die dem Gesetzgeber zur Ausgestaltung des Wirtschaftssystems verbleiben, sind immens[166]. Insoweit lassen sich keine Vorgaben aus dem Grundgesetz bezüglich der Frage deduzieren, welcher wirtschaftspolitischen Lehrmeinung der Gesetzgeber zur Ausformung der Wettbewerbsfreiheit folgt[167].

Nukleus des wettbewerblichen Freiraums ist die subsidiär in Art. 2 Abs. 1 GG enthaltene Vertragsfreiheit[168]. Sie berechtigt die Grundrechtsträger, grundsätzlich frei über Abschluss und Inhalt privater Vereinbarungen, der beiden Elemente der Vertragsfreiheit, zu entscheiden. Die Vertragsfreiheit ist daher in erster Linie ein Abwehrrecht gegenüber staatlichen Eingriffen in Form inhaltlicher Vorgaben, behördlicher Preisfestsetzungen, Genehmigungsvorbehalte oder durch privatrechtsgestaltende Hoheitsakte, gleich, ob sie durch öffentliches Recht oder durch zwingende Vorgaben des Privatrechts erfolgen. Dies bedeutet für wettbewerbs- oder regulierungsrechtliche Eingriffe, dass sie den Schranken des Art. 2 Abs. 1 GG,

---

163 Erstmals im „Investitionshilfe" – Urteil, BVerfGE 4, 7 ff.; BVerfGE 18, 315 (327); 32, 311 (317); dazu Maunz/Dürig-Di Fabio, GG, Art. 2 Abs. 1 Rn. 76.

164 H. Dreier, in: H. Dreier (Hrsg), Grundgesetz-Kommentar, Bd. 1, 2. Aufl. 2004, Art. 2 I Rn. 38.

165 R. Gröschner, in: H. Dreier (Hrsg), Grundgesetz-Kommentar, Bd. 2, 2. Aufl. 2006, Art. 20 (Sozialstaat) Rn. 54.

166 Poppen, Der Wettbewerb der öffentlichen Hand, S. 71.

167 So Maunz/Dürig-Di Fabio, GG, Art. 2 Abs. 1 Rn. 88.

168 Maunz/Dürig-Di Fabio, GG, Art. 2 Abs. 1 Rn. 101; dies gilt nur soweit nicht speziellere Grundrechte einschlägig sind: bei Verfügungsgeschäften oder Erbverträgen etwa Art. 14 GG, bei Arbeits- und Dienstverträgen Art. 12 GG, bei eherechtlichen Regelungen Art. 6 GG, vgl. Rn. 103.

also dem einfachen Gesetzesvorbehalt, entsprechen und materiell insbesondere verhältnismäßig sein müssen.

Daneben wird aus den grundrechtlichen Freiheitsverbürgungen auch eine objektive an den Staat adressiert Pflicht abgeleitet, positiv durch Schaffung einer Rechtsordnung, die Institute der Privatautonomie und des Eigentums zu gewährleisten, andererseits aber auch durch Vorkehrungen gegenüber Vermachtungen einen Rahmen zu schaffen für die Entstehung von Wettbewerb[169]. Diese zweite Perspektive spielt in den regulierten Netzsektoren eine entscheidende Rolle. Sie rechtfertigt gleichzeitig die Qualifizierung der Netzsektoren als Ausnahmebereiche.

bbb) Wettbewerbstheorie

Die wirtschaftswissenschaftlichen Modelle greifen als Prämissen auf diesen rechtlichen Rahmen zurück. Mit der Anerkennung des rechtlichen Rahmens wird aber noch keine Aussage darüber getroffen, nach welchen Maßstäben die eintretenden Folgen als Wettbewerb bezeichnet werden können. Fraglich ist insoweit, welches ökonomische Modell vorzugswürdig ist und an welches Modell der normative Wettbewerbsbegriff in § 1 Abs. 1 AEG anknüpfen kann.

Cournot[170] entwickelte ein Modell des vollkommenen Wettbewerbs, das durch „atomistische“ Konkurrenz und weitere Idealannahmen gekennzeichnet ist. In diesem Modell sind die Marktteilnehmer etwa nicht in der Lage, die Preise durch eigenes Verhalten beeinflussen zu können[171]. Wettbewerb wird – rein statisch – als Zustand verstanden. Damit werden jedoch wesentliche Merkmale des realen Wettbewerbs aus der Theorie ausgeklammert. Daher ist diese Theorie defizitär. Gleiches gilt für das Konzept der „Contestable Markets“, das auf der Theorie der vollkommenen Konkurrenz aufbaut und lediglich einige Prämissen modifiziert[172].

Denn einerseits ist realer Wettbewerb immer unvollkommen: Güter sind etwa nicht – vollständig – substituierbar, die Anzahl der Marktteilnehmer begrenzt,

169 Busche, Privatautonomie und Kontrahierungszwang, S. 25 ff.

170 Bedingungen der vollständigen Konkurrenz nach Cournot: 1. Viele Anbieter und viele Nachfrager mit jeweils kleinem Marktanteil; 2. Homogenität (sachlich, persönlich, räumlich, zeitlich); 3. Markttransparenz; 4. Unbegrenzte Mobilität und Teilbarkeit von Produktionsfaktoren und Gütern; 5. Unmittelbare Anpassungsprozesse; 6. Offener Marktzugang und -austritt; 7. Rationales Verhalten der Wirtschaftseinheiten, keine dirigistischen Markteingriffe des Staates, vollständiges Wissen, vgl. Örtel, Die Oligopolproblematik in Wettbewerbstheorie und europäischer Fusionspraxis, S. 9.

171 Ökonomen beschreiben diesen Zustand als „Pareto-Optimum“, vgl. Örtel, Die Oligopolproblematik in Wettbewerbstheorie und europäischer Fusionspraxis, S. 8; Hefermehl/*Köhler*/Bornkamm, UWG Einl. 1.12.

172 Örtel, Die Oligopolproblematik in Wettbewerbstheorie und europäischer Fusionspraxis, S. 34.

die Preisbildung nicht vollständig transparent oder der Marktzugang eingeschränkt[173]. Alle Grundannahmen der Theorie der vollständigen Konkurrenz sind daher angreifbar. Insofern ist diese Theorie gar als Rückschritt gegenüber der klassisch-liberalen Wettbewerbstheorie Adam Smiths' zu verstehen, die die Unvollkommenheit von Märkten erkannte, darin aber keinen Nachteil gegenüber einem durch atomistische Konkurrenz geprägten Markt ausmachen konnte[174]. Innovationen, die zu zeitliche beschränkten Vormachtstellungen und zu Pioniergewinnen des Marktführers führen, dynamisieren Märkte. Sie bewirken gesteigerte Anstrengungen der Wettbewerber, nachzuziehen. Wettbewerber müssen entweder auch die Qualität steigern oder die Preise senken, um wettbewerbsfähig zu bleiben, was im Regelfall zu einer verbesserten Allokationseffizienz auf Seiten der Konsumenten führt. Für die Existenz von Wettbewerb ist nach der klassisch-liberalen Theorie eine sequentielle Rivalität entscheidend. Die Wettbewerber müssen nur die Möglichkeit haben, den Marktführer zu erreichen[175].

Der Freiburger Schule ist es zu verdanken, nicht einzelne Wettbewerbsmodelle in den Mittelpunkt gestellt, sondern einen ganzheitlichen Ansatz der Wirtschaftspolitik entwickelt zu haben, der auch in die Entstehung des GWB 1957 eingeflossen ist[176]. Auch die Freiburger Schule ist geprägt von einem statischen Verständnis von Wettbewerb. Eucken favorisierte beispielsweise als Wettbewerbsideal ein heterogenes Polypol und damit eine bestimmte Marktstruktur. Die aktuelle Forschung hat jedoch die Annahme widerlegt, dass eine bestimmte Marktstruktur per se zu einem höheren Maß an Wettbewerb führt. Es ist danach im Gegenteil durchaus möglich, dass ein Wechsel von einer polypolen zu einer oligopolen Marktstruktur den Wettbewerbsgrad erhöht[177]. Außerdem muss ein Monopol nicht notwendig zu der Annahme verleiten, dass kein Wettbewerb herrscht. Wird etwa ein neues Produkt entwickelt, dieses vertrieben und damit ein neuer Markt eröffnet, ist zunächst immer nur ein Unternehmen – als Monopolist – tätig. Eine zeitlich begrenzte Monopolstellung muss dem Unternehmen eingeräumt werden, damit die für die Neuentwicklung getätigten Investitionen amortisiert werden können. Ginge man wirtschaftspolitisch sofort gegen das

---

173 Hefermehl/*Köhler*/Bornkamm, UWG Einl. 1.13.

174 Örtel, Die Oligopolproblematik in Wettbewerbstheorie und europäischer Fusionspraxis, S. 6. Zu Unrecht wird die Lehre Adam Smiths insbesondere durch Reduzierung auf sein geflügeltes Wort der „invisible hand" mit einem radikalen Marktliberalismus gleichgesetzt. Smith erkannte die unverzichtbare Rolle des Staates für den Wettbewerb, der bestimmte öffentliche Güter und die notwendige Infrastruktur bereitstellen muss, vgl. Smith, An Inquiry into the Nature and Causes of the Wealth of Nations, Bd. 2, S. 329 f.

175 Heise, Verhältnis von Kartellrecht und Regulierung im Bereich der Netzwirtschaften, S. 54.

176 Örtel, Die Oligopolproblematik in Wettbewerbstheorie und europäischer Fusionspraxis, S. 39.

177 Örtel, Die Oligopolproblematik in Wettbewerbstheorie und europäischer Fusionspraxis, S. 39.

Monopol vor, bestünde im Einzelfall die Gefahr einer Insolvenz des Unternehmens. Jedenfalls aber wird es in Zukunft die Markteinführung von Produkten scheuen, die mit hohen Investitionen verbunden sind. Diese Überlegungen zeigen, dass die Marktstruktur nicht mehr als ein Indiz sein kann für den Wettbewerbsgrad in einem Markt.

Die wettbewerbstheoretischen Modelle wurde im 20. Jahrhundert nach und nach verfeinert. Arndt[178] ist eine Typisierung unterschiedlicher Wettbewerbsstrategien der Marktteilnehmer zu verdanken. Er unterscheidet „Bahnbrecher", die neue Produkte anbieten, von „Nachahmern", die erfolgreiche Strategien anderer kopieren. Funktionsfähiger Wettbewerb bringt danach immer beide Unternehmertypen hervor, die die Wettbewerbstheorie berücksichtigen muss. Weitere Ausdifferenzierungen nahm Heuss[179] vor, der zwischen konservativen Unternehmern und Pionieren unterschied, diese Typen aber nicht statisch verstand, sondern unterstellte, dass die jeweilige Marktsituation Anpassungs- und Lernprozesse in alle Richtungen zulassen.

Nach der Theorie der Wettbewerbsfreiheit[180] ist Wettbewerb dadurch gekennzeichnet, dass neben den natürlichen Hemmnissen, die immer in unterschiedlichem Grad bestehen und nicht per se negativ bewertet werden können, künstliche Wettbewerbsbeschränkungen fehlen[181]. Das sind Wettbewerbshindernisse, die vom Staat oder von den Marktteilnehmern selbst geschaffen werden.

Diesen Ansatz verfeinerte die institutionenökonomisch-evolutionäre Wettbewerbstheorie. Wettbewerb wird als gestufter Forschungsprozess verstanden. Informationen sind nicht für alle gleich verfügbar, Erkenntnisse werden zudem unterschiedlich wahrgenommen. Insgesamt ist die Vorhersage von Marktergebnissen von einer Vielzahl von Variablen abhängig[182]. Im Mittelpunkt steht die Bedeutung der Institutionen, vor allem der Rechtsordnung, der man eine den Wettbewerb steuernde Funktion beimisst.

---

178 Arndt in: Herdzina (Hrsg.), Wettbewerbstheorie, S. 246 ff. (251).

179 Örtel, Die Oligopolproblematik in Wettbewerbstheorie und europäischer Fusionspraxis, S. 43 f.

180 Grundvoraussetzungen für Wettbewerb sind nach Kantzenbach (Funktionsfähigkeit des Wettbewerbs, 1965) die funktionelle Einkommensverteilung nach der Marktleistung, die Lenkung des Angebots durch Nachfrage, die Optimalkombination der Produktionsverfahren sowie die Anpassung der Produktionskapazität an außerwirtschaftliche Daten und die Durchsetzung des technischen Fortschritts, vgl. Hefermehl/*Köhler*/Bornkamm, UWG Einl. 1.14.

181 Die Unterscheidung zwischen künstlichen und natürlichen Wettbewerbshindernissen geht auf Hoppmann zurück, vgl. Örtel, Die Oligopolproblematik in Wettbewerbstheorie und europäischer Fusionspraxis, S. 64. Hefermehl/*Köhler*/Bornkamm, UWG Einl. 1.15, wobei die Frage offen bleibt, ob natürliche von künstlichen Hindernissen unterschieden werden können.

182 Örtel, Die Oligopolproblematik in Wettbewerbstheorie und europäischer Fusionspraxis, S. 65.

ccc) Wettbewerbsbegriff des AEG

Fraglich ist, ob der Wettbewerbsgriff in § 1 Abs. 1 AEG anschlussfähig ist an diese ökonomischen Theorien. Ob und wenn ja an welche Theorie der normative Begriff anknüpft, ist davon abhängig, welche genaueren Vorgaben das AEG zum Wettbewerbsbegriff macht. Dazu ist § 1 Abs. 1 S. 1 AEG auszulegen.

i) Wirksamkeit des Wettbewerbs

Auffällig ist zunächst, dass das Gesetz nicht allein den Wettbewerb, sondern seine „Wirksamkeit" und „Unverfälschtheit" zu Zielen erhebt. Dem Ziel eines „wirksamen" Wettbewerbs scheint die gesetzgeberische Wertung zugrunde zu liegen, dass ohne die Instrumente des AEG Wettbewerb nicht existierte. Der europarechtlich determinierte Gesetzgeber erkennt damit an, dass Wettbewerb jedenfalls mit den vorhandenen punktuellen Eingriffen des allgemeinen Wettbewerbs- und Kartellrechtes nicht herzustellen ist. § 1 Abs. 1 AEG lässt aber dem Wortlaut nach offen, ob dafür in erster Linie die Marktstruktur oder andere Wettbewerbshemmnisse verantwortlich sind. Ein Blick auf die wichtigsten Regulierungsinstrumente, nämlich die Unbundling-Regulierung, die Netzzugangs- und die Entgeltregulierung machen deutlich, dass an statische, aber auch, etwa durch Eingriffe in die Preisbildung, zukünftige und damit dynamische Prozesse gleichzeitig angeknüpft wird. Da der Gesetzgeber vor einer eigentumsrechtlichen Trennung der integrierten Deutschen Bahn AG zurückschreckt, ist davon auszugehen, dass eine marktbeherrschende Stellung einzelner Unternehmen nicht als inkompatibel mit der Herstellung von Wettbewerb angesehen wird. Als erstes Ergebnis der Auslegung lässt sich demnach festhalten, dass das AEG nicht uneingeschränkt Modellen der statischen Wettbewerbstheorie folgt, nach denen eine monopolistische Marktstruktur mit Wettbewerb unvereinbar ist.

ii) Unverfälschter Wettbewerb

Dem Attribut des „unverfälschten" Wettbewerbs[183] kann entnommen werden, dass im Einklang mit der Konzeption des allgemeinen Wettbewerbsrechts verschiedene „Wettbewerbsstufen" existieren, von denen der unverfälschte Wettbewerb das vermeintliche Optimum darstellt. Wettbewerbszustände lassen sich nach diesem Verständnis graduell auf einer Skala abbilden, von schweren über

183 Nach dem EuGH bedeutet unverfälschter Wettbewerb, dass soviel Wettbewerb vorhanden sein muss, dass die grundlegenden Forderungen des EG-Vertrages erfüllt und seine Ziele erreicht werden, insbesondere die Bildung eines einzigen Marktes mit binnenmarktähnlichen Verhältnissen, vgl. Ernert, Zugangs- und Entgeltregulierung in der Eisenbahnwirtschaft, S. 33.

leichte Wettbewerbsverzerrungen hin zum unverfälschten Wettbewerb, der sich durch das Fehlen künstlicher Hemmnisse auszeichnet. Damit erlangt § 1 Abs. 1 AEG die Stellung eines Optimierungsgebotes. Die Behörden haben solange auf die Wettbewerbsbedingungen einzuwirken, bis der höchste Wettbewerbsgrad, der unverfälschte Wettbewerb, erreicht ist.

Damit kann der Begriff des „unverfälschten" Wettbewerbs in § 1 Abs. 1 AEG in den Kontext der Theorie Hoppmanns gestellt werden, der zwischen künstlichen und natürlichen Wettbewerbshindernissen differenziert. Das Ziel der eisenbahnrechtlichen Regulierung besteht also darin, künstliche Wettbewerbshindernisse zu beseitigen. Typische künstliche Hindernisse sind auf dem monopolistisch geprägten Eisenbahnmarkt Beschränkungen der chancengleichen Marktteilnahme (in erster Linie durch diskriminierende Infrastrukturzugangsbedingungen) durch die Netzbetreiber sowie Wettbewerbsverfälschungen durch Quersubventionierungen der Infrastrukturbetreiber zugunsten verbundener Unternehmen[184].

Darüber hinaus trifft das AEG in § 1 Aussagen zu Art und Umfang der Wettbewerbsförderung. § 1 Abs. 1 AEG spricht nicht von einer umfassenden Ermöglichung von Wettbewerb im Eisenbahnverkehr, sondern von Wettbewerb „auf der Schiene". Damit ist der zunächst nur der intramodale Wettbewerb[185] angesprochen, also der Wettbewerb „auf dem Netz". Wegen der Struktur des Marktes kann funktionsfähiger Wettbewerb nur dort installiert werden, nicht aber auf der Ebene der Infrastrukturdienstleistungen (Wettbewerb „um das Netz"). Denn da jedenfalls die Schienenwege ein wirtschaftlich nicht duplizierbares natürliches Monopol bilden, kann sich hier neben den Netzbetreibern keine Konkurrenz entwickeln und damit kein Wettbewerb entstehen. Wettbewerb auf der Schiene kann jedoch durch die Ausschreibung der Verkehrsleistungen erzeugt werden.

Vom intramodalen Wettbewerb ist der in § 1 Abs. 3 AEG erwähnte intermodalen Wettbewerb („lautere Wettbewerb der Verkehrsträger") zu unterscheiden, der die Konkurrenz von Verkehrsträgern untereinander zum Maßstab erhebt, etwa den Wettbewerb zwischen Schienen- und Straßengüterverkehr. Insoweit ist jedoch unklar, inwieweit vom intermodalen Wettbewerb überhaupt signifikante Einflüsse auf Eisenbahnverkehrsleistungen ausgehen[186]. Streitig ist schon, ob und wenn ja in welchem Maße andere Verkehrsträger den Eisenbahnverkehr substituieren können[187].

184 BeckAEG-Komm/Hermes, § 1 Rn. 10.

185 BeckAEG-Komm/Hermes, § 1 Rn. 9.

186 Entschieden Gersdorf, Entgeltregulierung im Eisenbahnsektor, S. 67.

187 Höppner, Die Regulierung der Netzstruktur, S. 241, spricht von Defiziten und nennt als Beispiele für fehlende Substituierbarkeit Personen ohne PKW, Gefahrguttransporte, Behinderte.

Die Adressierung der Bundes- und Landesregierungen ohne genauere Benennung der Mittel zur Verbesserung des intermodalen Wettbewerbs verdeutlicht, dass es sich zwar um eine rechtlich bindende Zielvorgabe handelt, für die jedoch von einem ganz erheblichen Einschätzungsspielraum der Adressaten ausgegangen werden muss[188]. Damit spielt der intermodale Wettbewerb gegenüber dem intramodalen Wettbewerb, der durch die in dieser Arbeit dargestellten Regulierungsinstrumente des AEG ermöglicht werden soll, eine nachrangige Bedeutung. Das erscheint sachgerecht: denn ob und wenn ja wie stark intramodaler Wettbewerb überhaupt besteht, dürfte empirisch kaum nachweisbar sein.

cc) Zwischenfazit

Festzuhalten ist, dass die ökonomischen Modelle, insbesondere das Modell Hoppmanns auf den Wettbewerbsbegriff des § 1 Abs. 1 AEG anschlussfähig ist.

dd) Herstellung unverfälschten Wettbewerbs durch Regulierung

Zu klären ist schließlich das Verhältnis zwischen Mittel und Zweck des AEG, zwischen Regulierung und unverfälschtem Wettbewerb. Die in § 1 Abs. 1 AEG implizit enthaltene Aussage, unverfälschter Wettbewerb könne durch Regulierung hergestellt werden, erscheint nach der hier zugrunde gelegten Konzeption Hoppmanns paradox. Für ihn sind auch staatliche Eingriffe in Märkte künstliche Wettbewerbsbeschränkungen. Damit kann aber der höchste Grad an Wettbewerb schon deshalb nie erreicht werden, weil das Instrument zur Erreichung des Zieles, die Regulierung, immer ambivalente Wirkungen erzeugt[189]. Selbst eine wirksame wettbewerbsfördernde Regulierung zeitigt gleichzeitig immer wettbewerbsverzerrende Nebenwirkungen. Eine Entgeltregulierung kann auf der einen Seite für gerechte(re) Preise sorgen, schafft aber auf der anderen Seite Kosten für die betroffenen Netzbetreiber, etwa durch Erfüllung der Auskunftspflichten, die anderen Unternehmen nicht unmittelbar zur Last fallen und damit den Wettbewerb verzerren[190].

Außerdem erzeugt Regulierung einen künstlichen Markt um Regulierungsmaßnahmen: Marktbeherrschende Unternehmen wie Wettbewerber bemühen sich um die Gunst der dritten Akteure, indem sie Regulierungsmaßnahmen möglichst weitgehend abwehren bzw. nachfragen. Damit binden Unternehmen in

188 BeckAEG-Komm/Hermes, § 1 Rn. 40; Hermes hält den intermodalen Wettbewerb für ein verkehrspolitisches Relikt der 1950er Jahr (Rn. 37).

189 Kühling, Sektorspezifische Regulierung, S. 19.

190 Oder aber die Regulierungskosten werden – zumindest teilweise – in die Nutzungsentgelte eingepreist und damit auf den Markt umgelegt, vgl. dazu Ernert/Lerche, N+R 2009, 166 f.

einem regulierten Markt zusätzliche Ressourcen, die sich ökonomisch als Kosten darstellen, die etwa in die Entgelte eingepreist werden können. Dieser künstliche Markt stellt folglich selbst ein Wettbewerbshindernis dar, das nach dem Verständnis Hoppmanns zu beseitigen wäre.

Regulierung stellt nach einer Wettbewerbstheorie, die das Fehlen künstlicher Wettbewerbshindernisse zum Ziel erhebt, paradoxerweise also selbst ein künstliches Wettbewerbshemmnis dar. Die Ambivalenz regulierungsrechtlicher Maßnahmen sorgt dafür, dass nach einer solchen Wettbewerbstheorie das Endziel des AEG, die Herstellung unverfälschten Wettbewerbs, erst erreicht werden kann, wenn der Staat der Regulierung vollständig abgeschworen und den Markt einer punktuellen allgemeinen Wettbewerbsaufsicht durch das Kartellrecht überlassen hat[191]. Der letzte Schritt hin zum unverfälschten Wettbewerb kann also nur durch funktionsfähige Wettbewerbsmechanismen selbst verwirklicht werden.

Trotzdem dürfen diese theoretischen Überlegungen nicht als Pauschalargument gegen die Zweckmäßigkeit von Regulierung in Stellung gebracht werden. Da die Wettbewerbssituation im Eisenbahnsektor durch starke Monopolisierung geprägt wird, überwiegt momentan der Nutzen der Regulierung die negativen Nebenwirkungen. Erst in einem fast vollständig liberalisierten Markt ist denkbar, dass die negativen Wirkungen überwiegen. Bis dahin ist es jedoch jedenfalls im Eisenbahnsektor noch ein sehr weiter Weg.

ee) Regulierung als Übergangsphänomen

Mit dieser Erkenntnis verbunden ist die Frage, ob es sich bei der Regulierung entsprechend obiger theoretischer Konzeption um ein Übergangsphänomen handelt, das nach Installation eines funktionierenden Wettbewerbs in Richtung auf konventionelles Wettbewerbsrecht zurückgefahren werden kann, oder um ein solches, das bestimmte Netzsektoren auf Dauer begleiten wird. Die Literatur ist überwiegend der Ansicht, netzspezifische Effekte machten eine dauerhafte Regulierung erforderlich[192], insbesondere weil natürliche Monopole Kostenstrukturen begründen, die Wettbewerb nur unter regulierten Voraussetzungen möglich machen.

Dem muss entgegengehalten werden, dass auch ein durch ein natürliches Monopol geprägter Sektor nicht per se sektorspezifischer Regulierung bedarf. Entscheidender Umstand für den Regulierungsbedarf ist die Frage, inwieweit die Märkte weiterhin von den vertikal integrierten Konzernen beherrscht werden, konkret, inwieweit diese Unternehmen Zugriff auf das Monopol, insbesondere

191 Unterstellt, Eingriffe aufgrund des allgemeinen Wettbewerbsrechts begründen keine künstlichen Wettbewerbshindernisse.

192 Entschieden Heise, Verhältnis von Regulierung und Kartellrecht im Bereich der Netzwirtschaften, S. 97 f., S. 255; so auch Fehling in Hill (Hrsg.), Die Zukunft des öffentlichen Sektors, S. 97.

das Schienennetz, besitzen. Politische Gestaltungsbefugnisse bestehen insbesondere darin, von den Möglichkeiten eigentumsrechtlicher Entflechtungen Gebrauch zu machen, um damit Diskriminierungsanreize und den damit korrelierenden Regulierungsbedarf zu reduzieren. Soweit die Netze auf ein unabhängiges staatliches Unternehmen übertragen werden, wird die Wettbewerbsneigung eines Marktes signifikant erhöht und damit die Notwendigkeit umfassender Regulierung verringert.

ff) Beschränkung des Regulierungsrechts auf Netzwirtschaften

Dogmatisch interessant ist die in der Wissenschaft diskutierte Frage, ob das Regulierungsrecht als Phänomen seinem Ursprung entsprechend auf bestimmte Netzwirtschaften zu begrenzen ist, oder ob das Regulierungsrecht auch neue Rechtsgebiete okkupieren wird, wie das Umwelt-, das Hochschul- und Sozialrecht[193]. Denn auch diese Rechtsgebiete zeichnen sich durch den auch in den Netzwirtschaften konstatierten Befund aus, dass Private stärker auch in andere staatliche Verantwortungsbereiche einbezogen werden, wie im Hochschulrecht die private DFG, die mit der Wissenschaftsförderung betraut ist. Insoweit das Regulierungsrecht die Zusammenarbeit des privaten und des öffentlichen Bereiches verarbeitet, können die erarbeiteten Grundgedanken zweifellos in anderen Rechtsbereichen, die ebenfalls durch eine zunehmende Kooperation beider Sphären geprägt sind, fruchtbar gemacht werden. Soweit spezifisch wettbewerbsspezifische Probleme gelöst werden, wird eine Übertragbarkeit auf Sektoren, die von derart starken Vermachtungen nicht betroffen sind, jedoch weniger relevant sein.

gg) Regulierte Selbstregulierung

Abzugrenzen ist Regulierung von Formen regulierter Selbstregulierung[194]. Regulierte Selbstregulierung beschreibt die Normsetzung durch Private innerhalb eines staatlich gesetzten Rahmens. Sie kennzeichnet Wirkungszusammenhänge im Grenzbereich zwischen staatlichen und gesellschaftlichen Aktivitäten[195]. Nach Fehling ist Selbstregulierung „die gestaltende Steuerung von Marktprozessen durch organisiertes Zusammenwirken der Marktteilnehmer, um bestimmte selbst definierte Gemeinwohlanforderungen zu implementieren[196]“. Dabei wird

---

193 in diesem Sinne Fehling in Hill: Die Zukunft des öffentlichen Sektors, S. 111.

194 Thoma, Regulierte Selbstregulierung, S. 39 ff.

195 Schmidt-Aßmann, DV 2001, 254; vgl. zum Begriff der regulierten Selbstregulierung im Schienenbereich S. 257.

196 So Fehling in Hill (Hrsg.), Die Zukunft des öffentlichen Sektors, S. 100.

unter Normsetzung im Sinne regulierter Selbstregulierung jedoch mehr verstanden als rein privatrechtliches Handeln Privater[197].

Regulierte Selbstregulierung kann immer dann zum Zuge kommen kann, wenn die Privaten ein Eigeninteresse an übergreifender Normierung haben[198]. Sie wird gewählt, weil Elemente regulierter Selbstregulierung Normsetzungsvorteile – etwa im Hinblick auf Geschwindigkeit und Anpassungsfähigkeit gegenüber rein staatlicher Normsetzung verspricht. Sie setzt aber voraus, dass im jeweiligen Wirtschaftssektor ein hinreichender Organisationsgrad entwickelt ist und die Interessenlage im Hinblick auf die zu regelnden Fragen homogen ist.

Zu berücksichtigen ist bereits hier, dass sich Instrumente regulierter Selbstregulierung für die Regulierung von Netzwirtschaften nur sehr bedingt eignen. Denn in den netzgebundenen Wirtschaftssektoren ist die Interessenlage der Marktteilnehmer äußerst heterogen. Ein Monopolist oder mehrere Oligopolisten stehen einer Vielzahl kleinerer Wettbewerber gegenüber. Während erstere bemüht sind, den Markteintritt der Wettbewerber weitestmöglich abzuwehren, ist die wirtschaftliche Existenz der Newcomer gerade aus diesem Grunde von effektiver Regulierung abhängig. Entgegengesetzter kann die Interessenlage nicht sein. Wettbewerbsregulierung zumindest in ihrem Kernbereich sollte daher nicht durch eine Form regulierter Selbstregulierung organisiert werden[199].

Das bedeutet aber nicht, dass diese Regulierungsform im Eisenbahnsektor keine Rolle spielt. Die Verpflichtung zur Aufstellung von Schienennetz-Benutzungsbedingungen (SNB) durch die DB Netz AG in § 4 EIBV etwa kann als eine Form regulierter Selbstregulierung angesehen werden. Kritisch zu hinterfragen ist dieser Ansatz bereits hier. Betreiber der Schienenwege iSd § 4 EBV ist vor allem die DB Netz AG, die konzernrechtlich mit der Deutschen Bahn AG verflochten ist und somit Anreizen ausgesetzt ist, Wettbewerber zu diskriminieren. Das ist ein Grund dafür, dass die SNB und NBS verhältnismäßig oft den Anlass auch für gerichtliche Streitigkeiten bilden[200].

c) Eisenbahnbegriff

Der Begriff der Eisenbahnen wird einfachgesetzlich in § 2 Abs. 1 AEG legaldefiniert. Eisenbahnen sind danach öffentliche Einrichtungen oder privatrechtlich organisierte Unternehmen, die Eisenbahnverkehrsleistungen erbringen (Eisen-

197 Thoma, Regulierte Selbstregulierung, S. 39.

198 Thoma, Regulierte Selbstregulierung, S. 471.

199 Unrühmliche Versuche der Vergangenheit dürfen sich insoweit nicht wiederholen: vgl. etwa die Verbändevereinbarungen Strom, vgl. dazu Masing, DV 2003, 1 (14 Fn. 24).

200 Vgl. Lau, N+R 2009, 43 ff.

bahnverkehrsunternehmen, im folgenden EVU) oder eine Eisenbahninfrastruktur betreiben (Eisenbahninfrastrukturunternehmen, im folgenden EIU). Aus § 1 Abs. 1 AEG folgt, dass andere Schienenbahnen (Magnetschwebebahnen, Straßenbahnen, Bergbahnen und sonstige Bahnen) nicht unter den Eisenbahnbegriff des AEG fallen. Damit konkretisiert das AEG verfassungskonform Art. 73 Abs. 1 Nr. 6a GG[201]. Die Kompetenznorm beruht ausweislich der Gesetzesbegründung auf dem System Rad/Schiene, was begriffsnotwendig die Magnetschwebebahnen ausschließt[202]. Eisenbahnen sind auch nach verfassungsrechtlicher Systematik Teil der Schienenbahnen, die Art. 74 Abs. 1 Nr. 23 GG der konkurrierenden Zuständigkeit unterwirft. Zu den Schienenbahnen gehören auch Straßenbahnen, Untergrundbahnen und auch Bergbahnen, wobei letztere keine Eisenbahnen sind[203]. Die verfassungsrechtliche Ebene unterscheidet weiter nach den mehrheitlichen Eigentumsverhältnissen zwischen öffentlichen und privaten Eisenbahnen[204].

d) Eisenbahninfrastruktur

Der Eisenbahninfrastrukturbegriff ist ein zentraler Grundbegriff des Eisenbahnregulierungsrechts. Denn Wettbewerber können Mitbenutzungsrechte nach § 14 Abs. 1 Abs. 1 AEG nur insoweit geltend machen, als sie auf Zugang zur Eisenbahninfrastruktur bezogen sind. Züge, Waggons und anderes rollendes Material müssen dagegen selbst beschafft werden. Nur, was unter den Infrastrukturbegriff subsumiert werden kann, muss von den EIU diskriminierungsfrei zur Verfügung gestellt werden. Und nur soweit reichen, wie zu zeigen sein wird, die Kontrollbefugnisse der Bundesnetzagentur.

Umgekehrt proportional zur zentralen Bedeutung des Begriffes erscheinen die gesetzlichen Aussagen äußerst dürftig. In § 2 AEG wird die Eisenbahninfrastruktur lediglich als einer unter bedeutend unwichtigeren Begriffen erwähnt. Die Textaussagen sind außerdem wenig erhellend. Nach § 2 Abs. 3 AEG umfasst die Eisenbahninfrastruktur Bahnstromfernleitungen und die Betriebsanlagen der Eisenbahnen.

Unklar ist, ob die Norm den Begriff der Eisenbahninfrastruktur damit legaldefiniert[205]. Der Wortlaut („umfassen") spricht nicht zwingend für eine abschlie-

201 Wieland, in: Dreier (Hrsg.), Grundgesetz-Kommentar, 2. Aufl. 2008, Art. 87e Rn. 21.

202 Stettner in: Dreier (Hrsg.), Grundgesetz-Kommentar, 2. Aufl. 2008, Art. 73 Rn. 28.

203 Degenhard in: Sachs (Hrsg.), Grundgesetz-Kommentar, 5. Aufl. 2009, Art.73 Rn. 27; Schmidt-Aßmann/Röhl, DÖV 1994, 577 (579).

204 Schmidt-Aßmann/Röhl, DÖV 1994, 577 (579).

205 dafür BeckAEG–Komm/Suckale, § 2 Rn. 75.

ßende Aufzählung und damit dagegen. Damit bleibt auch im Dunkeln, was neben den Betriebsanlagen der Eisenbahnen und den Bahnstromfernleitungen noch zur Infrastruktur zählt. Auch das Verhältnis zwischen den Bahnstromfernleitungen, den Betriebsanlagen und den in § 2 Abs. 3c AEG erwähnten Serviceeinrichtungen gibt Rätsel auf.

Wegen dieser Ungereimtheiten erscheint es sachgerecht, den Infrastrukturbegriff in einen größeren Kontext zu stellen und die Textvorgaben des § 2 Abs. 3 AEG zunächst außen vor zu lassen.

aa) Europarechtlicher Infrastrukturbegriff, Verhältnis Verkehrswege – Eisenbahninfrastruktur

Abzulehnen ist die Auffassung, Anlage 1 A. der Verordnung Nr. 2598/70 habe den Begriff der Eisenbahninfrastruktur auf europarechtlicher Ebene abschließend legal definiert[206]. Dagegen ist bereits der Wortlaut der Anlage 1 anzuführen, der nicht von Infrastruktur, sondern von den Verkehrswegen der Eisenbahn spricht. Zudem werden die Verkehrswege der Überschrift nach auch nur „umschrieben". Es wird kaum im Interesse des Verordnungsgebers liegen, alle Elemente des so zentralen Infrastrukturbegriffes abschließend normieren zu wollen. Technische Änderungen etwa im Bereich der Sicherheitsinfrastrukturen (z. B. Zugleittechnik) wären bei technischen Fortschritten dann nicht erfasst. Zugangsansprüche könnten abgelehnt werden, soweit nicht jeweils eine Anpassung gesetzlichen Vorgaben erfolgt. Gerade mit der europäischen Vorgabe, den Wettbewerb zu forcieren, wäre eine solche Auslegung der Verordnung kaum vereinbar.

Der europarechtliche Begriff der Verkehrswege ist daher vom nationalen Infrastrukturbegriff klar zu unterscheiden. Dies folgt letztlich auch aus Art. 2 h) der Richtlinie 2001/14/EG, der den Begriff „Betreiber der Infrastruktur" als eine Einrichtung oder ein Unternehmen definiert, das insbesondere für die Einrichtung und Unterhaltung der Fahrwege der Eisenbahn zuständig ist. Dies kann auch den Betrieb der Steuerungs- und Sicherheitssysteme der Fahrwege einschließen. Die Formulierung „insbesondere" macht deutlich, dass ein Bezug zum Fahrweg kein notwendiges Kriterium der Infrastruktur ist[207]. Die Begriffe Infrastruktur und Fahrweg sind nicht deckungsgleich. Infrastruktur kann auch von den Schienenwegen unabhängige Einrichtungen wie Bahnhöfe beinhalten. Der Infrastrukturbegriff ist damit umfassender zu verstehen als der – europarechtliche – Begriff der Verkehrswege[208]. Diese grundlegende Differenzierung zwi-

206 So BeckAEG-Komm/Suckale, § 2 Rn. 25.

207 So aber BeckAEG-Komm/Gerstner, § 14 Rn. 122.

208 So im Ergebnis auch Ernert, Zugangs- und Entgeltregulierung in der Eisenbahnwirtschaft, S. 107.

schen Infrastruktur und Fahrwegen vollzieht das einfache Recht nach, indem es in § 2 AEG zwischen EIU und BdS unterscheidet. Infrastruktur ist der Oberbegriff, die Schienenwege, die wohl mit dem Begriff der Verkehrswege der Eisenbahnen auf europäischer Ebene identisch sein dürften, sind ein Unterfall.

So unproblematisch die Subsumtion der Schienenwege unter den Infrastrukturbegriff ist, so unklar bleibt die Reichweite des Begriffes an den Rändern. Was sind und was gehört etwa zu den Betriebsanlagen iSd § 2 Abs. 3 AEG? Gehören Serviceeinrichtungen iSd § 2 Abs. 3c AEG zur Infrastruktur?

bb) Serviceeinrichtungen als Infrastruktur

Über die Zugehörigkeit von Instandhaltungseinrichtungen zur Eisenbahninfrastruktur wird in der einschlägigen Literatur gestritten. Konkret geht es um die Zuordnung von Serviceanlagen[209]. Gem. § 2 Abs. 3c Nr. 7 AEG gehören Wartungseinrichtungen und andere technische Einrichtungen zu den Serviceanlagen. Zur Zugehörigkeit der Serviceeinrichtungen zur Infrastruktur äußert sich das Gesetz nicht.

cc) Eisenbahnspezifischer Infrastrukturbegriff

Diese Frage kann nur mit der Herleitung eines abstrakten Infrastrukturbegriffes gelöst werden.

aaa) Zur allgemeinen wissenschaftlichen Diskussion über den Infrastrukturbegriff

Der Infrastrukturbegriff wird nicht nur in den Rechts-, sondern auch in den Wirtschafts- und Sozialwissenschaften diskutiert. Eine einheitliche Konzeption konnte sich aus dem übergreifenden Diskurs schon deshalb nicht entwickeln, weil die Begriffsbildung stets von unterschiedlichen Forschungsansätzen und Erkenntnisinteressen vorgeprägt wird[210]. Für die juristische Rekonstruktion ist es wichtig, die Normativität der Kategorie im Auge zu behalten[211]. In der rechtswissenschaftlichen Literatur haben sich neben anderen[212] vor allem Hermes[213] und Kühling[214]

209 Ablehnend Ernert/Lerche, N+R 2009, 166 (169 f.).

210 Sonntag, IT-Sicherheit kritischer Infrastrukturen, S. 29 ff.

211 Möllers/Pflug, in: Kloepfer (Hrsg.), Schutz kritischer Infrastrukturen, S. 47 (49).

212 Etwa Hünnekens, Rechtsfragen der wirtschaftlichen Infrastruktur; Jochimsen, Theorie der Infrastruktur.

213 Hermes, Staatliche Infrastrukturverantwortung.

214 Kühling, Sektorspezifische Regulierung in den Netzwirtschaften, S. 41 ff.

übergreifend mit dem Infrastrukturbegriff auseinandergesetzt. Hermes erarbeitet eine funktionale Definition der Infrastruktur. Danach umfasst die Infrastruktur die „Gesamtheit aller Mittel (…), die der Überwindung von Entfernungen dienen und dadurch die Integration eines Raumes bewirken. Aus ihrer Basisfunktion für die Herstellung sozialer, wirtschaftlicher und politischer Einheit folgt, dass Infrastruktur notwendig darauf angelegt ist, allen Interessierten zugänglich und deshalb flächendeckend ausgelegt zu sein. Dies erfordert regelmäßig vernetzte Strukturen, ohne die raumüberwindende Vorgänge von verschiedenen Punkten zu einer Mehrzahl anderer Punkte nicht denkbar sind[215]".

Eine Übertragung dieses Verständnisses auf einen eisenbahnspezifischen Infrastrukturbegriff ist aus mehreren Gründen problematisch. Gegen die Gleichsetzung von Infrastruktur mit netzgebundener Infrastruktur[216] spricht die – neben dem Eisenbahnregulierungsrecht parallel anwendbare – kartellrechtlich vorgegebene Trennung der Begriffe „Netz" und „Infrastruktur" in § 19 Abs. 4 Nr. 4 GWB[217].

Die Vorschrift verdeutlicht, dass Infrastruktur als Überbegriff verwendet wird, und das Netz ein Sonderfall der Infrastruktur sein muss. Aus der Norm geht ebenfalls hervor, dass eine raumüberwindende Funktion kein Erfordernis der Infrastruktur ist. Zur Infrastruktur gehören daher auch stationäre Einrichtungen. Diese Brüche vermeidet die insoweit die abstraktere und Definition Kühlings, der Infrastruktur als „physische Basis verschiedener Netzwirtschaften" bezeichnet[218].

bbb) Verwendung des Infrastrukturbegriff in der Rechtsprechung

Das Bundesverfassungsgericht hat den Infrastrukturbegriff in einer älteren Entscheidung aufgenommen und ihn mit „Einrichtungen der Energie- und Wasserversorgung, des Nahverkehrs, der Abfallbeseitigung, der Krankenhäuser, Altenheime und Kindergärten wie für sonstige Maßnahmen zum Ausbau der örtlichen ‚Infrastruktur' im weiteren Sinne" umschrieben[219]. Die „Einrichtungen" werden in der Entscheidung zwar nicht näher bestimmt, trotzdem ist erkennbar, dass sich das Begriffsverständnis des Gerichts mit dem regulierungsrechtlichen Infrastrukturbegriff deckt. Infrastrukturen bilden wie die „Einrichtungen" der Rechtsprechung

215 Hermes, Staatliche Infrastrukturverantwortung, S. 329.

216 Kritik auch bei Kühling, Sektorspezifische Regulierung in den Netzwirtschaften, S. 44 f.

217 § 19 Abs. 4 GWB: „Ein Missbrauch liegt insbesondere vor, wenn ein marktbeherrschendes Unternehmen als Anbieter oder Nachfrager einer bestimmten Art von Waren oder gewerblichen Leistungen sich weigert, einem anderen Unternehmen gegen angemessenes Entgelt Zugang zu den eigenen Netzen oder anderen Infrastruktureinrichtungen zu gewähren."

218 Kühling, Sektorspezifische Regulierung in den Netzwirtschaften, S. 45.

219 BVerfGE 38, 258 (270 f.).

die physische Basis eines Wirtschaftssektors. Typischerweise sind die Einrichtungen miteinander vernetzt, notwendige Voraussetzung ist dies jedoch nicht[220].

Soweit dieses Begriffsverständnis auf den Eisenbahnsektor übertragen wird, bilden Eisenbahninfrastrukturen die physische Basis des Wirtschaftsbereiches. Nach dieser Maßgabe werden Serviceeinrichtungen umfassend der Infrastruktur zuschlagen werden müssen[221]. Ohne Serviceeinrichtungen kann der Zugbetrieb nicht dauerhaft aufrechterhalten werden. Er gehört damit zur physischen Basis dieser Netzwirtschaft. Wartungseinrichtungen, Bahnhöfe, Abstellgleise usw. sind Grundvoraussetzungen eines funktionierenden Eisenbahnverkehrs.

dd) Einschränkende Auslegung des Infrastrukturbegriffes: Beschränkung auf fehlende Marktalternativen?

Vorgeschlagen wird ferner, die Mitbenutzungsrechte aus § 14 Abs. 1 S. 1 AEG nur in den Fällen auf Serviceanlagen auszudehnen, in denen sie monopolisiert von der Deutschen Bahn betrieben werden[222]. Serviceeinrichtungen seien nur insoweit zur Infrastruktur zu zählen, als andere Unternehmen als das marktbeherrschende keine zumutbaren Alternativen zur Verfügung stellen[223]. Zur Begründung wird eine teleologische Auslegung des Begriffs der Serviceeinrichtungen – orientiert am Ziel des AEG – angeführt. Danach liefe es der Wettbewerbsförderung zuwider, wenn Zugangsansprüche trotz Marktalternativen zur Verfügung stehen. Damit würden Investitionsanreize zur Schaffung eigener Serviceeinrichtungen verloren gehen[224].

Dafür spreche eine Orientierung an der Reichweite der Mitbenutzungsrechte des § 19 Abs. 4 Nr. 4 GWB. Diese Norm vermittle dann keinen Anspruch, wenn Marktalternativen vorhanden seien. Denn dann könne tatbestandlich nicht von einer „wesentlichen Einrichtung“ ausgegangen werden. Verfassungsrechtlich streite der Verhältnismäßigkeitsgrundsatz in diesen Fällen gegen einen Zugangsanspruch. Bei Marktalternativen sei ein Zugriff auf die Serviceeinrichtung der Monopolisten nicht erforderlich.

Soweit sich diese Auffassung auf eine – vermeintlich – wettbewerbsfördernde Auslegung stützt, überzeugt diese Auffassung nicht. Denn auch wenn die Prämisse dieser Argumentation – die Auslegung aller unbestimmten Begriffe am Zweck des Gesetzes – überzeugt, verkehren die Folgerungen, die hieraus gezogen werden, die Prämisse ins Gegenteil. Die Tatsache, dass ein EVU Zugang zu einer

220 Möllers/Pflug, in: Kloepfer (Hrsg.), Schutz kritischer Infrastrukturen, S. 47 (50).

221 So auch OVG Münster, Beschl. v. 19.11.2008, N+R 2009, 68 f.

222 Ernert/Lerche, N+R 2009, 166 (170).

223 So BeckAEG/Komm-Suckale, § 2 Rn. 107.

224 BeckAEG/Komm-Suckale, § 2 Rn. 107.

Serviceeinrichtung begehrt, spricht grundsätzlich gegen die Annahme, dass Marktalternativen existieren. Würde ein kleines EIU beispielsweise Zugwartungseinrichtungen betreiben, liegt es nahe, dass EVU aus ökonomischen Interessen diesen Anbieter bevorzugen und auf potentiell diskriminierende Bedingungen des Marktbeherrschers[225] verzichten. Sollten nicht vom Monopolisten betriebene Instandhaltungseinrichtungen existieren, wäre es wirtschaftlich rational, dass ein Wettbewerber Streitigkeiten aus Kosten- und Zeitgründen vermeidet und auf alternative Einrichtungen zurückgreift. Eine Auslegung der Norm, die zumutbare Marktalternativen tatbestandlich voraussetzt, reduziert ihren Anwendungsbereich. Wenn ein EVU also gegenüber einem marktbeherrschenden EIU Zugangsgewähr begehrt, so ist dies als starkes Indiz für die Tatsache zu werten, dass keine Marktalternativen bestehen.

Eine wettbewerbsfördernde Auslegung des Infrastrukturbegriffes muss also weit sein. Sie muss alle Einrichtungen umfassen, die auch nur mittelbar für Eisenbahnverkehrsleistungen erforderlich sind. Überzeugend ist es, mit der Rechtsprechung alle in § 2 Abs. 3c AEG aufgezählten Serviceeinrichtungen der Eisenbahninfrastruktur zuzurechnen[226].

e) Betreiber der Schienenwege

Eine klare Zuordnung trifft dagegen § 2 Abs. 3a AEG für den ebenfalls im Rahmen des Netzzugangssystems bedeutsamen Begriff des Betreibers der Schienenwege (im Folgenden: BdS): er ist ein Unterfall eines EIU. Wenn im Folgenden also von EIU gesprochen wird, so sind damit immer auch BdS umfasst. Der Begriff entstammt der Richtlinie 91/440/EG. Die Unterscheidung der EIU in BdS und sonstige EIU wird schließlich auch durch das Verfassungsrecht vorgegeben. Art. 87e Abs. 3 S. 2 GG schließt materielle Privatisierungen nur für Unternehmen aus, die Schienenwege betreiben.

Gegenwärtig existieren in Deutschland ca.760 öffentliche EIU. Deren Gesamtstreckenlänge von 5000 km spiegelt gegenüber den 2007 verwalteten 33.890 Streckenkilometern[227] der Deutschen Bahn AG die Größenverhältnisse wider[228]. Die nichtbundeseigenen EIU betreiben rund 4140 Trassenkilometer, was eindrucksvoll die wirtschaftliche (Monopol-)Stellung der DB Netz AG verdeutlicht.

---

225 Vgl. hierzu einmal mehr der Sachverhalt, der dem Beschluss des OVG Münster vom 19.11.2008 zugrunde lag: die BNetzA hatte diskriminierenden NBS widersprochen.

226 OVG Münster, Beschl. v. 19.11.2008, N+R 2009, 68 f.

227 Http://de.wikipedia.org/wiki/Eisenbahninfrastrukturunternehmen, abgerufen am 8.6.2009.

228 Höppner, Die Regulierung der Netzstruktur, S. 239.

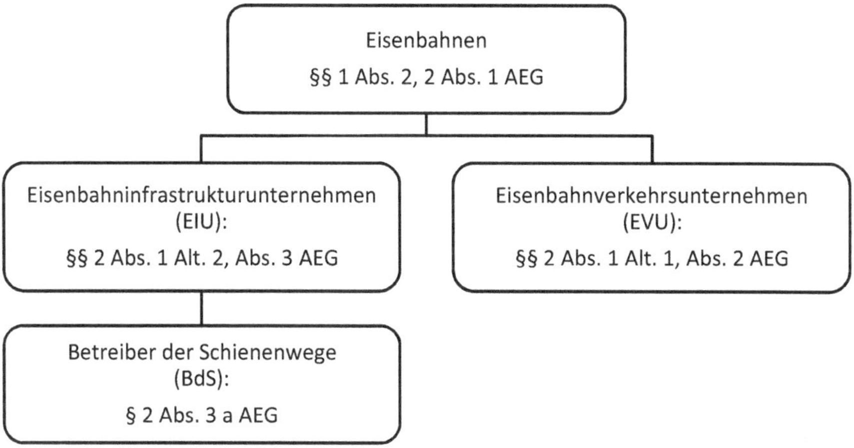

4. Einordnung des allgemeinen Eisenbahngesetzes (AEG) in das System des besonderen Verwaltungsrechtsrechts

Fraglich ist, ob das AEG einer Materie des besonderen Verwaltungsrechts zugeordnet werden kann.

Das Gesetz regelt gemäß seinem Anwendungsbereich in § 1 AEG den Betrieb des Eisenbahnsystems. Im Kern handelt es sich bei dem AEG einerseits um spezielles Gewerberecht, das geprägt wird durch das Institut des Genehmigungsvorbehalts in §§ 6 Abs. 1 iVm 3 Abs. 1 AEG[229]. Indem es in § 3 Abs. 1 Nr. 1 AEG auch den geschäftsmäßigen Betrieb ausreichen lässt, um ein EVU zu betreiben, geht das Gesetz wie anderes Verkehrsrecht jedoch über das allgemeine Gewerberecht hinaus[230]. Es enthält ferner Elemente des Gefahrenabwehrrechts, wenn z. B. in § 4 AEG die Genehmigung einer Eisenbahnverkehrsleistung von der Sicherheit des Betriebes abhängig gemacht wird. Die nach § 6 AEG erforderliche Genehmigung wird dabei an die Zuverlässigkeit, die finanzielle Leistungsfähigkeit und die erforderliche Sachkunde geknüpft. Genaueres regelt die Eisenbahnunternehmer-Berufszugangsordnung (EBZugVO). Das AEG beinhaltet auch besonderes Planungsrechts[231] (§§ 17-24 AEG). Im Ergebnis kann das AEG folglich

229 Frotscher/Kramer, NVwZ 2001, 24 (27).
230 Frotscher/Kramer, NVwZ 2001, 24 (25).
231 Frotscher/Kramer, NVwZ 2001, 24 (32 f.)

nicht eindeutig zugeordnet werden. Noch unklarer wird der Versuch einer Einordnung unter Berücksichtigung der regulierungsrechtlichen Bestandteile. Denn das Eisenbahnregulierungsrecht, das im Folgenden eingehend dargestellt wird, ist von diesen bekannten Elementen des Verwaltungsrechts innerhalb des Eisenbahnrechtes zu unterscheiden.

5. Verfassungs- und europarechtlicher Rahmen der Schienenregulierung

a) Der verfassungsrechtliche Rahmen der Schienenregulierung

aa) Art. 87e GG

Mit der ersten Stufe der Bahnreform im Jahre 1994 wurde ein Systemwechsel vollzogen. Durch den am 23.12.1993 in Kraft getretenen Art. 87e GG, der Grundnorm des Eisenbahnverfassungsrechts, wurde das Bahnsystem von staatlicher auf gesellschaftliche Leistungserfüllung umgestellt[232]. Die Änderung war zu einem erheblichen Teil europarechtlichen Vorgaben geschuldet, nicht aber die Entscheidung für die formelle Privatisierung des Sektors, die vollständig dem nationalen politischen Prozess entsprang[233]. Grundlegend unterscheidet Art. 87e GG zwischen staatlicher (Gewährleistungs-) Verantwortung und unternehmerischer Tätigkeit[234]. Art. 87e Abs. 1, 2 GG normieren als Ausnahmevorschriften zu Art. 83 GG Verwaltungskompetenzen des Bundes. Nach Art. 87e Abs. 2 GG können die Verwaltungskompetenzen über Abs. 1 hinaus auch auf die Ausführung von Gesetzen erweitert werden, die nicht bundeseigene Eisenbahnen betreffen[235]. Für diese wären gem. Art. 83 GG eigentlich die Länder zuständig, da die Ausnahme in Abs. 1 nur die Verwaltungskompetenz für Eisenbahnen des Bundes, die gem. Art. 73 Abs. Nr. 6a GG ganz oder mehrheitlich im Eigentum des Bundes stehen, regelt.

Nach Art. 87e Abs. 1 S. 2 GG kann den Ländern wiederum eine Verwaltungszuständigkeit rückübertragen werden. Davon hat der Bund durch das AEG und das Regionalisierungsgesetz Gebrauch gemacht und darin den Ländern insbesondere

---

232 Schmidt-Aßmann/Röhl, DÖV 1994, 577.

233 Wieland, in: Dreier (Hrsg.), Grundgesetz-Kommentar, 2. Aufl. 2008, Art. 87e Rn. 10.

234 Schmidt-Aßmann/Röhl, DÖV 1994, 577 (578).

235 Wieland, in: Dreier (Hrsg.), Grundgesetz-Kommentar, 2. Aufl. 2008, Art. 87e Rn. 24.

die Aufgaben- und Finanzierungsverantwortung für den Schienenpersonennahverkehr auferlegt[236].

aaa) Verpflichtung zu wirtschaftlicher Führung, Art. 87e Abs. 3 S. 1 GG

Art. 87e Abs. 3 S. 1 GG sieht als Kernbestimmung der Bahnreform vor, dass der Betrieb des Eisenbahnsektors nicht mehr der Leistungsverwaltung unterliegt, sondern Art und Umfang von Eisenbahnverkehrsleistungen im Grundsatz zu einem beträchtlichen Teil den Allokationsmechanismen des Marktes überantwortet werden[237]. Die Norm bestimmt für die Eisenbahnen des Bundes, dass diese nicht mehr als Behörden, sondern „als Wirtschaftsunternehmen (...) geführt" werden, und zwar in einer Rechtsform des Privatrechts. Damit legt die Norm die Organisations- oder formelle Privatisierung der Eisenbahnen des Bundes fest. Grundidee ist, dass schon die Marktallokation zu einer möglichst weitgehenden Befriedigung auch öffentlicher Ziele dient, auch wenn die Handlungsrationalität der privaten wie – nunmehr wirtschaftlich zu führenden – staatlichen Akteure im Eisenbahnsektor nunmehr nicht mehr direkt auf das Gemeinwohl gerichtet ist[238]. Wirtschaftliche Führung bedeutet jedenfalls effiziente Leistungsbereitstellung, die sich an privaten Unternehmen zu orientierten hat, die am Markt tätig sind. Erhofft wird ferner, dass wirtschaftliche Führung auch insoweit zur Befriedigung von öffentlichen Interessen führen, wenn z. B. geringere staatliche Zuschüsse benötigt werden, weil sich auf rentablen Bahnstrecken ein ausgeprägter Wettbewerb entwickelt, der zu höheren Netzentgelten führt.

bbb) Gewährleistungsverantwortung, Art. 87e Abs. 4 S. 1 GG

Die Wirkungen der Grundidee dieser Ausrichtung auf die allgemeine Marktlogik darf nicht überschätzt werden. Wie die zahlreichen Streckenstilllegungen der letzten Jahre belegen, wird sich Wettbewerb auf vielen Strecken mangels Rentabilität nicht einstellen. Damit die privatwirtschaftliche Aufgabenerfüllung öffentliche Ziele nicht unterminiert, trägt der Bund gem. Art. 87e Abs. 4 S. 1 GG die Gewähr für ein hinreichendes Marktergebnis. Werden allgemeinwohlerforderliche Leistungen durch die Privaten nicht gedeckt, wird die Gewährleistungsverantwortung aktiviert und der Bund verpflichtet, die fehlende Leistung bereitzustellen.

Dabei hat der Bund eine weitgehende Einschätzungsprärogative inne, sowohl bei der Analyse der Marktergebnisse als auch bei der Behebung von Defiziten.

---

236 Hömig in: Hömig (Hrsg.), Nomos Kommentar Grundgesetz, Art. 87e Rn. 4.

237 Wieland, in: Dreier (Hrsg.), Grundgesetz-Kommentar, 2. Aufl. 2008, Art. 87e Rn. 25.

238 Ruge, AöR 131 (2006), 1 (12); Gersdorf in: Mangold/Klein/Starck, GG-Kommentar, 5. Aufl. 2005, Art. 87e Abs. 4 Rn. 68, der von einer „grundsätzlichen Kommerzialisierung" spricht.

Denn nach Art. 87e Abs. 4 S. 2 GG stellt der Gesetzgeber die Maßstäbe auf[239]. Vor allem durch das Bundesschienenwegeausbaugesetz wird die Gewährleistungsverantwortung des Bundes konkretisiert. Gem. § 8 BSchwAG muss der Bund einen Bundesverkehrswegeplan aufstellen, der die Kosten und die Investitionen in die Infrastruktur festlegt[240]. Die Gewährleistungsverpflichtung erstreckt sich dabei auf Mängel sowohl im Infrastruktur- wie im Dienstleistungsbereich.

Eine ausreichende Gewährleistung des Personennahverkehres kann von der Vorschrift nicht umfasst sein. Denn nach der Regionalisierung des Nahverkehrs sind die Länder für eine ausreichende Versorgung mit diesen Leistungen verantwortlich[241]. Dazu werden ihnen Bundesmittel zur Verfügung gestellt. Durch das Gemeindeverkehrsfinanzierungsgesetz fließen jährlich erhebliche Beträge in den öffentlichen Personennahverkehr. Das Regionalisierungsgesetz sieht Regionalisierungsmittel des Bundes vor, mit denen die Länder Dienstleistungen im Personennahverkehr bestellen können. Dabei besteht die Gefahr, dass durch Anzahl, Komplexität der tatbestandlichen Voraussetzungen einer Investition und fehlende Kontrolle der eingesetzten Mittel (vgl. z. B. § 7 RegG) Quersubventionierungsmöglichkeiten und Missbrauchspotentiale erzeugt werden[242].

Fraglich ist, ob eine wirtschaftliche Führung der Unternehmen auch eine Pflicht zur Gewinnmaximierung beinhaltet[243]. Dies ist insoweit fraglich, als die Unternehmen der Deutschen Bahn AG nach wie vor im Eigentum des Bundes stehen und damit öffentliche Unternehmen sind. Öffentliche Unternehmen müssen grundsätzlich keinen Gewinn erzielen, weil der öffentliche Zweck, den sie verfolgen, optimaler erfüllt wird, wenn die vom Bürger zu erbringende Gegenleistungen geringer sind und auf Kostendeckung ausgerichtet sind. Öffentliche Unternehmen können daher grundsätzlich geringere Beiträge erheben als private Unternehmen, die auf Gewinnerzielung angelegt sind[244]. Ohne Aussicht auf Gewinne engagieren sich Private nicht am Markt. Diese allgemeinen Überlegungen treffen auf die Unternehmen des Eisenbahnsektors jedoch nicht zu, da das Europarecht und das dieses umsetzende einfache Recht es dem Bund in Art. 4 der

239 Gersdorf in: Mangold/Klein/Starck, GG-Kommentar, 5. Aufl. 2005, Art. 87e Abs. 4 Rn. 70.

240 Investitionen schaffen neue Werte, Kosten dienen der Substanzerhaltung, vgl. Höppner, Regulierung der Netzstruktur, S. 244.

241 Ruge, AöR 131 (2006), 1 (13); Wieland, in: Dreier (Hrsg.), Grundgesetz-Kommentar, 2. Aufl. 2008, Art. 87e Rn. 32.

242 Höppner, Regulierung der Netzstruktur, S. 245.

243 Gersdorf in: Mangold/Klein/Starck, GG-Kommentar, 5. Aufl. 2005, Art. 87e Abs. 4 Rn. 62; Hömig; in: Hömig (Hrsg.), Nomos Kommentar Grundgesetz, Art. 87e Rn. 6; Kramer, Recht der Eisenbahninfrastruktur, S. 72.

244 Insofern enthält diese ökonomische Überlegung ein Argument gegen die materielle Privatisierung der Bahn.

Richtlinie 91/440/EWG bzw. § 8 Abs. 1 S. 1 AEG verbietet, seine gesellschaftsrechtliche Stellung zur Implementierung öffentlicher Zwecke auszunutzen. Leitung, Geschäftsführung und Verwaltung der Deutschen Bahn AG müssen vom Bund unabhängig sein. Ansonsten würde die Verpflichtung zu wirtschaftlicher Führung unterminiert. Damit bleibt dem Bund als einzige Möglichkeit, um unerwünschte Marktergebnisse zu korrigieren, die gesetzliche Einflussnahme. Allein dadurch trägt der Bund den Gemeinwohlerfordernissen Rechnung und erfüllt dadurch die Gewährleistungsverantwortung aus Art. 87e Abs. 4 S. 1 GG.

ccc) Keine Fortführung der Staatszwecklehre im Paradigma des Gewährleistungsstaates

Wenig überzeugend ist es, diese verfassungsrechtliche Gewährleistungsverantwortung des Bundes für den Schienenverkehr, die auch in anderen monopolistisch geprägten Sektoren anzutreffen ist[245], als neues Paradigma eines „Steuerungs"- bzw. Gewährleistungsstaates zu überhöhen und damit die überholte Staatsaufgabenlehre fortzuschreiben[246]. So wenig der Verfassung mangels Anhaltspunkten einzelne Staatsaufgaben als Pflicht- oder sonstige Aufgaben entnommen werden können[247], so wenig existiert eine umfassende verfassungsimmanente Gewährleistungsverantwortung des Bundes für alle Bereiche der Daseinsvorsorge[248]. Nach hier vertretener Auffassung müssten sich dafür im Verfassungstext Anhaltspunkte finden lassen. Daher ist eine alle Wirtschaftsbereiche umfassende allgemeine Gewährleistungsverantwortung für die Bereiche der Daseinsvorsorge abzulehnen. Anderes gilt nur, soweit Defizite in Netzsektoren Gefahren für Leib oder Leben der Bevölkerung zur Folge haben können und damit Schutzpflichten aus Art. 2 Abs. 2 GG aktiviert werden können. Anderes gilt auch für die in Art. 87e, f GG geregelten Sektoren, weil insoweit eine Gewährleistungsverantwortung positiv normiert wurde.

---

245 Z. B. in Art. 87f Abs. 1 GG für den Post- und Telekommunikationssektor.

246 So etwa Gersdorf in: Mangold/Klein/Starck, GG-Kommentar, 5. Aufl. 2005, Art. 87e Abs. 4 Rn. 69; Hermes, Staatliche Infrastrukturverantwortung; Knauff, VerwArch 2007, 382 (384); Ruge, AöR 131 (2006), 1 (11); Danwitz, DÖV 2004, 977 (985); Ruffert, AöR 124 (1999), 237 (247).

247 Kühling, Sektorspezifische Regulierung, S. 526 f.

248 So aber Hermes, Staatliche Infrastrukturgewährleistung, S. 354 f.; Ronellenfitsch, DVBl. 2008, 201 (202).

ddd) Privatisierungsschranke in Art. 87e Abs. 3 S. 2 GG

Art. 87e Abs. 3 S. 2 enthält eine materielle Privatisierungsschranke sowie einen Gesetzesvorbehalt für die Eisenbahnen des Bundes, die Schienenwege errichten, unterhalten oder betreiben. Diese Unternehmen dürfen zu maximal 50 % minus einer Aktie materiell privatisiert werden, wenn ein Gesetz dies vorsieht[249]. Die Privatisierungsschranke erfasst also nicht alle EIU, sondern vor allem die BdS und die EIU, die Leistungen im Zusammenhang mit der Nutzung der Schienenwege anbieten[250]. Ein Gebot der Aufgabenprivatisierung kann dem Wortlaut der Norm aber nach nicht entnommen werden[251]. Die Entscheidung, ob die Netzinfrastruktur teilweise materiell privatisiert werden soll, bleibt daher dem nationalen Gesetzgeber vorbehalten.

Als politisches Tribut an die weitreichenden Gesetzgebungs- sowie Verwaltungskompetenzen des Bundes sieht Art. 87e Abs. 5 GG bei allen Bundesgesetzen ein Zustimmungserfordernis der Länder vor.

bb) Grundrechte

Grundrechtliche Vorgaben beeinflussen den einfachrechtlichen Rahmen der Schienenregulierung in verschiedenen Dimensionen. Staatliche Maßnahmen können in Form rechtlicher Zugangsansprüche zur Infrastruktur in die Grundrechte der Infrastrukturbetreiber eingreifen (aaa)-ddd)). Insoweit ist zu untersuchen, ob diese Normen in die Berufs- und Eigentumsfreiheit verfassungsgemäß beschränken. Da Grundrechte nach Auffassung der Rechtsprechung nicht nur als Abwehrrechte fungieren, sondern als objektive Prinzipien die Staatsorgane verpflichten, sich schützend vor die grundrechtlichen Güter zu stellen, ergeben sich hieraus weitere Vorgaben (eee). Schutzpflichten generieren Handlungspflichten, wobei abgesehen vom Untermaßverbot ein weiter Einschätzungsspielraum besteht, wie diese Pflichten umzusetzen sind. Daher ist die materielle Bindungswirkung der Schutzpflichtdimension der Grundrechte schon auf den ersten Blick schwach ausgeprägt. Nur in Ausnahmefällen werden sich Schutzpflichten zu Handlungspflichten verdichten.

aaa) Abwehrrechte aus Art. 12, 14 GG

Bis zur ersten Stufe der Bahnreform konnten Grundrechte als Abwehrrechte nicht geltend gemacht werden. Die deutsche Bundesbahn war als Staatsunter-

249 Wieland, in: Dreier (Hrsg.), Grundgesetz-Kommentar, 2. Aufl. 2008, Art. 87e Rn. 15.

250 Kramer, Recht der Eisenbahninfrastruktur, S. 74 f.

251 Kühling, Sektorspezifische Regulierung, S. 553.

nehmen nicht grundrechtsberechtigt. Private Akteure waren aufgrund der Monopolstellung der Bundesbahn nicht am Markt tätig. Mit der Öffnung des Wirtschaftssektors für Private existieren jedoch seit der 1. Stufe der Bahnreform mit den privaten Wettbewerbern Grundrechtsträger, die nach Art. 19 Abs. 3 GG jedenfalls im Hinblick auf wirtschaftsbezogene Grundrechte (Artt. 12, 14 GG) grundrechtsberechtigt sind.

bbb) Die Deutsche Bahn AG als Grundrechtsträger

Gleichzeitig wurde die ehemalige Bundesbahn mit der ersten Stufe der Bahnreform zur wirtschaftlichen Führung verpflichtet und formell privatisiert, ohne jedoch die Eigentumsverhältnisse zu ändern. Fraglich ist, ob die öffentlichen Unternehmen der Deutschen Bahn AG grundrechtsberechtigt sind. Juristische Personen des Privatrechts sind gem. Art. 19 Abs. 3 GG grundrechtsberechtigt, wenn die Grundrechte ihrem Wesen nach auf sie anwendbar sind.

i) HEW-Beschluss des Bundesverfassungsgerichtes

Das Bundesverfassungsgericht hat sich im HEW-Beschluss[252] gegen eine Grundrechtsberechtigung der gemischtwirtschaftlichen Hamburger Elektrizitätswerke AG ausgesprochen, an denen die Stadt Hamburg zu 72 % beteiligt war. Entscheidungserheblich war für das Gericht die Möglichkeit der Einflussnahme des öffentlichen Trägers auf die Unternehmensführung[253]. In der Konsequenz wäre die Deutschen Bahn AG, deren Aktien sogar vollständig vom Bund gehalten werden, nicht grundrechtsberechtigt.

ii) Urteil des Bundesverwaltungsgericht zur Deutschen Telekom AG

Anderer Auffassung ist das Bundesverwaltungsgericht in einer Fallkonstellation, in die Deutschen Telekom AG als grundrechtsberechtigt angesehen wurde[254]. Die Entscheidung hat im Hinblick auf die Einordnung der Unternehmen der Deutschen Bahn AG jedoch schon deshalb kaum Aussagekraft, weil die sich die Deutsche Telekom AG zum Entscheidungszeitpunkt mehrheitlich in Privatbesitz befand.

252 BVerfG, Beschl. v. 16.5.1989 – 1 BvR 705/88 –.
253 BVerfG, Beschl. v. 16.5.1989 – 1 BvR 705/88 –.
254 BVerwG, NVwZ 2001, 1399 (1406); bestätigt in BVerwG NVwZ 2004, 742 (743).

iii) Rechtsprechung des OVG Münster zur Grundrechtsfähigkeit der Deutschen Bahn AG

Das OVG Münster, das zumeist in Verfahren des vorläufigen Rechtsschutzes zu eisenbahnrechtlichen Fragen Stellung nehmen musste, ist bisher implizit von einer Grundrechtsberechtigung der Deutschen Bahn AG ausgegangen. Ohne in eine verfassungsrechtliche Prüfung der Frage einzusteigen, bejaht es in ständiger Rechtsprechung die Möglichkeit der Deutschen Bahn AG, sich auf Art. 12 GG[255] oder die in Art. 2 Abs. 1 GG verortete Vertragsfreiheit[256] zu berufen.

In der Literatur wird hinsichtlich der Frage der Grundrechtsberechtigung juristischer Personen des Privatrechts vertreten, nicht auf die Anteilsmehrheit an dem Unternehmen und einen möglichen Durchgriff auf das hinter der juristischen Person befindliche personale Substrat abzustellen, sondern nach grundrechtstypischen Gefährdungslagen für juristische Personen Ausschau zu halten, die im Eisenbahnmarkt für private wie öffentliche Unternehmen gleichermaßen bestehen können. Die Auffassung ist vorzugswürdig, da Art. 19 Abs. 3 GG keine von natürlichen Personen abgeleitete, sondern eine eigenständige Grundrechtsberechtigung normiert. Die Vorschrift erweitert den Kreis der Grundrechtsberechtigten[257]. Daher ist in einem ersten Schritt unabhängig von den hinter der juristischen Person stehenden Rechtssubjekten danach zu fragen, ob das Unternehmen eine öffentliche Aufgabe wahrnimmt oder unabhängig von staatlichem Einfluss grundrechtliche Freiheiten für sich in Anspruch nehmen kann[258]. Die entscheidende Frage ist, ob die Deutschen Bahn AG der staatlichen oder der gesellschaftlichen Sphäre zugerechnet werden kann. Nur bei letzterer kann sie einer grundrechtstypischen Gefährdungslage ausgesetzt sein. Art. 87e Abs. 3 S. 1 GG verpflichtet die Deutschen Bahn AG, wirtschaftlich zu handeln. Eine unmittelbare Gemeinwohlbindung wird ihr gerade nicht auferlegt[259]. Die Verfassung weist der Deutschen Bahn AG damit keine Erfüllungsverantwortung für einzelne Leistungen zu, die der Markt nicht erbringt. Im Gegenteil wird die Gewährleistungsverantwortung, also die Verantwortung für das aus öffentlicher Sicht zu beurteilende Gesamtergebnis nach der klaren grundgesetzlichen Regelung in Art. 87e Abs. 4 S. 1 GG nur dem Bund zugewiesen. Dabei ist es dem Bund untersagt, öffentliche Zwecke durch direkte Einflussnahmen gesellschaftsrechtlich etwa über seine Eigentümerstellung an der Deutschen Bahn AG geltend zu machen,

255 OVG Münster, Beschl. vom 28.1.2008.

256 OVG Münster, Beschl. vom 16.2.2006, N+R 2006, 80 (82).

257 Lang, NJW 2004, 3602.

258 Lang, NJW 2004, 3601 (3603).

259 Lang, NJW 2004, 3601 (3604).

vgl. § 8 Abs. 1 S. 1 AEG und Art. 4 der Richtlinie 91/440/EWG. Die Deutsche Bahn AG ist damit als solche nicht mehr auf das Allgemeinwohl gerichtet Trägerin der Daseinsvorsorge, sondern soll nach Art. 87 Abs. 3 S. 1 GG unabhängig von Einflussnahmen des Bundes nach den für alle geltenden Rahmenbedingungen am Markt tätig werden. Ihr wird durch das Verfassungsrecht eine Unabhängigkeit vom Bund gewährt, die sie durch freiheitliche Tätigkeit eigenverantwortlich ausfüllen soll. Ihre Tätigkeit kann daher nicht mehr dem Staat, sondern muss der gesellschaftlichen Sphäre zugerechnet werden. Sie ist folglich einer grundrechtlichen Gefährdungslage ausgesetzt und damit nach Art. 19 Abs. 3 GG grundrechtsberechtigt[260].

Gleichzeitig ist die Deutsche Bahn AG aber nicht grundrechtsverpflichtet, da sie aufgrund ihrer verfassungsrechtlich gewährleisteten Unabhängigkeit von staatlichen Stellen nicht zur vollziehenden Gewalt iSv Art. 1 Abs. 3 GG zu zählen ist[261].

Als Konsequenz dieser Auffassung erledigen sich auch Differenzierungen zwischen EIU und EVU. Die Deutsche Bahn AG und ihre Tochtergesellschaften sind somit nach hier vertretener Auffassung grundrechtsberechtigt[262].

ccc) Verfassungsmäßigkeit von Regulierungsmaßnahmen

Hält man die Unternehmen der Deutschen Bahn AG für grundrechtsberechtigt, können sich regulierungsrechtliche Maßnahmen, etwa die Durchsetzung der in den §§ 14 Abs. 1 AEG, 19 Abs. 4 S. 4 GWB normierten Mitbenutzungsrechte, der Entgeltregulierung und des Unbundling-Regimes (§§ 9, 9a AEG) als Eingriffe in die Grundrechte der Unternehmen darstellen, insbesondere in die Artt. 12, 14 GG. Die Folge ist, dass die Vorschriften als Berufsausübungsregelungen bzw. als Inhalts- und Schrankenbestimmungen insbesondere den Anforderungen des Verhältnismäßigkeitsgrundsatzes genügen müssen.

Das bedeutet jedoch nicht, dass die einfachgesetzlichen Normen grundsätzlich restriktiv bzw. unter besonderer Berücksichtigung der Eigentümerinteressen auszulegen wären[263]. Denn mit den Zielen der Schaffung und Bewahrung von Wettbewerb verfolgt das Regulierungsrecht einen wichtigen Gemeinwohlbelang[264]. Nach dem Verhältnismäßigkeitsgrundsatz sind solche Eingriffe in die Grundrechte gerechtfertigt, die geeignet, erforderlich und angemessen sind, dieses Ziel herzustellen. Wird der geringe Grad der Marktöffnung seit Inkrafttreten der

---

260 So auch Ruge, AöR 131 (2006), 1 (15 f.).

261 Kühling, Sektorspezifische Regulierung, S. 484.

262 Lang, NJW 2004, 3601 (3604); Ruge, AöR 131 (2006), 15 f.; Windthorst in: Sachs (Hrsg.), Grundgesetz, 5. Aufl. 2009, Art. 87e Rn. 49; a. A. Kühling, Sektorspezifische Regulierung, S. 479.

263 So Ruge, AöR 131 (2006), 1 (15).

264 Kühling, Sektorspezifische Regulierung, S. 488.

Normen als Maßstab für die Erforderlichkeit von Regulierungsmaßnahmen angelegt[265], ließe sich im Gegenteil eine Verschärfung der Regulierungsinstrumente rechtfertigen.

Außerdem ist es überzeugend, diejenigen EIU, die sie sich auf ihr Eigentumsgrundrecht an der Infrastruktur berufen, einer erhöhten Gemeinwohlbindung aus Art. 14 Abs. 2 GG zu unterwerfen[266]. Sie lässt sich eigentumsdogmatisch zum einen aus der Tatsache ableiten, dass die EIU das Eigentum an der Infrastruktur mithilfe des staatlichen Enteignungsrechts erworben haben[267]. Zum anderen unterliegt das Eigentum an Infrastrukturen, das wie das Schienennetz ein natürliches Monopol bildet, einer erhöhten Gemeinwohlbindung, weil der Wettbewerb ohne Mitbenutzungsrechte nicht nur auf diesem Markt, sondern auch auf vor- und nachgelagerten Märkten nicht funktioniert. Dritte sind auf die Nutzung des fremden Eigentums angewiesen. Das Bundesverfassungsgericht spricht in diesen Fällen von einer hohen Situationsgebundenheit[268], die die erhöhte Gemeinwohlbindung begründet. Diese Überlegung war wohl auch Ansatz für die US-amerikanische Rechtsprechung zur „essential-facilities-Doktrin". Daher ist an der Verfassungsmäßigkeit der Mitbenutzungsrechte nicht zu zweifeln[269].

Zu berücksichtigen sind in diesem Kontext wechselseitige Korrelationen der Regulierungsinstrumente Netzzugang, Entgeltregulierung und Unbundling. Die Instrumente stehen nicht beziehungslos nebeneinander, sondern sind in ihrer Bedeutung für die Wettbewerbsförderung miteinander verknüpft[270]. Eine stark ausgeprägte Entflechtung ist z. B. in der Lage, den für die Zugangs- und Entgeltregulierung erforderlichen Aufwand zu reduzieren. Dieser ökonomische Befund korreliert dabei mit dem verfassungsrechtlichen Verhältnismäßigkeitsmaßstab. Je intensiver ein Regulierungsinstrument in die Grundrechte der EIU eingreift, desto stärker ist eine ausgeprägte Ausgestaltung anderer Instrumente an der Verhältnismäßigkeit, konkret der Erforderlichkeit, zu messen[271].

Konzeptionell gerät das zweipolige Verhältnis Monopolist – Staat durch die Liberalisierung der Sektoren in der Folge zunehmend in den Hintergrund. Ver-

---

265 Siehe dazu das Sondergutachten Nr. 55 der Monopolkommission, http://www.monopolkommission.de/aktuell_sg55.html, abgerufen am 14.8.2010.

266 Höppner, Netzveränderungen im Zugangskonzept, S. 34.

267 BeckAEG-Komm/Hermes/Schütz, § 11 Rn. 42; Kühling, Sektorspezifische Regulierung, S. 493 ff. (496) weist zutreffend darauf hin, dass die Sozialbindung durch Substitution wieder verringert werden kann.

268 Kühling, Sektorspezifische Regulierung, S. 491.

269 Erhebliche Zweifel an der Verfassungsmäßigkeit der Mitbenutzungsrechte äußert – jedoch ohne Begründung – Ruge, AöR 131 (2006), 1 (15).

270 Koenig/Rasbach, DÖV 2004, 733 ff.

271 Koenig/Rasbach, DÖV 2004, 733 (738 f.).

mehrt werden drei- und mehrpolige Grundrechtsverhältnisse relevant. Grundrechtliche Konflikte entstehen im Spannungsfeld zwischen grundrechtsverpflichtetem Staat, Zugangspetenten und den verpflichteten Infrastrukturunternehmen[272].

ddd) Kosten durch besondere Pflichten, die Monopolisten auferlegt werden als verfassungsrechtliches Problem?

Eine mit der Privatisierung einhergehende Problematik besteht darin, dass der Staat häufig nicht nur öffentliche Aufgaben auf Private verlagert, sondern diesen gleichzeitig auch weitgehende Dokumentations-, Sicherungs- und sonstigen Pflichten auferlegt, ohne sie unmittelbar für die Kosten, die mit der Erfüllung dieser Pflichten verbunden sind, zu kompensieren. Hieraus erwächst dann ein verfassungsrechtliches Problem, wenn die Pflichten genuin im öffentlichen Interesse liegen. In diesem Fall müssen die Kosten, die bei der Erfüllung dieser Pflichten entstehen, im Steuerstaat mit Steuermitteln beglichen werden[273].

Im Eisenbahnsektor ist hier zunächst auf die Verpflichtung der EIU und BdS hinzuweisen, Nutzungsbedingungen für die Infrastruktur aufzustellen. Die Bedingungen gelten kraft Verordnungsrechts für alle Marktteilnehmer unabhängig vom Abschluss eines Nutzungsvertrages. Die Aufstellung der Bedingungen ist mit Kosten verbunden. Verfassungsrechtlich stellt sich die Frage, ob es angemessen ist, den Unternehmen diese Kosten aufzuerlegen, ohne sie dafür unmittelbar zu entschädigen.

Diese Frage dürfte zu bejahen sein. Hier rechtfertigen die hohen Gemeinwohlbindungen, denen das Eigentum an der besonders gemeinwohlträchtigen Infrastruktur unterliegt, die Auferlegung dieser Pflicht. Zudem können die EIU ihre Kosten zumindest zum Teil dadurch kompensieren, dass sie sie in die Netzentgelte einpreisen und damit den Wettbewerbern bzw. am Ende den Endkunden auferlegen.

eee) Grundrechtliche Schutzpflichten

Fraglich ist, ob sich aus grundrechtlichen Schutzpflichten Direktiven für die Auslegung und Anwendung des Regulierungsrechts entnehmen lassen. Weitgehend anerkannt sind Schutzpflichten aus Art. 2 Abs. 2 S. 1 GG[274]. Da Eingriffe in das Leben oder die körperliche Unversehrtheit irreparabel sind bzw. sein können, sind präventive Maßnahmen zum Schutz dieser Rechtsgüter besonders bedeutsam.

---

272 Kühling, Sektorspezifische Regulierung, S. 47.

273 Kube, DV 2008, 1 (5 f.)

274 Murswiek in: Sachs (Hrsg.), Grundgesetz, 5. Auflage 2009, Art. 2 Rn. 188 ff.

Für die Schienenregulierung bedeutet das, dass der Staat etwa für sicherheitsrelevante Systeme Vorsorge treffen muss, etwa indem Mindestsicherheitsstandards für die Zugleittechnik normiert werden. Treten neue Gefährdungslagen zutage, ist der Gesetzgeber in der Pflicht, zu handeln.

Für die Anwendung der wettbewerbsrelevanten Regulierungsinstrumente spielen aus Art. 2 Abs. 2 GG abgeleitete Schutzpflichten jedoch eine untergeordnete Rolle. Soweit im Einklang mit der höchstrichterlichen Rechtsprechung Schutzpflichten auch anderen Freiheitsrechten entnommen werden, ergeben sich aus ihnen nur unspezifische Direktiven. Die Gerichte betonen in diesen Fällen – zu Recht – den breiten Einschätzung-, Gestaltungs- und Wertungsspielraum des Gesetzgebers bei der Frage, wie er sich der Realisierung der Schutzpflichten annimmt[275]. Diese Zurückhaltung ist berechtigt. Denn mit der Anerkennung weitreichender Schutzpflichten ist nicht allein eine Erweiterung grundrechtlicher Freiheiten verbunden: Schutzpflichten verkehren die grundrechtliche Abwehrrechte in ihr Gegenteil. Sie generieren Argumente, die angeführt werden können, um Grundrechte Dritter stärker zu beschränken, als dies im Rahmen einer „normalen" Abwägung der Fall wäre.

Vor diesem Hintergrund sind auch Schutzpflichten des Staates aus Art. 12 GG, die in die Auslegung der Regulierungsinstrumente einfließen, um andere Marktteilnehmer durch wirksame Maßnahmen am Wettbewerb auf dem Schienennetz zu beteiligen, restriktiv zu handhaben. So sehr man aus Gemeinwohlgründen für eine stärkere Wettbewerbseröffnung plädieren mag, so zentral ist die Stellung des – europarechtlich gebundenen – nationalen Gesetzgebers, das Maß der Wettbewerbsförderung zu bestimmen.

Ein verfassungsrechtlicher Rückgriff auf Art. 12 GG zur Auslegung des einfachen Rechts dürfte aber keine herausgehobene Rolle spielen angesichts der klaren Verankerung des Wettbewerbszieles in den netzwirtschaftsspezifischen Gesetzen, etwa in § 1 Abs. 1 AEG. Damit fließt die Förderung des Wettbewerbs kraft einfachen Rechts in die Auslegung und Anwendung der Regulierungsinstrumente ein. Insoweit ist unerheblich, dass aus den objektiven Wirkungen nur schwach ausgeprägte materielle Vorgaben für die wettbewerbliche Seite des Eisenbahnregulierungsrechts entnommen werden können.

Von Bedeutung ist die grundrechtliche Perspektive insoweit, als sich mit einer Anerkennung der Grundrechtsberechtigung der Deutschen Bahn AG die Darlegungs- und Beweislast für Regulierungsmaßnahmen umkehrt. War bis zur Bahnreform das staatliche Monopol verfassungsrechtlich rechtfertigungsbedürftig, sind es nun die Regulierungsmaßnahmen[276].

---

275 Kühling, Sektorspezifische Regulierung, S. 501 f.

276 Ruffert, AöR 124 (1999), 237 (251).

Bedeutsam ist gleichwohl die objektiv-rechtliche Funktion der in Art. 2 Abs. 1 GG verankerten Privatautonomie, die die Position des schwächeren Marktteilnehmers gegen die erheblichen Vermachtungen absichern soll. Die Funktion wird bei den Ausführungen zur Frage, inwieweit neben den eisenbahnrechtlichen Vorschriften auf allgemeine zivilrechtliche Normen zurückgegriffen werden kann, relevant werden.

cc) Einordnung der Regulierungsverwaltung in das Gewaltenschema: Verwaltung iSd Art. 20 Abs. 2 GG

Mit der Fortentwicklung des Regulierungsrechts gehen auch insoweit verfassungsrechtlich interessante und wichtige Entwicklungen einher, als sich die Regulierungsverwaltung nicht nahtlos unter den klassischen Begriff von Verwaltung iSd Art. 20 Abs. 2 GG subsumieren lässt. Nach der Negativdefinition Otto Mayers[277] umfasst Verwaltung alles, was weder Rechtsprechung noch Legislative ist. In dieses Schema lässt sich Regulierung nicht einfügen.

Denn Regulierung beinhaltet über die Ausführung von Gesetzen hinaus auch legislative und judikative Elemente[278]. Regulierungsverfügungen der Beschlusskammern der Bundesnetzagentur ähneln schon der Form nach gerichtlichen Urteilen. Organisatorisch arbeitet das dem Kartellrecht entnommene Beschlusskammersystem unabhängiger als andere Behörden. Dabei ist die Bundesnetzagentur aber nicht unabhängig, sondern als Bundesoberbehörde in den Verwaltungsaufbau integriert. Die Behörde untersteht den Weisungen der Ministerien. Eine Besonderheit besteht im Falle einer Weisung jedoch darin, dass sie zu veröffentlichen sind. Inhaltlich ist der Bundesnetzagentur aufgrund der Offenheit der Regulierungsgesetze und der damit einhergehenden schwachen normativen Programmierung ein großer Gestaltungsspielraum eingeräumt. Mit der Möglichkeit, etwa in Telekommunikationsverfahren als Streitschlichter tätig zu werden[279], entlastet die Behörde die Gerichte und schafft für die Marktteilnehmer eine schnelle Konfliktlösung und damit Rechtssicherheit.

Regulierungsverfügungen enthalten über den Einzelfall hinaus eine verbindliche Wirkung, weil sie – gesetzesähnlich – für alle Marktteilnehmer zu beachtende Regelungen enthalten. Sie enthalten etwa Informationen über die Verwaltungspraxis, etwa zur Frage, wie die Regulierungsbehörden unbestimmte Rechtsbegriffe auslegen.

---

277 Dazu Maurer, Allgemeines Verwaltungsrecht, § 1 Rn. 6 m. w. N.

278 So auch Bullinger, DVBl. 2003, 1355 (1359 ff.).

279 Bullinger, DVBl. 2003, 1355 (1359).

b) Der europarechtliche Rahmen

Das AEG ist in seiner wettbewerbsfinalen Ausrichtung Produkt europäischen Sekundärrechts[280]. Der hohe Öffnungsgrad des aktuellen Sekundärrechtes für Wettbewerb ist insoweit bemerkenswert, als die EU zunächst lange Zeit untätig blieb. Die vertraglichen Grundlagen für eine Liberalisierung der europäischen Eisenbahnpolitik waren in den Vorläuferregelungen der Artt. 70 ff., 154 ff EG zwar vorhanden. Gehemmt wurde eine Entwicklung jedoch durch eine früh aufgestellte Leitlinie der Verkehrpolitik, die Liberalisierungsmaßnahmen nicht ohne gleichzeitige Harmonisierung der Wettbewerbsbedingungen der Verkehrsunternehmen innerhalb und zwischen den Verkehrträgern vorsah[281].

So wurde die Entwicklung erst durch das Urteil des EuGH[282] – Gemeinsame Verkehrspolitik – von 1985 forciert, in dem festgestellt wurde, dass der Rat im Hinblick auf die Sicherstellung der Dienstleistungsfreiheit auf dem Gebiet des internationalen Verkehrs und der Bedingungen für grenzüberschreitenden Zugverkehr untätig geblieben war[283]. Es war klargestellt, dass auch die europäische Verkehrspolitik an den Zielen des gemeinsamen Marktes und der Grundfreiheiten auszurichten war[284] und für die Verwirklichung des Binnenmarktes eine Schlüsselfunktion innehatte. Im Zuge der Entwicklung legte die Kommission 1990 einen Vorschlag zur Richtlinie 91/440/EG vor. Die EG war gem. Art. 71 EG befugt, zur Förderung einer gemeinsamen Verkehrspolitik Sekundärrecht zu erlassen, gem. Abs. 1 im Mitentscheidungs- (Art. 251 EG), gem. Abs. 2 – soweit Grundsätze oder tiefgreifende Folgen zu erwarten sind – im Anhörungsverfahren.

Nachdem die Richtlinie verabschiedet wurde, führte sie – im Vergleich zu anderen Verkehrsmärkten spät, nämlich erst Anfang der 1990er Jahre[285] – zur ersten Öffnung der Eisenbahnmärkte[286]. Sie normierte Mitbenutzungsrechte an der Eisenbahninfrastruktur für grenzüberschreitenden Güter- und zunächst beschränkt auf den Personenverkehr.

280 Zum Marktöffnungsprozess aus europäischer Perspektive bis zum 2. Eisenbahnpaket ausführlich Ende/Kaiser, WuW 2004, 26 ff.

281 BeckAEG-Komm/Hermes, Einf B Rn. 5.

282 EuGH, Rs. 13/83, Slg. 1985, 1513 ff.

283 Ernert, Zugangs- und Entgeltregulierung, S. 7.

284 BeckAEG-Komm/Hermes, Einf B Rn. 5.

285 Bartosch/Jaros, WuW 2005, 15 ff.

286 Zellhofer, Der Wettbewerb auf den europäischen Schienenverkehrsmärkten, S. 44.

aa) Eisenbahnpakete

Weitere Liberalisierungsschritte folgten mit den drei sogenannten Eisenbahnpaketen, die aus jeweils mehreren Richtlinien bestanden. Das „erste Eisenbahnpaket"[287] von 2001 verpflichtete die Mitgliedstaaten, eine von EIU unabhängige Stelle mit der Entgelterhebung zu betrauen (Art. 4 Abs. 2 Richtlinie 2001/14/EG) und vertikal integrierte Unternehmen teilweise zu separieren. Insbesondere wurde das Netzzugangssystem ausgebaut und der Bundesnetzagentur mehr Befugnisse eingeräumt, nachdem erkannt wurde, dass die Richtlinie 91/440/EG nicht die gewünschten Wirkungen erzielt hatte.

Im Jahre 2004 wurde das „zweite Eisenbahnpaket"[288] verabschiedet, das neben einer verbesserten Interoperabilität der Infrastruktur eine weitere Liberalisierung des Eisenbahngüterverkehrsmarktes vorsah[289]. Auch wurde die Einsetzung einer europäischen Eisenbahnagentur beschlossen.

Das „dritte Eisenbahnpaket"[290] aus dem Jahre 2007, dessen Richtlinien bis Ende 2009 umzusetzen waren, gewährt EVU Infrastrukturzugang bei grenzüberschreitenden Dienstleistungen.

bb) Transeuropäische Netze, Art. 154 ff. EG

Im Zuge der Vertragsrevision von Maastricht haben die Mitgliedstaaten der EG in den Art. 154 ff. EG die Aufgabe auferlegt, transeuropäische Netze auf- und auszubauen. Transeuropäische Netze sind solche, die einen spezifisch grenzüberschreitenden Charakter aufweisen. Eine zwingende Beteiligung zweier Länder ist nicht erforderlich[291]. Von der Vernetzung europäischer Verkehrs- Energie- und Telekommunikationsinfrastrukturen wird eine weit gehende Effektivierung der Marktfreiheiten in der EU erhofft[292]. Ziel der EG ist zum einen die Verknüpfung vorhandener Netze, was für die Schieneninfrastruktur die Interoperabilität der mitgliedstaatlichen Systeme, also die Harmonisierung der technischen Systeme, beinhaltet. Zum anderen sollen Lücken geschlossen werden und zumindest nach der Funktionslogik der Marktfreiheiten Dritten Zugang zu den transeuropäischen Netzen gewährt werden[293].

287 RL 2001/12/EG, 2001/13/EG, 2001/14/EG.

288 RL 2004/49/EG.

289 Höppner, Die Regulierung der Netzstruktur, S.235.

290 RL 2007/58/EG.

291 Calliess, in: Calliess/Ruffert (Hrsg.), EUV/EGV, 3. Aufl. 2007, Art. 154 Rn. 5.

292 Calliess, in: Calliess/Ruffert (Hrsg.), EUV/EGV, 3. Aufl. 2007, Art. 154 Rn. 1.

293 Auch wenn Art. 154 Abs. 2 EG es ausdrücklich offen lässt, ob ein Anspruch auf Zugang gewährt werden muss, vgl. Calliess, in: Calliess/Ruffert (Hrsg.), EUV/EGV, 3. Aufl. 2007, Art. 154 Rn. 20.

Am 23.7.1996 wurden hierzu Leitlinien von Europäischem Parlament und Rat verabschiedet, die einen allgemeinen Bezugsrahmen zum Aufbau transeuropäischer Netze bildeten[294]. Während die Finanzierung ausgespart wird, werden Vorgaben allgemeiner Art in Bezug auf die Dauerhaftigkeit, Sozialverträglichkeit, Sicherheit, Wirtschaftlichkeit und Umweltbelange gemacht. Art. 10 der Leitlinie sieht die Zweiteilung in ein – prioritäres – Hochgeschwindigkeits- und ein konventionelles Eisenbahnnetz vor[295].

6. Das System der Schienenregulierung

Das System der Schienenregulierung umfasst als Eckpfeiler den Netzzugangsanspruch (c), die Netzentgeltregulierung – verankert in § 14 AEG iVm der EIBV – (d) sowie das Unbundling-Regime[296] (e). Auslegung und Anwendung dieser Instrumente sind ausschlaggebend für die erfolgreiche Etablierung des Wettbewerbs auf dem Schienenmarkt. Es überrascht daher kaum, dass neben dem tatsächlichen Wettbewerb ein von den Interessengruppen forcierter Wettbewerb um die Auslegung dieser Vorschriften im Gange ist. Am Ende des Kapitels werden in knapper Form weitere Instrumente der Eisenbahn- und kartellrechtlichen Regulierung dargestellt sowie das institutionelle System im Zusammenspiel zwischen Eisenbahnbundesamt, Bundesnetzagentur und Kartellbehörden erörtert. Bei der Darstellung der Eckpfeiler der Schienenregulierung wird der Fokus gerade auf die skizzierten kritischen Instrumente beschränkt. Sie sind in allen Netzwirtschaften vorhanden und stehen in einem Spannungsfeld der gegenläufigen Interessen von Wettbewerben und Monopolisten. Begonnen wird jedoch mit einem systematischen Überblick über das Zugangssystem im Eisenbahnsektor.

294 BeckAEG/Komm-Hermes, Einführung B, Rn. 23.

295 BeckAEG/Komm-Hermes, Einführung B, Rn. 23.

296 Diese drei Instrumente werden überwiegend als Eckpfeiler des Regulierungsrechts angesehen; vgl. Kühling/Ernert, NVwZ 2006, 33; vgl. dazu auch Koenig/Rasbach, DÖV 2004, 733.

a) Materielle Netzzugangsregulierung im Eisenbahnsektor

aa) Regulierungsrechtsverhältnis: Systematisierung, Einordnung und Überblick, Regulierungsebenen

Von der ökonomischen Erkenntnis ausgehend, dass in den Netzsektoren das Netz eine „bottleneck-Ressource" darstellt, die zumindest im Eisenbahnsektor ein natürliches Monopol bildet, können verschiedene Wettbewerbsebenen ausdifferenziert werden. Gelingt es, Wettbewerbern Nutzungsrechte an diesem natürlichen Monopol einzuräumen, besteht die Möglichkeit, dass jedenfalls Ebenen, die dem Monopolmarkt vor- oder nachgelagert sind, für den Wettbewerb geöffnet werden.

Dementsprechend können die Marktebenen ausdifferenziert werden in die Netzinfrastrukturregulierung, die Netztransportregulierung und die – für den Schienenverkehr irrelevante – Netzinhaltsregulierung[297].

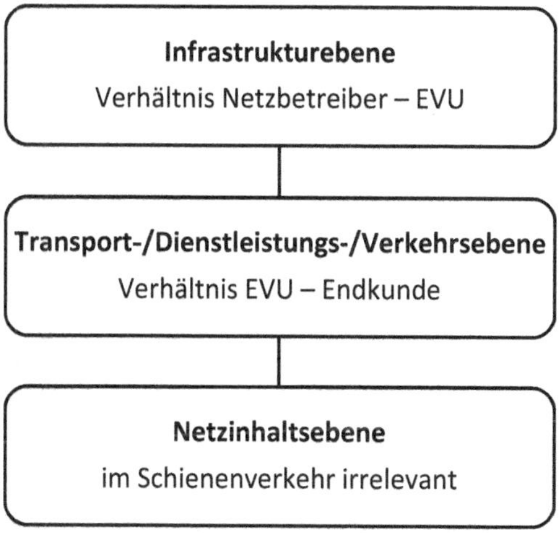

Die Infrastrukturregulierung im Schienenverkehr betrifft das Verhältnis Infrastrukturbetreiber – Verkehrsdiensteanbieter/EVU. Da die Infrastrukturebene als struktureller „bottleneck" den neuralgischen Punkt bei der Wettbewerbserzeugung darstellt, fällt die materielle Netzinfrastrukturregulierung dementsprechend umfangreich aus. Sie ist gesetzlich in den §§ 13, 14 AEG geregelt. Sie soll dafür

297 Kühling, Sektorspezifische Regulierung, S. 46 ff.; die Netzinhaltsebene spielt beispielsweise eine wesentliche Rolle bei der Medienregulierung, weil dieser Ebene die bedeutsame Unterscheidung zwischen Rundfunk-, Tele- und sonstigen Diensten immanent ist, vgl. S. 49.

sorgen, dass die der Netzebene nachgelagerte Transportebene für den Wettbewerb geöffnet wird. Das Netzzugangssystem wurde mit der Novelle von 2005, die die europäischen Richtlinien umsetzt, grundlegend neu strukturiert.

Konkretisiert wird § 14 AEG durch die Vorschriften der Eisenbahninfrastrukturbenutzungsverordnung (EIBV), einer auf Grundlage des § 26 Abs. 1 Nr. 6, 7 AEG ergangenen Rechtsverordnung. Sie normiert die Einzelheiten der Zugangsgewährung. Die Zusammenschaltungspflicht für Infrastrukturunternehmen in § 13 AEG folgt im Grundsatz den gleichen gesetzlichen Regelungen, vgl. § 13 Abs. 1 S. 2 AEG, soll im Folgenden mangels wettbewerbspolitischen Interesses aber nicht im Fokus stehen[298].

Teilweise wird von der Infrastrukturebene noch die Steuerungsebene unterschieden[299]. Die Steuerungsebene beinhaltet die elektronischen Systeme zur Regelung der Streckennutzung[300], insbesondere die Zugleittechnik. Wenn § 4 Abs. 3 AEG anordnet, dass BdS auch diese Systeme vorhalten und zur Verfügung stellen müssen, liegt es nahe, diese Ebene der Infrastrukturebene zuzuschlagen. Die Steuerungs- und die Sicherungsebene sind auch nach der gesetzgeberischen Wertung ein Unterfall der Infrastruktur. Hierfür spricht, dass der Zugang zu diesen Ebenen für BdS gem. § 3 Abs. 1 S. 2 AEG zum Mindestzugangspaket gehören. Ferner kann die Steuerungsebene unter den allgemeinen Infrastrukturbegriff subsumiert werden, nach dem die Infrastruktur die physische Basis der Netzwirtschaften bildet. Ohne Steuerungssysteme können Eisenbahnverkehrsleistungen nicht angeboten werden, die Steuerungstechnik gehört daher zur physischen Basis der Netzwirtschaft. Anderes gilt für die von § 4 Abs. 3 AEG ebenfalls erfassten Anlagen zur Bahnstromversorgung, die qua Legaldefinition in § 2 Abs. 3 AEG zur Eisenbahninfrastruktur gehören.

Die Netztransportregulierung bezieht sich auf das Verhältnis zwischen Dienstanbietern und Endkunden[301]. Sie spielt eine für die wettbewerbliche Regulierung untergeordnete Rolle und ist deutlich schwächer ausgeprägt als die Regulierung der Infrastrukturebene. Wesentliche Bausteine stellen die Beförderungspflicht für öffentliche Verkehrsunternehmen in § 10 AEG und die Tarifpflicht aus § 12 AEG dar.

298 Dazu Kramer, Eisenbahninfrastruktur, S. 226.
299 Höppner, Die Regulierung der Netzstruktur, S. 236.
300 Höppner, Die Regulierung der Netzstruktur, S. 237.
301 Kühling, Sektorspezifische Regulierung, S. 47.

bb) Eisenbahnrechtlicher Netzzugang zwischen Regulierung und Verhandlung

Allgemein liegen der Infrastrukturzugangsregulierung in den Netzwirtschaften zwei unterschiedliche Konzepte zugrunde, nämlich die Prinzipien des regulierten sowie des verhandelten Netzzugangs. Hier herrschen große Unsicherheiten hinsichtlich der Bedeutung der Begriffe, da weder auf nationaler noch auf europäischer Ebene Definitionen existieren[302].

aaa) Regulierter Netzzugang

Regulierter Netzzugang bedeutet, dass die Entscheidungen über das „ob" und „wie" der Nutzung einer Infrastruktureinrichtung hoheitlich getroffen werden. Nicht ausgeschlossen ist, dass Netzbetreiber und Petent in einem ersten Schritt autonom, also privatrechtlich zu einer Einigung gelangen. Sie müssen ihr Ergebnis allerdings hoheitlich bestätigen lassen[303]. Beim regulierten Netzzugang interveniert der Staat nicht ex post, sondern ex ante und diktiert alle Bedingungen für die Nutzung der Infrastruktur. Der regulierte Netzzugang ist in keiner Netzwirtschaft idealtypisch verwirklicht worden. Anders als nach Auffassung von Engel war und ist dies auch nicht im Bereich der Telekommunikation der Fall[304]. Auch dort ist ein Vorrang von Verhandlungen[305] statuiert, der ein behördliches Tätigwerden ganz ausschließt, wenn sich die Beteiligten privatrechtlich einigen. Nachteil des regulierten Zugangs ist der hohe Grad an gesetzlichen Detailbestimmungen, der mit Kosten für Staat und Marktteilnehmer verbunden ist sowie eine relative Unflexibilität und Langwierigkeit des Zugangsverfahrens. Der regulierte Netzzugang konstituiert ein dreipoliges Regulierungsrechtsverhältnis zwischen Netzbetreiber, Zugangspetent und Behörde.

bbb) Verhandelter Netzzugang

Nach dem Prinzip des verhandelten Netzzugangs ist Grundlage der Infrastrukturnutzung ein Vertrag zwischen Petent und Netzbetreiber, der privatautonom vereinbart wird[306]. Prototyp des verhandelten Netzzugangs waren die so genannten

302 Ruge, AöR 131 (2006), 1 (19).

303 Engel, Verhandelter Netzzugang, S.86.

304 Engel, Verhandelter Netzzugang, S.85.

305 Scheurle/Mayen/Pedell/Holzwarth/Hölscher, TKG, 2. Auflage § 25 Rn. 19; BeckTKG-Komm-Piepenbrock/Attendorn, § 25 Rn. 7.

306 Ruge, AöR 131 (2006), S. 1 (18); ders., DVBl 2005, 1405 (1406).

Verbändevereinbarungen in der Energiewirtschaft[307]. In rechtlich unverbindlicher Form sagten die Stromverbände zu, Wettbewerbern Zugang zu ihren Netzen zu verschaffen. Bis zur Novelle des EnWG vom 20.5.2003 bildeten diese Vereinbarungen die einzige Grundlage des Netzzugangs. Die Vereinbarungen wurden allein aufgrund politisches Drucks getroffen. Das BMWA drohte, den Netzzugang andernfalls in einer Rechtsverordnung verbindlich zu regeln[308]. Vorteil des verhandelten Netzzugangs sind seine geringen Kosten für Staat und Marktteilnehmer sowie sein höchstmöglicher Grad an Flexibilität. Die Wettbewerber können ihre Vereinbarungen ohne Einbezug eines Dritten Akteurs unmittelbar an veränderte Bedingungen anpassen. Der verhandelte Netzzugang ist zweipolig ausgestaltet. Er kommt ohne zwingende Interventionen einer Regulierungsbehörde aus. Problematisch ist, dass die marktbeherrschenden Netzbetreiber bei unbeschränkter Privatautonomie nicht oder zu für die Wettbewerber ungünstigen Bedingungen kontrahieren. Daher bedarf der Einsatz von Elementen des verhandelten Netzzugangs einer nachhaltigen Einschränkung der Gestaltungsmöglichkeiten der Monopolisten. Von Beschränkungen der Privatautonomie wird dementsprechend in den Netzwirtschaften reichhaltig Gebrauch gemacht, sei es in Form von Diskriminierungsverboten, von Verfahrensanforderungen oder behördlichen Genehmigungen.

Auch der verhandelte Netzzugang ist – nach Inkrafttreten des § 6 EnWG 2003 – in keiner Netzwirtschaft vollständig verwirklicht worden[309], sondern ist in den Sektoren in jeweils unterschiedlicher Ausprägung mal stärker, mal schwächer mit hoheitlichen Eingriffsbefugnissen verwoben. Die skizzierten Prinzipien des regulierten sowie des verhandelten Netzzugangs sind aus den dargelegten Gründen als Pole zu verstehen. Sie müssen in der jeweiligen Netzwirtschaft abhängig von Marktstruktur und Wettbewerbsgrad jeweils austariert werden, um ein Optimum an Wettbewerb herzustellen zu können.

---

307 Verbändevereinbarung über Kriterien zur Bestimmung von Netznutzungsentgelten für elektrische Energie und über Prinzipien der Netznutzung vom 13.12.2001 (VV Strom II plus); Verbändevereinbarung zum Netzzugang bei Erdgas vom 3.5.2002 (VV Erdgas II), vgl. dazu Masing, DV 2003, 1 (14 Fn. 24).

308 BerlK-EnR/Säcker, § 6 EnWG Rn. 207; Koenig/Rasbach, DÖV 2004, 733 (735).

309 Anders Frenzel, NZV 2006, 57 (61), der den Eisenbahnmarkt als Beispiel nennt, aber von einem weiteren Begriff des verhandelten Netzzugangs ausgeht und daher zu diesem Ergebnis kommt; unklar Ruge, AöR 131 (2006), der sich auf S. 18 ff. für den verhandelten Netzzugang ausspricht, auf S. 27 f. seine Einschätzung aber wieder relativiert.

cc) Mischtyp in der Schienenregulierung

In der eisenbahnrechtlichen Regulierung sind beide Prinzipien miteinander verwoben[310]. Als Element des verhandelten Netzzugangs können sich die Parteien privatautonom über die Reichweite der Zugangsrechte einigen und dadurch behördliches Eingreifen unnötig machen. Im Gegensatz zu den Möglichkeiten des allgemeinen Zivilrechtes wird die Privatautonomie durch vielfältige Vorgaben der EIBV stark beschränkt. Daneben enthält das AEG Elemente des regulierten Netzzugangs. Die Bundesnetzagentur besitzt gestufte Befugnisse, um in das Regulierungsrechtsverhältnis eingreifen und auf letzter Stufe des Zugangssystems die Vertragsbedingungen einseitig durch Hoheitsakt diktieren kann[311].

aaa) Privatautonomer Infrastrukturnutzungsvertrag

Auf erster Stufe des Zugangs besteht die Möglichkeit, dass die Marktteilnehmer – also Zugangspetent und EIU – einen Nutzungsvertrag schließen, vgl. § 14 Abs. 6 AEG[312].

Das Zugangssystem differenziert zwischen EIU und BdS. Das eisenbahnrechtliche Diskriminierungsverbot in § 14 Abs. 1 S.1 AEG gilt sowohl für EIU wie für BdS, die Verpflichtung zur Erbringung bestimmter Mindestleistungen § 14 Abs. 1 S. 3 AEG nur für BdS.

BdS werden im Unterschied zu sonstigen EIU, die allein durch das Diskriminierungsverbot beschränkt autonom bestimmen können, welche Leistungen sie anbieten möchten[313], verpflichtet, gem. § 14 Abs. 1 S. 3 AEG ein Mindestzugangspaket bereitzustellen und die vorhandene Schieneninfrastruktur vorzuhalten[314]. Wie aus dem Wortlaut („zusätzlich“) der Vorschrift hervorgeht, ist diese Bereitstellungspflicht vom Diskriminierungsverbot in § 14 Abs. 1 S. 1 AEG unabhängig. Bestimmt wird der Inhalt des Mindestzugangspaketes durch Art. 5 Richtlinie 2001/14 EG iVm Anhang II Nr. 1, umgesetzt durch Anlage 1 Nr. 1 der EIBV. Das Mindestzugangspaket umfasst danach

---

310 Unklar Ruge, AöR 131 (2006), 1 (16) „verhandelter Netzzugang“, andererseits Seite 27; a. A. Schmitt/Staebe, VerwArch 2009, 228 (230); Fehling, Öffentlicher Verkehr in: Fehling/Ruffert, Regulierungsrecht, § 10 Rn. 53.

311 Dies übersehen Schmitt/Staebe, VerwArch 2009, 228 (230 f.).

312 Ein Muster dieses Vertrages ist im Netz erhältlich: http://www.deutschebahn.com/site/shared/de/dateianhaenge/infomaterial/nbs/muster__inv.pdf.

313 Eine Genehmigungsbedürftigkeit für die Stilllegung der Eisenbahninfrastruktur besteht gem. § 11 AEG nur für Schienenwege und bestimmte Bahnhöfe.

314 Beabsichtigen BdS, Strecken stillzulegen, sind sie gezwungen, gem. § 11 AEG eine Stilllegungsverfügung zu beantragen; dogmatisch gehört dieses Instrument somit auch zur Infrastrukturregulierung, vgl. Kramer, Das Recht der Eisenbahninfrastruktur, S. 250.

- die Bearbeitung der Zuweisungsanträge,
- die Nutzungsgestattung zugewiesener Infrastruktur,
- die Bedienung der für eine Nutzung erforderlichen Steuerungs- und Sicherungssysteme und bestimmte Informationsrechte sowie
- Zugriff auf alle andere Informationen, die für die Durchführung von Eisenbahnverkehrsleistungen erforderlich sind.

Nr. 2 und Nr. 3 der Anlage betreffen dem Wortlaut nach zwar Leistungen, deren Erbringung im Ermessen der EIU steht. Das Ermessen kann aber eingeschränkt sein durch die Wirkungen des Diskriminierungsverbotes.

Im Vordergrund des eisenbahnrechtlichen Netzzugangs steht folglich – als Element des verhandelten Netzzugangs – die Privatautonomie der Parteien. Soweit eine Einigung zustande kommt, bleiben die Behörden untätig.

bbb) Verfahrensvoraussetzungen für das Zustandekommen des Nutzungsvertrags

Allerdings wird die Privatautonomie durch das Diskriminierungsverbot in § 14 Abs. 1 S. 1 AEG und seinen konkreten Ausprägungen in der EIBV eingeschränkt. Augenfällig ist die Einschränkung der Privatautonomie in formeller Hinsicht durch Installierung eines ausdifferenzierten Verfahrens für das Zustandekommen des Nutzungsvertrages. Es ist in der EIBV detailliert geregelt[315].

Soweit es um den Zugang zu Eisenbahntrassen geht, muss der Nutzungspetent einen Zuweisungsantrag für die begehrte Strecke stellen. Für das Zuweisungsverfahren im Rahmen des Netzfahrplanes gilt § 8 EIBV, für ad-hoc-Verkehre § 6 Abs. 1 S. 1 EIBV. Im Regelfall wird der BdS hierauf ein „Angebot auf Abschluss einer Vereinbarung nach § 14 Abs. 6 AEG“ abgeben, vgl. § 11 Abs. 1 S. 1 EIBV. Aus der Formulierung wird deutlich, dass der vorherige Zuweisungsantrag des Petenten vertragsrechtlich als „invitatio ad offerendum“ anzusehen war. Erst die – positive – Mitteilung des BdS ist ein Angebot iSd §§ 145 ff. BGB. Es kann nur innerhalb von fünf Werktagen angenommen werden. Bis dahin besteht allenfalls ein vorvertragliches Schuldverhältnis auf Zugangsgewährung[316]. Soweit eine Zuweisung gem. § 11 Abs. 1 S. 1 EIBV abgelehnt wird, trägt abweichend von den allgemeinen zivilprozessualen Grundsätzen der BdS die Darlegungs- und Beweislast für die Ablehnungsgründe.

---

315 Vgl. zu den Einzelheiten Grün/Ostendorf, N+R 2006, 59 ff.

316 Schmitt/Staebe, VerwArch 2009, 228 (231).

ccc) Anzeigepflicht der EIU gem. § 14d AEG

Kommt es allerdings – etwa aufgrund von Streitigkeiten über Vertragsbedingungen – nicht zum Abschluss eines Vertrages, muss das Scheitern der Verhandlungen der Bundesnetzagentur angezeigt werden, vgl. § 14d S. 1 Nr. 1-3 AEG, soweit die Behörde nicht gem. § 14e Abs. 4 S. 1 AEG auf eine Anzeige verzichtet. Bei Rahmenverträgen (vgl. § 14a AEG) sind sowohl das Scheitern als auch der beabsichtigte Vertragsabschluss anzeigepflichtig, vgl. § 14d S. 1 Nr. 4 AEG. Ebenfalls anzeigepflichtig sind gem. § 14d S. 1 Nr. 6 AEG Änderungen oder Neufassungen von SNB.

Die Anzeige der EIU bereitet eine Modifikation des Regulierungsrechtsverhältnisses vor: sie ruft die hoheitlich agierende Bundesnetzagentur auf den Plan, deren in § 14e AEG geregelten Befugnisse aktiviert werden. Aus dem zwei- wird ein dreipoliges Regulierungsrechtsverhältnis. Die Anzeigepflicht fungiert somit als Schnittstelle zwischen den Prinzipien des verhandelten und regulierten Netzzugangs.

ddd) Ex-Ante-Regulierung: Widerspruchsrecht der Bundesnetzagentur in § 14e Abs. 1 AEG

Die Ex-Ante-Regulierung ist in § 14e AEG geregelt. Danach „kann“ die Bundesnetzagentur anzeigepflichtigen Entscheidungen widersprechen. Ob und inwieweit sie von ihrem Widerspruchsrecht Gebrauch macht, steht also in ihrem Ermessen. Diese Regulierungsstufe ist folglich fakultativ.

Die Bezeichnung „Ex-Ante-Regulierung“ ist missverständlich. Soweit die Behörde tätig wird, weil Nutzungsverträge zwischen EVU und BdS nicht zustanden gekommen sind, wird sie zeitlich betrachtet erst auf zweiter Stufe – nach Scheitern der Vertragsverhandlungen – tätig, vgl. § 14e Abs. 1 Nr. 1, 2, 4 AEG. Nur, soweit die Behörde SNB oder NBS widerspricht, vgl. § 14e Abs. 1 Nr. 4 AEG, reguliert sie tatsächlich ex-ante, nämlich regelmäßig zeitlich vor dem Beginn von Vertragsverhandlungen zwischen den Marktteilnehmern.

Widerspruchsfähig sind grundsätzlich nur ablehnende Entscheidungen der EIU. Beispiele sind die Ablehnung eines BdS, eine Zugtrasse nicht zuzuweisen (§§ 14d S. 1 Nr. 1, 2, 14e Abs. 1 AEG) oder eines EIU, keinen Zugang zu Serviceeinrichtungen zu gewähren (§§ 14d S. 1 Nr. 3, 14e Abs. 1 Nr. 1 AEG). Unabhängig vom Ausgang der Verhandlungen sind jedoch wegen der besonderen Bedeutung der Abschluss oder das Scheitern eines Rahmenvertrages (§§ 14d S. 1 Nr. 4, 14e Abs. 1 Nr. 3 AEG), das Fordern eines Netzentgeltes oberhalb der Vorgaben der SNB, sowie – besonders praxisrelevant – Neufassungen oder Änderungen von SNB oder NBS (§§ 14d S. 1 Nr. 6, 14e Abs. 1 Nr. 4 AEG) stets anzeigepflichtig.

Bis zur Entscheidung der Bundesnetzagentur über einen Widerspruch oder einen Verzicht wird das Vertragsverfahren gehemmt. Ablehnende Entscheidungen können dem Zugangspetenten nicht mitgeteilt werden (§ 14e Abs. 2 Nr. 1 AEG), Änderungen in SNB und NBS treten sogar erst nach vier Wochen in Kraft (§ 14e Abs. 2 Nr. 2 AEG). Die Ausübung dieser Befugnisse bewirkt also Beschränkungen der Privatautonomie.

Rechtsfolge eines Widerspruches ist, dass die ablehnende Entscheidung erneut – unter Beachtung der Rechtsauffassung der Behörde – zu überprüfen ist (§ 14e Abs. 3 Nr. 1 AEG). Gravierender ist die Konsequenz bei Widersprüchen gegen SNB und NBS, die insoweit nicht in Kraft treten können, § 14e Abs. 3 Nr. 2 AEG.

Materielle Tatbestandsvoraussetzung eines Eingreifens der Bundesnetzagentur ist stets, dass Vorschriften über den Zugang zur Eisenbahninfrastruktur nicht eingehalten worden sind. Relevante Verstöße resultieren vor allem aus der Nichtbeachtung des Diskriminierungsverbotes aus § 14 Abs. 1 S. 1 AEG sowie seine konkreten Ausprägungen in der EIBV.

eee) Ex-Post-Regulierung

Die in § 14f AEG normierte Ex-Post-Regulierung besteht unabhängig von Entscheidungen in der Ex-Ante-Kontrolle. Hat die Bundesnetzagentur etwa auf einen Widerspruch gem. § 14e Abs. 4 S. 1 AEG verzichtet, ist sie damit im Ex-Post-Verfahren nicht präkludiert, sondern kann demnach nachträglich Anordnungen gem. § 14f AEG treffen[317]. Das bedeutet, dass die Bundesnetzagentur unabhängig von den Fristen in § 14e AEG jederzeit SNB, NBS einschließlich Entgeltregelungen überprüfen, die EIU zur Neubescheidung verpflichten oder Bestimmungen für ungültig erklären kann.

i) Überprüfungsverfahren: Verpflichtung zur Änderung von SNB oder deren Ungültigerklärung (§ 14f Abs. 1 AEG)

Das Überprüfungsverfahren in § 14f Abs. 1 AEG kann bei Verstößen gegen die Vorschriften über den Zugang zur Eisenbahninfrastruktur nur von Amts wegen eingeleitet werden. Der Bundesnetzagentur wird als Rechtsfolge Ermessen eingeräumt, das betroffene EIU – nach Maßgabe der Rechtsauffassung der Behörde – zur Neubescheidung von SNB zu verpflichten (§ 14f Abs. 1 S. 2 Nr. 1 AEG) oder einzelne Bedingungen für ungültig zu erklären.

---

317 VG Köln, Beschl. v. 16.6.2009; N+R 2009, 272 (273).

ii) Zugangsverfahren: Verpflichtung zur Änderung der Entscheidung (§ 14f Abs. 2 AEG) oder Anordnung des Zugangsvertrages (§ 14f Abs. 3 AEG)

Das in § 14f Abs. 2, 3 AEG geregelte Zugangsverfahren kann angestrengt werden, falls trotz Widerspruchs (§ 14e Abs. 1 AEG) oder bei Verzicht der Behörde auf Anzeige und Widerspruch (§ 14e Abs. 4 S. 1 AEG) kein Nutzungs- oder Rahmenvertrag zustande gekommen ist. Nun besteht die Möglichkeit, auf Antrag des Petenten oder von Amts wegen die Entscheidung des EIU gem. § 14f Abs. 2 S. 1, 2 AEG ex post überprüfen zu lassen. Tatbestandsvoraussetzung behördlichen Einschreitens ist auch hier ein Verstoß gegen die Vorschriften über den Zugang zur Eisenbahninfrastruktur.

Wenn diese Beanstandung nicht zu einer Abhilfe führte, kann die Bundesnetzagentur gem. § 14f Abs. 3 AEG schließlich entweder das Infrastrukturunternehmen zu einer letztmaligen Änderung der Entscheidung auffordern (Nr. 1) oder die Vertragsbedingungen eigenständig festlegen und (damit) über die Geltung eines Vertrages entscheiden. Die Festlegung der Vertragsbedingungen erfolgt durch Verwaltungsakt. Die Behörde erzeugt damit durch einen Verwaltungsakt zivilrechtliche Wirkungen zwischen den Parteien (Nr. 2)[318].

Zugangs- und Überprüfungsverfahren unterscheiden sich neben den unterschiedlichen Rechtsfolgen im Prüfungsgegenstand voneinander. Im Überprüfungsverfahren sind dies abstrakt SNB, NBS sowie die Entgeltregelungen, im Zugangsverfahren kann in konkrete Infrastrukturnutzungsverträge eingegriffen werden[319].

fff) Verdichtung des Diskriminierungsverbotes zu einem Kontrahierungszwang; Anordnung als privatrechtsgestaltender Hoheitsakt

Die Bundesnetzagentur kann also den Abschluss des Nutzungsvertrages durch das Verfahren in § 14f Abs. 3 Nr. 2 AEG durchsetzen, indem sie auf letzter Stufe den Vertrag anordnet. Letztlich entscheidet also ein Dritter über das Zustandekommen des Nutzungsvertrags. Der Netzbetreiber wird in diesem Fall von der Bundesnetzagentur gezwungen, den Nutzungsvertrag nach von ihr festgelegten Kriterien einzugehen. Daher ist hier von einem Kontrahierungszwang auszugehen. Ein Kontrahierungszwang ist die einem Rechtssubjekt im Interesse eines begünstigten auferlegte Verpflichtung, mit diesem einen Vertrag bestimmten oder von unparteiischer Seite zu bestimmenden Inhalts abzuschließen[320]. Umgesetzt wird

318 Kramer, Recht der Eisenbahninfrastruktur, S. 221; Gaupp, Netzzugang, S. 125; Frotscher/Kramer, Das AEG auf dem Prüfstand, NVwZ 2001, 24 (30); grundsätzlich dazu Manssen, Privatrechtsgestaltung durch Hoheitsakt.

319 BeckAEG-Komm/Gerstner, § 14f Rn. 12.

320 Nipperdey, Kontrahierungszwang und diktierter Vertrag, S. 7.

der Kontrahierungszwang hier durch einen Verwaltungsakt, der den Nutzungsvertrag zustande kommen lässt. Zu Recht wird von einem privatrechtsgestaltenden Hoheitsakt gesprochen[321].

Hervorzuheben ist, dass der Kontrahierungszwang erst auf letzter Stufe des Zugangsverfahrens angesiedelt ist. Er ist aufschiebend bedingt, da er erst aktiviert wird, soweit der Anspruch des Petenten auf diskriminierungsfreie Behandlung verletzt ist und die Bundesnetzagentur – gegebenenfalls auf Anregung des Petenten gem. § 14f Abs. 2 AEG – den Vertrag anordnet.

Unzutreffend ist es daher, den Kontrahierungszwang einzelnen Normen der EIBV zu entnehmen[322]. Zwar enthalten auch die Normen der EIBV relativ konkrete Pflichten, beispielsweise die §§ 10 Abs. 1, 11 Abs. 1 EIBV die Pflicht der EIU, ein Angebot abzugeben. Sie enthalten jedoch noch keinen Kontrahierungszwang, da in begründeten Ausnahmefällen davon abgewichen werden kann, vgl. § 10 Abs. 3 EIBV.

Normative Grundlage des Kontrahierungszwanges sind daher die §§ 14 Abs. 1 S. 1 iVm 14f Abs. 3 S. 2 AEG. Das Diskriminierungsverbot verdichtet sich folglich mit dem zeitlichen Fortlauf der Zugangsgewähr von einer anfänglichen Beschränkung der Privatautonomie hin zu einem Kontrahierungszwang.

Durch den Kontrahierungszwang erhält das Zugangssystem einen sanktionierenden Effekt: diskriminiert das EIU oder der BdS den Petenten, laufen sie Gefahr, dass letztlich die Bundesnetzagentur das Angebot diktiert und damit Vertragsbedingungen gelten, die ungünstiger sind als solche, die durch Verhandlungen hätten erzielt werden können. Ob dadurch Diskriminierungsanreize wirksam gemindert werden können, darf angesichts der Langwierigkeit des skizzierten mehrstufigen Verfahrens[323] – diese kommt letztlich den EIU zugute – bezweifelt werden.

dd) Das eisenbahnrechtliche Diskriminierungsverbot (§ 14 Abs. 1 S. 1 AEG)

Das in § 14 Abs. 1 S. 1 AEG normierte Diskriminierungsverbot nimmt seit der Änderung des AEG 1993 eine zentrale Stellung im Zugangssystem ein. Es fungiert als „materieller Kern" der Zugangs- und Entgeltregulierung[324], indem es einen Anspruch des Petenten auf „diskriminierungsfreie Benutzung" der Infrastruktur und „diskriminierungsfreie Erbringung der angebotenen Leistungen" im Rahmen der EIBV vorsieht. Wie weitgehend die Wirkungen sind, die von diesem Verbot

321 Ruge, AöR 131 (2006), 1 (20).

322 Schmitt/Staebe, VerwArch 2009, 228 (234).

323 Kritik hieran bei Trute/Broemel, ZHR 170 (2006), 706 (710 Fn. 19).

324 Neumann, N+R 2009, 176 (178).

ausgehen, zeigt sich in der soeben erörterten Diskussion. Das Diskriminierungsverbot gilt auch für die in § 14 Abs. 1 S. 3 AEG enthalten Mindestzugangspakete, wie aus dem Wortlaut „zusätzlich verpflichtet" hervorgeht.

Da eine Legaldefinition dieses für die Anwendung der Regulierungsinstrumente zentralen Begriffes nicht existiert, wird über seine Auslegung heftig gestritten. Dabei werden Anleihen sowohl beim Kartellrecht als auch bei den Netzzugangssystemen in anderen Sektoren[325] gemacht.

aaa) Relevanz des Diskriminierungsverbotes in der Praxis

Rechtspraktisch sind vor allem die Schienennetz-Benutzungsbedingungen (SNB) und die Nutzungsbedingungen für Serviceeinrichtungen (NBS) der Ort, an dem das Diskriminierungsverbot Anwendung findet[326]. SNB und NBS enthalten Informationen, die zur Planung und Durchführung der Infrastrukturnutzung erforderlich sind. Dazu gehört eine Beschreibung der Infrastruktur mitsamt Informationen über juristische, ökonomische und technische Nutzungsbedingungen[327]. Die BdS sind gem. § 4 EIBV, sonstige EIU gem. § 10 EIBV zur Aufstellung von SNB/NBS verpflichtet.[328]. Die Bedingungen gelten kraft Gesetzes und damit unabhängig von einem wirksamen Einbezug in einen Nutzungsvertrag[329]. Seit dem 1.1.2006 ist die Bundesnetzagentur gem. § 14b Abs. 1 Nr. 4 AEG befugt, NBS und SNB zu überprüfen, und zwar wie erörtert sowohl im Ex-Ante wie im Ex-Post Verfahren.

Diese Informationen über die Beschaffenheit der Infrastruktur[330] sind von nicht zu unterschätzender Bedeutung für die Trassennutzung. Neben der Gewährung des Zugangs zur Infrastruktur ist eine detaillierte Informationsbereitstellung über die Beschaffenheit der geöffneten Infrastruktur für den Wettbewerb auf der Schiene essentiell. Das Nutzungsmonopol an der Infrastruktur und das Informationsmonopol enthalten voneinander unabhängige Diskriminierungspotentiale

---

325 König/Rasbach, DÖV 2004, 733 (734).

326 Lau, N+R 2009, 43 (45 ff.) mit Hinweis auf den Totalwiderspruch der BNetzA gegenüber der Änderung der SNB 2007, der vom OVG Münster aufgehoben wurde; weitere Beispielsfälle für Diskriminierungen bei Kramer, N+R 2004, 134 (138).

327 Serong, N+R 2009, 108.

328 Vgl. Ernert/Staebe, N+R 2009, 153 zur Problematik, dass die gegenläufigen Interessen nach Aktualität und Transparenz der SNB nicht sachgerecht ausgewogen sind.

329 Serong, N+R 2009, 108 (109).

330 Art. 2 j) Richtlinie 2001/14/EG: SNB enthalten eine detaillierte Darlegung der allgemeinen Regeln, Fristen, Verfahren und Kriterien für die Entgelt- und Kapazitätszuweisungsregelungen und enthalten ferner die zusätzlichen Informationen, die für die Stellung von Anträgen auf Zuweisung von Fahrwegkapazität benötigt werden; vgl. auch Art. 3 dieser Richtlinie.

und sind daher unabhängig voneinander zu regulieren[331]. Informationen über die Infrastruktur sind notwendige Voraussetzung für spätere Nutzungsverträge. Ohne sie sind betriebswirtschaftliche Kosten-Nutzenanalysen der EVU nicht möglich. Daher sind hier Diskriminierungspotentiale anzutreffen. Die Tatsache, dass die Bundesnetzagentur relativ häufig von ihrem Widerspruchsrecht gegenüber den SNB Gebrauch gemacht hat, erhärtet diesen Verdacht[332]. Das komplexe Aufstellungsverfahren für SNB und NBS mit relativ starren Fristerfordernissen und die durch Veröffentlichungspflichten bewirkte Transparenz sollen die Potentiale reduzieren: Ungleichbehandlungen verschiedener EVU werden – anders als bei rein bilateralen Informationspflichten – für alle Marktteilnehmern erkennbar[333].

Fraglich ist, was unter einer Diskriminierung im Sinne des § 14 Abs. 1 Satz 1 AEG zu verstehen ist.

bbb) Inhalt des Diskriminierungsverbotes; kartellrechtsanaloge Interpretation des Diskriminierungsbegriffes

Ein eng an kartellrechtlichen Maßstäben orientiertes Verständnis geht von einer Diskriminierung aus, wenn eine Missbrauchsgrenze überschritten wird. Das ist der Fall, wenn das beanstandete Verhalten auf Willkür oder wirtschaftsfremden unternehmerischen Entscheidungen beruht[334]. Danach ist dem EIU ein a priori unbeschränkter Freiraum eingeräumt. Die Wahrnehmung dieses Freiraumes bedarf dabei keiner Rechtfertigung[335]. Er kann nur durch konkrete Verbotsnormen eingeschränkt werden. Das eisenbahnrechtliche Diskriminierungs"verbot" könne ihn nicht beschränken, weil der Diskriminierungsbegriff eine Ge-, jedoch keine Verbotsnorm beinhalte[336]. Argumentiert wird entstehungsgeschichtlich und dogmatisch damit, dass das Regulierungsrecht aus dem Kartellrecht als „Sonderkartellrecht" hervorgegangen sei[337], insbesondere aus der „essential facilities" – Doktrin, deren Grundgedanken in § 19 Abs. 4 Nr. 4 GWB gesetzlich verankert wurde. Daraus folge, dass der in § 20 Abs. 1 GWB normierte kartellrechtliche

331 Serong, N+R 2009, 108.

332 Schmitt, NVwZ 2008, 526.

333 Serong, N+R 2009, 108.

334 BeckAEG-Komm/Gerstner, § 14 Rn. 79; Lau, N+R 2009, 43 (45).

335 Heinrichs/Hentschel/Mäßen, N+R 2008, 27.

336 Bredt, N+R 2009, 235 (240 f.).

337 Ruge, AöR 131 (2006), 1 (17) spricht von „Spezialität im Verhältnis zum nationalen Kartellrecht".

Behinderungsbegriff mit dem oben skizzierten Inhalt auf das Regulierungsrecht übertragen werden müsse[338].

ccc) *Materieller Diskriminierungsbegriff der Bundesnetzagentur, Transparenzgebot*

Die Bundesnetzagentur geht dagegen seit der Überprüfung des in den SNB enthaltenen Trassenpreissystem (TPS) 2006 der Deutschen Bahn AG von einem weiten Diskriminierungsbegriff aus, der auch versteckte Diskriminierungen umfasst[339]. Unabhängig vom Einzelfall sollen SNB auch dann schon diskriminierend wirken, wenn sie zwar formal für alle EVU gleichermaßen gelten, aber Ungleichbehandlungen bei der praktischen Anwendung des Diskriminierungsverbotes bestimmte EVU besonders treffen, die Ungleichbehandlungen also strukturell angelegt sind. Beispiele sind etwa weitgehende Haftungsausschlüsse der EIU gegenüber den Petenten oder vertragliche Überwälzungen von Pflichten, die originär in die Risikosphäre der EIU fallen[340]. Solche Bedingungen wirken formal nicht diskriminierend, da sie auf alle Petenten gleichermaßen Anwendung finden. Materiell wirken sie aber als Markteintrittshemmung für EVU, die nicht mit der Deutschen Bahn AG konzernrechtlich verbunden sind. Denn andere Unternehmen müssen die übernommenen Risiken in die betriebswirtschaftliche Kalkulation mit einbeziehen. Die mit der Deutschen Bahn AG verbundenen Unternehmen dagegen werden etwa durch die Abbedingung vertraglicher Pflichten nicht vom Vertragsabschluss abgehalten, da Risiken innerhalb des Konzerns nur verlagert werden und es für das wirtschaftliche Gesamtergebnis irrelevant ist, ob die eine oder die andere Tochtergesellschaft für Schäden haftet.

Die Bundesnetzagentur hat diesen weiten Ansatz im Laufe der Regulierungspraxis weiter verfeinert. In Ausprägung dieses Grundgedankens geht die Bundesnetzagentur nunmehr davon aus, § 14 Abs. 1 S. 1 AEG enthalte ein bei der Vorformulierung zu beachtendes Transparenzgebot von SNB und NBS. Die Bundesnetzagentur fordert, dass Informationen über die Infrastruktur schon bei der Aufstellung der Bedingungen so konkret angegeben werden müssen, dass die spätere Konkretisierung der Bedingungen für die Wettbewerber vorhersehbar ist. Dadurch sollen die Anwendungsspielräume von NBS und SNB, die auf abstrakten Formulierungen beruhen und bei der Anwendung der Bedingungen dann – aufgrund der beschränkten rechtlichen Bindung durch die juristischen Auslegungsgrundsätze an

338 unklar insoweit BeckAEG-Komm/Gerstner, § 14, der unter Rn. 78 Ungleichbehandlungen nur aus sachlich gerechtfertigtem Grund zulässt, in Rn. 22, 79, 90, 114 aber fordert, die Vorschrift sei kartellrechtsanalog auszulegen.

339 Hentschel, Regulatorische Entscheidungen aus den Verfahren in 2006/2007 in: Aktuelle Probleme des Eisenbahnrechts XIII, S. 153.

340 Serong, N+R 2009, 108 (111).

den Wortlaut– zutage treten können, weitgehend vermieden werden. Die Bundesnetzagentur betrachtet die Möglichkeit, dass die EIU diese Bedingungen eigenständig abstrakt formulieren können, als Diskriminierungsanreiz zulasten der nicht konzernrechtlich verflochtenen Wettbewerber[341]. Damit wird der Diskriminierungsbegriff erweitert von konkreten auf potentielle Ungleichbehandlungen.

Die Behörde stützt das Transparenzgebot auf eine wettbewerbsfördernde Auslegung des Diskriminierungsverbotes. Sie orientiert sich dabei am zivilrechtlichen Transparenzgebot, das richterrechtlich § 307 Abs. 1 S. 2 BGB entnommen wird[342].

ddd) Wandel der Rechtsprechung des OVG Münster hin zum Diskriminierungsbegriff der Bundesnetzagentur

Die Rechtsprechung hat sich im Beschluss zum Sondertrassenzuschlag[343] einem solchen Verständnis, das auch versteckte Diskriminierungen verbietet, nicht angeschlossen. In dem Beschluss ging es um die Frage, ob EIU auf nicht fristgemäß, sondern unterjährig angemeldete Verkehre („ad-hoc-Verkehre") um 10 % höhere Entgelte verlangen dürfen. Das OVG Münster nimmt zum Diskriminierungsbegriff Stellung und bejaht im Ergebnis einen Verstoß gegen § 14 Abs. 1 S. 1 AEG.

Eine kartellrechtsanaloge Auslegung des Diskriminierungsbegriffes wird unter Verweis auf die ständige Rechtsprechung[344] und das gemeinschaftsrechtliche allgemeine Diskriminierungsverbot[345] abgelehnt. Sodann wird dargelegt, dass die Bestellung von Trassen ohne oder unter Beachtung der 30-tägigen Anmeldefrist vergleichbare Sachverhalte betreffen und für diese Ungleichbehandlung kein sachlicher Grund besteht.

Die Auslegung des Diskriminierungsverbot durch das OVG Münster überzeugt: Grund für die Schaffung netzwirtschaftsspezifischer Zugangsansprüche war der Befund des Gesetzgebers, dass das Kartellrecht für die Wettbewerbsschaffung nicht ausreicht. Eine Orientierung des regulierungsrechtlichen Diskriminierungsbegriffes am kartellrechtlichen wird der Zielsetzung des Gesetzes daher nicht gerecht[346]. Nach der Konzeption des kartellrechtlichen Diskriminie-

341 Von einem „nicht beherrschbaren Diskriminierungspotential" spricht Grün, Eisenbahnen im Recht 2005, S. 7 (14).

342 BGH, NJW 2001, 2014.

343 OVG Münster, Beschl. v. 31.8.2007, N+R 2008, 42.

344 OVG Münster, NVwZ-RR 2004, 399; OVG Münster, Beschl. v. 16.2.2006, NVwZ–RR 2007, 14 (15).

345 EuGH, Urteil vom 7. Juni 2005 – Rs. C-17/03 –, Slg 2005-6 (A), I-5016/5035.

346 Vgl. für die insoweit gleichgelagerte Problematik im Energierecht: BerlK-EnR/Säcker/Boesche § 6 EnWG Rn. 96.

rungsverbotes verbleiben dem Netzbetreiber Freiräume, die zulasten der Zugangspetenten ausgelegt werden können, wozu aufgrund der wirtschaftlichen Führungspflicht öffentlicher EIU ein erheblicher Anreiz besteht. Wird das regulierungsrechtliche Diskriminierungsverbot in § 14 Abs. 1 S. 1 AEG mit dem kartellrechtlich in § 20 Abs. 1 GWB gleichgesetzt, wird das klare Bekenntnis des Gesetzgebers zur Wettbewerbsförderung in § 1 Abs. 1 S. 1 AEG unterminiert. Als weitere Argumente lässt sich § 3 Abs. 1 Nr. 1 EIBV 1997 (§ 9 Abs. 1 S. 2 EIBV) anführen. § 9 Abs. 1 S. 2 EIBV konkretisiert den Diskriminierungsbegriff – wenn auch für den Spezialfall der Zuweisung einer Zugtrasse durch einen BdS – als Ungleichbehandlung ohne sachlichen Grund. Damit wird etwaigen Spielräumen der Netzbetreiber eine Absage erteilt: Das OVG Münster folgert aus der umfassenden Geltung des § 14 Abs. 1 S. 1 AEG konsequent, dass jede Ungleichbehandlung auf einen sachlichen Grund gestützt werden muss.

Damit unterbleibt jedoch eine Auseinandersetzung mit der Auffassung der Bundesnetzagentur, auch versteckte Diskriminierungspotentiale seien vom Verbot umfasst, es enthalte also unabhängig von der Konkretisierung im Einzelfall eine Art „Transparenzgebot“ für SNB. Das Gericht sah im Beschluss zum Sondertrassenzuschlag noch keinen Anlass zur Befassung mit diesem Ansatz, weil schon keine sachlichen Gründe für die Ungleichbehandlung der innerhalb der Fristen angemeldeten gegenüber den ad-hoc-Verkehren vorlagen.

Weitgehend angeschlossen hat sich das OVG Münster der Auffassung der Bundesnetzagentur im Beschluss vom 19.11.2008[347], dem ein Streit über die Kompetenz der Bundesnetzagentur vorausging, Nutzungsbedingungen für Wartungseinrichtungen vorab überprüfen zu können. Das Gericht führt aus, dass das Diskriminierungsverbot schon dann Prüfungskriterium sein könne, wenn sachlich nicht begründete unterschiedliche Behandlungen von Zugangsberechtigten zwar tatsächlich noch nicht gegeben seien, die hinreichende Möglichkeit einer solchen Behandlung aber bestehe[348]. Damit wird das Diskriminierungsverbot über die Anwendung in Einzelfällen ausgedehnt: schon weitreichende Entscheidungsspielräume des EIU begründen danach einen Verstoß gegen das Diskriminierungsverbot[349]. In der Sache bestätigt das Gericht damit die Auffassung der Bundesnetzagentur[350]. Zum Transparenzgebot hat das OVG zuvor bereits im Beschluss vom 28.1.2008[351] Stellung genommen. Das Gericht deutete darin durch die Formulierung noch an, sich noch nicht endgültig festlegen zu wollen:

347 OVG Münster, Beschl. v. 19.11.2008, N+R 2009, 68.
348 OVG Münster, Beschl. v. 19.11.2008, N+R 2009, 68.
349 OVG Münster, Beschl. v. 19.11.2008, N+R 2009, 68 (70).
350 a. A. Schmidt, NVwZ 2008, 526 (527).
351 OVG Münster, Beschl. v. 28.1.2008, 13 B 2024/07.

„Es spricht einiges dafür, die Forderung nach Transparenz von Benutzungsbedingungen als eine spezielle Ausformung des Diskriminierungsverbotes zu verstehen. Eine Diskriminierung erscheint auch für den Fall denkbar, dass (...) Benutzungsbedingungen zwar generell für jedes EVU gleich gelten, de facto aber unterschiedliche Wirkungen zeitigen, (...) die das eine Unternehmen in unzumutbarerer Weise beim Infrastrukturzugang hindert."

Als weiteres überzeugendes Argument beruft sich das Gericht auf Sinn und Zweck von § 14e Abs. 1 Nr. 4 AEG: wolle die Bundesnetzagentur eine Vorabprüfung von SNB sinnvoll vornehmen, müsse die Konkretisierung der Bedingungen auf den Einzelfall möglich sein. Ansonsten seien sachwidrige Ungleichbehandlungen bereits vorgezeichnet[352].

Umstritten zwischen Behörde und Gerichten ist nach wie vor die Reichweite des Transparenzgebotes. Die Bundesnetzagentur hat im Verfahren, das mit Beschluss vom 28.1.2008 endete[353], die Auffassung vertreten, auch eine zu komplexe und unübersichtliche Struktur der SNB sei mit dem Gebot nicht zu vereinbaren. Diese Ausprägung des Transparenzgebotes lehnt das Gericht – unter Berufung auf die Berufsfreiheit – ab[354]. Gleichwohl dürfte die Idee, dass eine überkomplexe Struktur von SNB und NBS ebenfalls ein Diskriminierungspotential beinhaltet, nicht von der Hand zu weisen sein.

Im Ergebnis ist folglich der Streit über die Frage, ob der Diskriminierungsbegriff formell oder materiell verstanden werden muss[355], entschieden. Die Rechtsprechung hat sich nunmehr der weiten Auslegung des Diskriminierungsverbotes angeschlossen[356].

Gleichzeitig dürfte damit deutlich werden, dass ein dreipoliges Verhältnis zur Feststellung einer Diskriminierung[357] nicht erforderlich ist. Unterschiedslos geltende Nutzungsbedingungen, deren Weite den EIU ein Diskriminierungspotential bei der Anwendung der SNB einräumt, können unabhängig schon vor einer Konkretisierung im Einzelfall unter das Diskriminierungsverbot subsumiert und dadurch unzulässig sein.

---

352 OVG Münster, Beschl. v. 19.11.2008, N+R 2009, 68 (70).

353 OVG Münster, Beschl. v. 28.1.2008 – 13 B 2014/07 –.

354 OVG Münster, Beschl. v. 28.1.2008.

355 Für ein formelles Verständnis etwa BeckAEG-Komm/Gerstner, § 14 Rn. 78 und insb. 108, wo er für die Aufstellung von Schienennetzbenutzungsbedingungen einen Gestaltungsspielraum für die BdS proklamiert, der in einem wirtschaftlich geführten Unternehmen natürlich zum eigenen Vorteil genutzt werden muss; materielles Verständnis bei Serong, N+R 2009, 108 (112); Ernert, Zugangs- und Entgeltregulierung in der Eisenbahnwirtschaft, S. 111 f.

356 Auf Initiative der BNetzA, vgl. Schmidt, NVwZ 2008, 526; Lau, N+R 2009, S. 43 (45); OVG Münster, Beschl. v. 28.1.2008 – Az. 13 B 2014/07 –, N+R 2008, 94.

357 So Ruge, DVBl. 2005, 1405; Schmitt/Staebe, VerwArch 2009, 228 (236 f.).

Überzeugend ist es aufgrund der Wettbewerbsfinalität des Diskriminierungsverbotes, ihn als Grundsatz einer umfassenden Meistbegünstigung zu verstehen[358]. Nach diesem Konzept läuft das Diskriminierungsverbot auf eine Gleichbehandlungspflicht hinaus, externe EVU, also nicht mit der Deutschen Bank AG konzernrechtlich verflochtene wie interne Petenten gleich zu behandeln.

eee) Fazit: materielles Diskriminierungsverbot, Transparenzgebot

Nach der maßgeblichen Rechtsprechung des OVG Münster können also nur sachliche Gründe Diskriminierungen rechtfertigen. Die Prüfung des eisenbahnrechtlichen Diskriminierungsverbotes ist damit an die grundrechtliche Dogmatik in Art. 3 Abs. 1 GG angelehnt: zunächst muss ermittelt werden, dass in vergleichbaren Konstellationen Ungleichbehandlungen auftreten. In einem zweiten Schritt wird dann eine mögliche Rechtfertigung geprüft. Diese Möglichkeiten finden im Wortlaut von § 14 Abs. 1 S. 1 AEG keine Stütze, folgen aber aus der Konzeption des Diskriminierungsverbotes[359] und den konkreten Vorgaben der EIBV, auf die im folgenden Kapitel näher einzugehen ist. Die EIBV sieht bestimmte Rechtfertigungsgründe für tatbestandliche Ungleichbehandlungen vor.

Ferner wird dem Diskriminierungsverbot ein Transparenzgebot entnommen, das die EIU etwa verpflichtet, die Benutzungsbedingungen so klar abzufassen, dass ihre spätere Anwendung auf den Einzelfall hinreichend deutlich wird. Ein formelles Verständnis des Diskriminierungsverbotes, nach dem erst „offene" Ungleichbehandlungen verschiedener EVU diskriminierend sind, ist mit dem Ziel der Wettbewerbsförderung in § 1 Abs. 1 AEG nicht vereinbar. Von einem formellen Verständnis nicht erfasst sind indirekte versteckte Ungleichbehandlungen, die nicht offen im Wortlaut der SNB angelegt sind, aber faktisch die EVU unterschiedlich behandeln, etwa indem an die Größe des EVU, die zu bestellenden Trassenkilometer etc. angeknüpft wird. Diese Diskriminierungen unterbindet nur ein materiell verstandener Diskriminierungsbegriff. Konsequent durchgesetzt stellt ein materiell verstandenes Diskriminierungsverbot das Gebot auf, dass die Bedingungen für alle Nutzer unterschiedslos gelten[360].

358 So Kühling, Sektorspezifische Regulierung, S. 283; dagegen BeckAEG-Komm/Gerstner, § 14 Rn. 79.

359 Wittenberg/Heinrichs/Mittmann/Zwanziger, § 14 Rn. 15.

360 Serong, N+R 2009, 108 (111).

ee) Einschränkung des Diskriminierungsverbotes/ Zugangsbegrenzungsgründe

Fraglich ist, unter welchen Voraussetzungen Ungleichbehandlungen gerechtfertigt werden können.

aaa) § 14 Abs. 1 S. 2 AEG: Berücksichtigung des vertakteten und ins Netz eingebundenen Verkehrs

Bei Zuweisungskonflikten besteht eine Möglichkeit, vertaktetem Verkehr Vorrang einzuräumen. Gem. § 14 Abs. 1 S. 2 AEG ist der vertaktete Verkehr bei der Zugangsgewährung angemessen zu berücksichtigen. Dass es sich dogmatisch um einen Rechtfertigungstatbestand handelt, geht schon aus dem Wortlaut der Vorschrift („dabei") hervor. Das wird auch von der verwaltungsgerichtlichen Rechtsprechung so gesehen[361].

Vertakteter Verkehr wird in § 9 Abs. 7 EIBV definiert als Eisenbahnverkehrsleistung, die viermal täglich und in höchstens zweistündigem Abstand angeboten werden. Die Vorschrift ist, wie § 9 Abs. 5 EIBV zeigt, nicht als absoluter Vorrang für den vertakteten Verkehr, sondern als planerische Entscheidung des EIU zu verstehen. Es muss im Zuweisungsverfahren die einzelnen Belange in eine Gesamtabwägung einstellen und hat daher hinsichtlich der Gewichtung einzelner Belange einen Einschätzungsspielraum[362]. Kühling[363] spricht demgemäß von einem relativen Zugangsbegrenzungsgrund, der sich dadurch auszeichne, dass eine umfassende Interessenabwägung für und wider des Begrenzungsinteresses stattfinden muss. Sinn dieser Vorschrift ist es, Wettbewerbern zu verbieten, besonders attraktive Verkehrsangebote wie z. B. den Taktverkehr im Schienenpersonennahverkehr zu verhindern[364].

bbb) Einschränkung durch die Kapazität der Infrastruktur

Aus der Logik der Eisenbahninfrastruktur als knappes Gut folgt, dass Zugangsansprüche durch die Kapazität der Infrastruktur begrenzt sind[365]. BdS müssen zwar soweit wie möglich allen Anträgen auf Zuweisung von Zugtrassen stattgeben, vgl. § 9 Abs. 1 EIBV. Ist dies nicht möglich, stellt die EIBV ein Verfahren der

361 VG Köln, Beschl. v. 20.6.2005, N+R 2005, 167 (169).
362 VG Köln, Beschl. v. 20.6.2005, N+R 2005, 167 (169).
363 Kühling, Sektorspezifische Regulierung, S. 256 f.
364 Kramer, Recht der Eisenbahninfrastruktur, S. 207.
365 Kühling, Sektorspezifische Regulierung, S. 261, spricht davon, dass Zugangsbegrenzungsgründe lediglich implizit angesprochen werden.

Konfliktlösung bereit. Bei konkurrierenden Anträgen enthält § 9 Abs. 4 EIBV das Verfahren. Jeweils unterschiedlichen Verkehren wird Priorität eingeräumt: Rechte aus Rahmenverträgen gehen Anträgen auf Zuweisung grenzüberschreitender Zugtrassen vor, diese wiederum vertaktetem oder ins Netz eingebundenen Verkehren. Nachrangig sind schließlich Anträge auf Zugtrassen für den Güterverkehr. Insofern konkretisiert die EIBV § 14 Abs. 1 S. 2 AEG. Läuft das Konfliktlösungsprogramm leer, weil gleichrangige Verkehre beantragt werden, bestimmt § 9 Abs. 5 EIBV, dass das Verkehrsangebot Vorrang genießt, das den höheren Gewinn erwarten lässt. Soweit auch dies nicht absehbar ist, wird die Zugtrasse versteigert. Die konkurrierenden EVU werden aufgefordert, ein Gebot gegenüber der Bundesnetzagentur abzugeben. In diesem Fall leitet die Bundesnetzagentur gem. § 9 Abs. 6 EIBV das Vergabeverfahren.

Streitig ist, ob dieses Auktionsverfahren rechtmäßig ist. Denkbar ist ein Verstoß gegen das Diskriminierungsverbot. Kühling ist der Auffassung, dass bei kostenorientierten Entgeltvorgaben dieser Grundsatz verletzt werden könnte[366]. Jedenfalls seien die Vergabebedingungen offen, transparent und nicht diskriminierend auszugestalten.

Nach der Terminologie der EIBV liegt in Fällen gleichzeitiger Beantragung einer Zugtrasse ein „überlasteter Schienenweg" vor. Der Nachfrage nach Zugtrassen kann in angemessener Zeit nicht entsprochen werden, vgl. § 2 Nr. 5 EIBV. In diesem Fall oder wenn eine Überlastung absehbar ist, hat der BdS dies gem. § 16 EIBV Eisenbahnbundesamt und Bundesnetzagentur anzuzeigen. Gleichzeitig hat der BdS gem. § 17 EIBV eine Kapazitätsanalyse durchzuführen, um doch eventuelle Lösungsmöglichkeiten für den Trassenkonflikt aufzuspüren, etwa mögliche Umleitungen von Zügen oder zeitliche Verlagerungen von Verkehren (§ 17 Abs. 2 EIBV). Innerhalb eines Jahres nach der Überlastungsanzeige hat der BdS außerdem gem. § 18 EIBV einen Plan zur Erhöhung der Schienenwegskapazität vorzulegen, der eine Kosten-Nutzen-Analyse von Verbesserungsmaßnahmen enthält.

Auch der Zugangsbegrenzungsgrund mangelnder Kapazität ist – anders als vermutet werden könnte – den relativen Begrenzungsgründen zuzurechnen[367]. Das folgt daraus, dass zunächst eine Abwägung erfolgen muss, da das Ergebnis der Kapazitätsanalyse zur Verpflichtung führen kann, die Infrastruktur auszubauen und dadurch die Kapazität zu erhöhen[368]. Ein Kapazitätsengpass führt also nicht pauschal zu einem Verweigerungsgrund. Es kann im Gegenteil zulässig sein, das EIU zu einer Zugangsgewährung zu verpflichten. Sieht man darin einen

---

366 Kühling, Sektorspezifische Regulierung, S. 269.

367 A. A. Schmitt/Staebe, VerwArch 2009, 228 (236).

368 Allgemein zu den Netzveränderungpflichten der Infrastrukturbetreiber Koenig/Kühling/Winkler, WuW 2003, 228 (240); Kühling, Sektorspezifische Regulierung, S. 263.

Eingriff in die Grundrechte des EIU, so kann dieser aus Wettbewerbsgründen erforderlich sein[369].

ccc) Weitere Zugangsbeschränkungsgründe

Daneben existieren weitere Zugangsbeschränkungsgründe, die teils netzwirtschaftsspezifisch, teils allgemeiner Natur sind. Zu den ersten gehören die Betriebssicherheit, die Interoperabilität des Netzes und die Ablehnung ausländischer EVU, weil die Voraussetzungen der in § 14 Abs. 3 Nr. 3 AEG enthaltenen Reziprozitätsklausel nicht erfüllt sind. Allgemeine Gründe, den Zugang zu beschränken, sind etwa fehlende Kreditwürdigkeit oder Zahlungsverweigerungen.

Die **Betriebssicherheit** als Zugangsbegrenzungsgrund wird nicht im Zusammenhang mit dem Diskriminierungsverbot, sondern in § 14 Abs. 6 AEG erwähnt[370]. Sie ist demnach Gegenstand des zwischen EIU und EVU abzuschließenden Nutzungsvertrages. Als Neuerung des 3. Eisenbahnänderungsgesetzes findet sich das Instrument der Sicherheitsbescheinigung in § 14 Abs. 7 AEG. Konsequenz ist, dass das Gefahrenabwehrregime, das das Eisenbahnbundesamt beaufsichtigt, mit dem in der Zuständigkeit der Bundesnetzagentur befindlichen Zugangsregime gekoppelt wird, indem die von der Genehmigung zu unterscheidende Sicherheitsbescheinigung subjektive Zugangsvoraussetzung[371] wird. Unabhängig davon wacht das Eisenbahnbundesamt auch dadurch über die Betriebssicherheit, dass es als Marktöffnungskontrolle allgemeine Genehmigungen erteilt bzw. entzieht, vgl. §§ 4 ff. AEG.

Der bislang mangelhaften **Interoperabilität** der Netze in Europa hat sich die EU mit der Interoperabilitätsrichtlinie (2008/57/EG), die am 18.7.2008 in Kraft getreten ist, angenommen. Die Umsetzungsfrist läuft am 19.7.2010 ab. Durch sie soll gewährleistet werden, dass die Infrastrukturen zwischen den EU-Mitgliedstaaten technisch harmonisiert, damit kompatibel und grenzüberschreitende Verkehre durchgeführt werden können, was unverzichtbar ist für den Aufbau eines europäischen Hochgeschwindigkeitsnetzes.

Nach der **Reziprozitätsklausel** in § 14 Abs. 3 Nr. 3 AEG wird einem EVU aus einem anderen EU-Mitgliedstaat bzw. dem EWR-Raum der Zugang nur gewährt, wenn in dessen Sitzstaat der Zugang zu deutschen EVU zu vergleichbaren Bedingungen gewährleistet ist. Die Vorschrift beinhaltet zum einen ein an diese Staaten gerichtetes Anreizsystem, ihr nationales Recht stärker zu liberali-

369 Kühling, Sektorspezifische Regulierung, S. 498; zu beachten ist in jedem Fall, dass das Eigentum der BdS am Schienennetz gem. Art. 14 Abs. 2 GG einer erhöhten Sozialbindung unterliegt.

370 Kühling, Sektorspezifische Regulierung, S. 271.

371 BeckAEG-Komm/Gerstner, § 14 Rn. 162.

sieren, zum anderen dient es der Wettbewerbs- und Chancengleichheit im europäischen Binnenmarkt[372].

ff) Zugangsberechtigung

Zugangsberechtigt sind zunächst gem. § 14 Abs. 2 Nr. 1 AEG EVU mit Sitz in Deutschland. Damit sind gem. § 2 Abs. 2 AEG alle – private wie öffentliche – Unternehmen zugangsberechtigt, die in der Lage sind, die Beförderung von Personen (vgl. § 14 Abs. 2 Nr. 1 AEG) oder Gütern (vgl. § 14 Abs. 2 Nr. 2 AEG) auf einer Eisenbahninfrastruktur sicherzustellen. Weiter zugangsberechtigt sind gem. § 14 Abs. 2 Nr. 3, 4, die auf den sekundärrechtlichen Vorgaben der Art. 16 Abs. 1 iVm Art. 2 b) der Richtlinie 2001/14/EG beruhen, Landesbehörden, die nach Maßgabe des § 15 AEG mit der Vergabe von Nahverkehrsdiensten betraut sind sowie die in § 1 Abs. 2 RegG genannten Aufgabenträger. Gem. § 14 Abs. 2 Nr. 2 AEG wird auch Speditionsunternehmen, die selbst keine Eisenbahndienstleistungen anbieten wollen, ein Zugangsrecht eingeräumt. Dies soll den Schienengüterverkehr stärken[373].

Internationale Gruppierungen sind gem. § 2 Abs. 4 AEG Verbindungen mindestens zweier EVU mit Sitz in verschiedenen Mitgliedstaaten der EG, die auch grenzüberschreitende Eisenbahnverkehrsleistungen erbringen. Sie sind nach § 14 Abs. 3 Nr. 1 iVm Abs. 2 AEG zugangsberechtigt[374]. Die Liberalisierung des Güterverkehrs ist danach weitgehend abgeschlossen, während der freie Zugang zum Personenverkehr noch eingeschränkt ist[375].

gg) Zugangsverpflichtung

Zugangsverpflichtet sind EIU, soweit Zugang zu Schienenwegen begehrt wird die – speziellen – BdS. Auf die Legaldefinitionen der Begriffe EIU und BdS wurden oben bereits verwiesen[376]. Hinsichtlich der Zugangsverpflichtung wird demgemäß differenziert zwischen dem Zugang zum Schienennetz (§ 14 Abs. 1 S. 3 AEG) und zur sonstigen Infrastruktur (§ 14 Abs. 1 S. 1 AEG). Danach bestehen Zugangsansprüche unabhängig von der öffentlichen oder privaten Trägerschaft der EIU, vgl. § 2 Abs. 1 AEG. Zu den Einzelheiten sei auf die Arbeit von

372 Kühling, Sektorspezifische Regulierung, S. 271.

373 Gersdorf, ZHR 168 (2004), 576 (600).

374 zu den fünf verschiedenen Fallkonstellationen vgl. BeckAEG-Komm/Gerstner, § 14 Rn. 143.

375 BeckAEG-Komm/Gerstner, § 14 Rn. 147.

376 vgl. oben, 2. Teil, 3. d), e).

Ernert verwiesen[377]. Nach Informationen des Eisenbahnbundesamtes sind z. Zt. neben den EIU der Deutschen Bahn AG insgesamt 365 EIU[378] tätig.

b) Netzentgeltregulierung

aa) Überblick

Die Entgeltregulierung umfasst die Regulierung der Entgelte für die Nutzung der Schienenwege (Trassenpreise) und der sonstigen Nutzungsentgelte. Von der Netzentgeltregulierung ist die Endkundenentgeltregulierung zu unterscheiden[379]. Letztere bezieht sich auf die Regulierung der Tarife der EVU gegenüber den Endkunden. Tarife sind gem. § 12 Abs. 1 AEG die Beförderungsentgelte und -bedingungen der EVU. Gem. § 12 Abs. 2 AEG sind die EVU verpflichtet, Tarife aufzustellen, die der Regulierung durch das Eisenbahnbundesamt unterliegen, vgl. § 12 Abs. 5 AEG.

Die Netzentgeltregulierung (im Folgenden: Entgeltregulierung) ist eng mit der Netzzugangsregulierung verknüpft. Während die Zugangsregulierung die Leistungspflicht des EIU oder des BdS betrifft, bezieht sich die Entgeltregulierung auf die Regulierung der vom Zugangspetenten für die Inanspruchnahme der Infrastruktur zu erfüllenden Gegenleistung.

Das Entgelt bezieht sich auf den Preis der Leistung, ohne dass es darauf ankommt, ob ein synallagmatisches Verhältnis zwischen dieser Gegenleistung und der Leistungspflicht des EIU vorliegt. Erforderlich ist auch nicht, dass die Entgelte Gegenleistungen für Hauptleistungspflichten darstellen müssen[380]. Vielmehr unterliegen alle Gegenleistungen, die im Rahmen des Infrastrukturnutzungsvertrages vereinbart werden, der Regulierung.

377 Ernert, Zugangs- und Entgeltregulierung, S. 63 ff.

378 http://www.eba.bund.de/nn_202596/DE/Infothek/Eisenbahnunternehmen/EIU/eiu__node.html?__nnn=true, abgerufen am 11.3.2012.

379 Ernert, Zugangs- und Entgeltregulierung, S. 183 f.

380 OVG Münster, Beschl. v. 19.11.2008, N+R 2009, 68 (69).

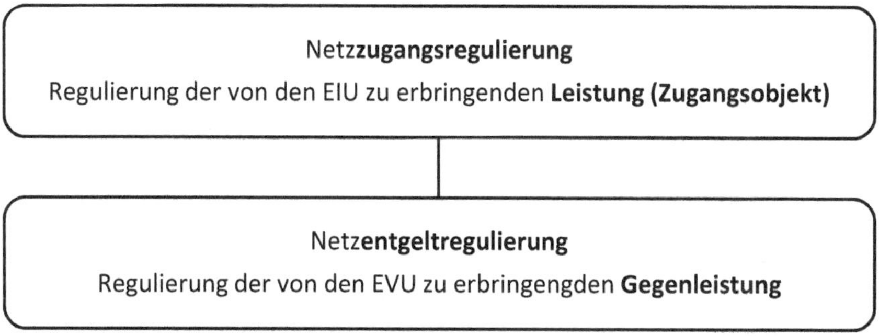

bb) Ökonomische Problematik einer staatlichen Entgeltregulierung

Das Kernproblem der Entgeltregulierung besteht darin, einen gerechten Preis für die Infrastrukturnutzung zu ermitteln. In einem funktionierenden Markt sorgen dessen Mechanismen grundsätzlich ohne gesetzliche Regulierung für gerechte Preise. In monopolistisch geprägten Netzsektoren stellt man das Fehlen dieser für selbstverständlich gehaltenen Mechanismen schmerzlich fest, nämlich wenn ein marktbeherrschendes Unternehmen prohibitive Preise für die Infrastrukturnutzung verlangt, um Wettbewerber fernzuhalten.

Mit der Entgeltregulierung wird daher in erster Linie das Ziel verfolgt, die Monopolrenditen, die die Netzbetreiber ansonsten erwirtschaften könnten, zu beschneiden[381]. Die rechtsstaatliche Festlegung eines gerechteren Preises muss dabei einen „doppelten Quarantänering[382]“ durchbrechen. Denn einerseits gehen Unsicherheiten bei der Ermittlung von Preisen trotz der Auskunftspflichten der EIU stets zu Lasten der Behörde[383]; Andererseits darf ein Preismissbrauchsverfahren erst eingeleitet werden, wenn die Entgelte der Netzbetreiber den zugrunde gelegten Wettbewerbspreis erheblich übersteigen[384].

Neben diesen rechtlichen Wirksamkeitshemmnissen hat die behördliche Preisermittlung mit weiteren Störfaktoren umzugehen. Wenn ein Dritter (im Fall der Schienenregulierung Bundesnetzagentur und Bundeskartellamt) einseitig Preise festsetzt, können von Seiten der EIU wie der EVU stets eine Vielzahl von Argumenten vorgetragen werden, warum der Preis nicht dem gerechten ent-

381 Steinmann/Kirchhartz/Kaufmann, N+R 2009, 182.

382 Säcker, N+R 2009, 78 (80).

383 Dieses Problem ist angesichts der gravierenden Informationsasymmetrie und den fehlenden Anreizen der Netzbetreiber, die Regulierungsbehörde über die tatsächlichen Kosten in Kenntnis zu setzen, nicht zu unterschätzen.

384 Säcker, N+R 2009, 78 (80).

spricht. Die Netzbetreiber führen an, dass zu niedrige festgesetzte Entgelte keinen Anreiz für Investitionen in die Netzinfrastruktur bieten, die Wettbewerber berufen sich auf die Wettbewerbsfeindlichkeit zu hoher Entgelte[385].

Der Regulierer besitzt nicht die für die Preisermittlung essentiellen Informationen über die Kosten der Leistungsbereitstellung. Über diese Informationen verfügen allein die Netzbetreiber. Dieses Defizit ist durch Auskunftsansprüche nur beschränkt zu kompensieren, da der Regulierer nicht abschließend feststellen kann, ob und inwieweit die beigebrachten Informationen zutreffen oder wesentliche Informationen vorenthalten werden. Daher wirkt die Entgeltregulierung auch bei großem Aufwand defizitär und unvollkommen[386]. Wettbewerbstheoretisch ist eine kartellrechtlich orientierte Entgeltregulierung einer Preisermittlung im funktionierenden Wettbewerb stets unterlegen[387]. Trotzdem kann die Notwendigkeit einer Entgeltregulierung in den Netzsektoren nicht in Abrede gestellt werden, damit die Monopolisten die Diskriminierungspotentiale zumindest nicht vollständig realisieren können.

Fraglich ist, auf welchem Weg unabhängig von der gesetzlichen Ausgestaltung in AEG und EIBV, auf die sogleich eingegangen wird, Maßstäbe für die Entgeltberechnung ermittelt werden können.

aaa) Preisermittlungsmethoden

Theorien zur Preisermittlung bei defizitären Wettbewerbsmechanismen wurden als erstes im Kartellrecht entwickelt. Einige Methoden sind dort mittlerweile positivrechtlich normiert[388]. Daher ist es sachgerecht, die dort entwickelten Ansätze bei der Anwendung des sektorspezifischen Rechts zu berücksichtigen. Dogmatisch lassen sich die Theorien zur Ermittlung der Entgeltmaßstäbe einteilen in externe Effizienzvergleiche und interne Kostenkontrollen[389].

bbb) Externe Effizienzvergleiche

Externe Effizienzansätze zur Preisermittlung vergleichen die Entgelte eines Unternehmens als Gesamtpaket mit den Entgeltpaketen anderer Unternehmen. Diese

385 Steinmann/Kirchhartz/Kaufmann, N+R 2009, 182.

386 Kühling, Sektorspezifische Regulierung, S. 19.

387 Heise, Das Verhältnis von Regulierung und Kartellrecht im Bereich der Netzwirtschaften, S. 239, verweist auf von Hayek, der eine Preisfestsetzung durch Dritte für eine Anmaßung von Wissen hält.

388 Vgl. § 19 Abs. 4 Nr. 2, 3 GWB.

389 BerlK-EnR/Engelsing, § 19 GWB Rn. 179; vgl. auch den Überblick bei Zimmerlich/Müller, N+R 2006, 46 (48).

Ansätze umfassen das räumliche, sachliche und zeitliche Vergleichsmarktkonzept sowie Benchmark-Methoden[390].

Das räumliche Vergleichsmarktkonzept, vgl. dazu § 19 Abs. 4 Nr. 2 GWB, kann insbesondere bei regionalen Märkten in Betracht kommen, bei denen eine Vielzahl von Märkten für eine Vergleichsbildung zur Verfügung stehen. Das räumliche Vergleichsmarktkonzept stößt jedoch bei Märken, die durch Oligopol- oder Monopolstrukturen geprägt sind, an seine Grenzen. Ein Lösungsansatz besteht dann darin, andere Märkte als Vergleichsmaßstab heranzuziehen. Der BGH hält einen solchen Monopolpreisvergleich in bestimmten Bereichen für zulässig[391].

Beim sachlichen Vergleichsmarktkonzept geht es darum, neben der zu regulierenden Leistung weitere Waren oder Dienstleistungen, die das Unternehmen anbietet, in den Vergleichsmaßstab zu implementieren[392].

Das zeitliche Vergleichsmarktkonzept beobachtet die Entwicklung der Entgelte über einen bestimmten Zeitraum. Der Regulierer hat sich bei der Analyse der Ergebnisse die Frage zu stellen, ob die erhobenen Preise – unter Berücksichtigung der Inflation und notwendigen Mehrkosten – in einem funktionierenden Wettbewerb hätten durchgesetzt werden können. Das Verfahren führt zur Festschreibung eines Preissockels und trägt daher auch die Bezeichnung „Sockeltheorie“[393].

Benchmarking-Verfahren bedienen sich ökonomischer Benchmark-Methoden. Sie versuchen, anhand einer möglichst umfassenden Datenanalyse Maßstäbe für eine effiziente Unternehmensführung aufzustellen.

Die externen Vergleiche haben gegenüber den anderen Methoden den Vorteil, dass auch ein eingeschränkter Einblick in die Zusammensetzung der Entgelte für eine Vergleichsbildung ausreicht. Damit müssen diesbezüglich weniger Informationen von den Netzbetreibern eingeholt werden. Ohne auf die komplexen ökonomischen Details der externen Effizienzvergleiche einzugehen, dürfte auf der Hand liegen, dass alle Methoden durch eine erhebliche Unschärfe gekennzeichnet sind, die sich in Ergebnisunsicherheiten bezüglich der Netzentgelte niederschlagen.

ccc) Interne Kostenkontrollen

Interne Kostenkontrollen überprüfen die Kosten und Gewinne des zu regulierenden Unternehmens anhand ökonomischer Modelle[394]. Da diese Messverfahren allein mit den Zahlen des zu regulierenden Unternehmens operieren kann und damit von den Werten anderer – vergleichbarer – Unternehmen, die in monopo-

390 BerlK-EnR/Engelsing, § 19 GWB Rn. 179.
391 BerlK-EnR/Engelsing, § 19 GWB Rn. 186.
392 BerlK-EnR/Engelsing, § 19 GWB Rn. 200.
393 BerlK-EnR/Engelsing, § 19 GWB Rn. 202.
394 BerlK-EnR/Engelsing, § 19 GWB Rn. 178 ff.

listische geprägten Märkten nicht existieren, unabhängig sind, sind sie prädestiniert für den Einsatz in monopolistisch geprägten Märkten. Jedoch müssen die Kosten im Detail aufgeschlüsselt und in die einzelnen Entgeltbestandteile zerlegt werden. Da die Entgeltbestandteile keine öffentlich zugänglichen Informationen darstellen, ist die Ermittlung der Bestandteile bei internen Kostenkontrollen stark von wirksamen Auskunftsansprüchen abhängig. Die Auskunftsbegehren müssen zutreffend und umfassend beantwortet werden. Da dies jedoch nicht mit den Interessen der zu regulierenden Unternehmen korreliert, ist die Durchsetzung der Auskunftsansprüche von einem erheblichen Regulierungsaufwand abhängig.

Effizienzvergleich und interne Kostenkontrollen sind als umfassende Methoden daher nicht geeignet, da sie für sich genommen defizitär sind. Daher werden beide Arten für die Preisermittlung – notwendig – parallel angewendet[395].

cc) Entgeltregulierung im AEG

Eine Besonderheit der Eisenbahninfrastruktur besteht im Gegensatz zu anderen netzgebundenen Infrastrukturen darin, dass die Kosten für die Bereitstellung der Infrastruktur im Vergleich zu den Kosten, die die Nutzung verursacht, immens sind[396]. Diese Unterschiede rechtfertigen gegenüber anderen Sektoren Besonderheiten bei der Regulierung der Infrastrukturnutzungsentgelte. Es besteht in besonderem Maße die Gefahr, dass die Bereitstellungskosten in die Nutzungskosten eingepreist werden. Im Eisenbahnsektor ist die Entgeltregulierung seit dem 1. Eisenbahnrechtsänderungsgesetz von 1993[397] in den §§ 14 Abs. 4, 5 AEG iVm 20-24 EIBV normiert. Das Gesetz differenziert wie bei der Zugangsregulierung zwischen den BdS, deren Entgelte nach Maßgabe der EIBV (§ 14 Abs. 4 AEG iVm EIBV) einer ausgeprägten Regulierung unterliegen, sowie den EIU (§ 14 Abs. 5 AEG), deren Entgelte nur auf ihre Vereinbarkeit mit dem Diskriminierungsverbot überprüft werden.

Die Entgeltregulierung steckt in der Schienenwirtschaft noch in den Kinderschuhen. Während in der Energiewirtschaft gem. § 23a EnWG iVm der **Anreizregulierungsverordnung** detaillierte normative Vorgaben existieren, wie die Bundesnetzagentur die Netzentgelte auch ex ante zu überprüfen hat und im Telekommunikationssektor die für die Kostenermittlung zentralen Größen der effizienten Leistungsbereitstellung in § 31 Abs. 1, 2 TKG normiert sind, scheinen es

395 OLG Düsseldorf, Beschl. v. 8.5.2002 – Kart 5/02 (V) –; BerlK-EnR/Engelsing, § 19 GWB Rn. 181.

396 BeckAEG-Komm/Gerstner, § 14 Rn. 174 ff.

397 Koenig/Neumann/Schellberg, WuW 2006, 139 (140).

im Bahnsektor auf den ersten Blick die Netzbetreiber völlig frei zu sein, wie sie die Entgeltgrundsätze festlegen[398].

Sie sind gem. § 21 Abs. 1 EIBV etwa befugt, Grundsätze für die Entgelte aufzustellen. Gem. § 14d S. 1 Nr. 6 AEG sind sie zwar verpflichtet, die Entgeltgrundsätze in die SNB aufzunehmen, was es der Bundesnetzagentur im Wege der Regulierung ermöglicht, den SNB zu widersprechen (§ 14e Abs. 1 Nr. 4 AEG). Aber auch wenn die SNB – mitsamt den Entgeltgrundsätzen – unabhängig von einem Widerspruch der Behörde erst nach vier Wochen in Kraft treten können (§ 14e Abs. 2 Nr. 2 iVm Abs. 1 Nr. 4 AEG), ist die Intervention im Rahmen der Ex-Ante-Regulierung durch die Bundesnetzagentur lediglich fakultativ vorgesehen.

dd) Entgeltmaßstab (§ 14 Abs. 4 S. 1, Abs. 5 AEG): Vollkostendeckung minus Effizienzsteigerungsanreiz

Ausgangspunkt für die Ermittlung des Entgeltmaßstabs ist § 14 Abs. 4 AEG, der die Erlösobergrenze bildet[399]. Danach sind den Netzbetreibern die „entstehenden" Kosten zuzüglich einer Rendite, die am Markt erzielt werden kann, auszugleichen. Die Vorschrift setzt Art. 6 der Richtlinie 2001/14/EG um, die zur Ermittlung des relevanten Entgeltmaßstabs auf das Prinzip der „Vollkostendeckung minus Effizienzsteigerungsanreiz" abstellt[400]. Weitere Vorgaben macht das europäische Recht nicht, so dass die Mitgliedstaaten hinsichtlich des Maßstabs einen weiten Umsetzungsspielraum haben, der jedoch durch die Grundprämisse der Wettbewerbsschaffung als „Untermaßverbot" beschränkt wird[401]. Normiert wird damit ein an den tatsächlichen Kosten orientierter Maßstab ohne Berücksichtigung der Kosten, die bei einer effiziente Leistungserbringung anfallen würden. Dabei bezieht sich die Verpflichtung, den Entgeltmaßstab den gesetzlichen Vorgaben anzupassen, nur auf die Pflichtleistungen der BdS, vgl. § 14 Abs. 4 Satz 1 AEG. Entgelte für andere Leistungen können daher nur über einen Verstoß gegen das Diskriminierungsverbot reguliert werden.

---

398 Koenig/Neumann/Schellberg, WuW 2006, 139 (140); allgemein wird das Fehlen einer übergreifenden Entgeltregulierungskonzeption in der EIBV bemängelt, vgl. Ernert/Staebe, N+R 2007, 153 (159).

399 Steinmann/Kirchhartz/Kaufmann, N+R 2009, 182 (187).

400 Kühling, N+R 2009, 36.

401 Kühling, N+R 2009, 36 (37).

ee) Regulierung der Entgeltgrundsätze

Von der Bestimmung und der Regulierung des Entgeltmaßstabs zu trennen sind die Entgeltgrundsätze[402]. Die Entgeltgrundsätze betreffen die Frage, wie die Infrastrukturnutzungsentgelte kalkuliert werden müssen[403] und damit, welche Kosten (-bestandteile) der Netzbetreiber insgesamt in die Entgelte einpreisen kann[404]. Für das Mindestzugangspaket sehen die europarechtlichen Vorgaben die Bildung von Entgeltgrundsätzen nach dem „Baukastensystem“ vor[405]. Ausgegangen werden muss vom sogenannten Basisentgelt. Es betrifft die Kosten, die unmittelbar aufgrund des Zugbetriebs anfallen. Hierzu kann ein Knappheits- oder Umweltzuschlag addiert werden. Diese Möglichkeiten der Entgeltgestaltung wurden in nationales Verordnungsrecht umgesetzt. Gem. § 21 Abs. 2 EIBV können die EIU einen Umweltkostenzuschlag, gem. § 21 Abs. 3 EIBV einen Knappheitszuschlag festlegen, der das Basisentgelt erhöht. Deklaratorisch weist § 21 Abs. 6 EIBV darauf hin, dass die Entgeltgrundsätze diskriminierungsfrei angewendet werden müssen. Die Entgeltgrundsätze unterliegen neben den Entgelthöhen der Regulierung durch die Bundesnetzagentur, vgl. § 14d S. 1 Nr. 6 AEG. Dies stellt in den Netzwirtschaften im Vergleich zu anderen Netzwirtschaften, in denen die Grundsätze z. T. gesetzlich festgelegt werden, eine Besonderheit dar[406]. Die Regulierungsnotwendigkeit der Entgeltgrundsätze ist aber angesichts der Tatsache, dass die EIU diese eigenständig zusammen mit den SNB und NBS festlegen, evident.

Die Tatsache, dass der Netzbetreiber die Entgeltgrundsätze gem. § 14d S. 1 Nr. 6 AEG in den SNB konkretisieren muss, bedeutet aber nicht, dass er insoweit völlig frei wäre. Vielmehr müssen die Anforderungen der Art. 7-9 der Richtlinie 2001/14/EG beachtet werden. Diesen Rahmen muss der Netzbetreiber „mit eisenbahnwirtschaftlichem Leben“ füllen[407]. Der Spielraum der Netzbetreiber bei der Festlegung der Entgeltgrundsätze wird insbesondere durch das Diskriminierungsverbot beschränkt. Hier wird eine Zukunftsaufgabe für die Bundesnetzagentur darin bestehen, das Instrument dogmatisch weiter zu entwickeln, um durch eine wirkungsvolle Regulierung möglichst wettbewerbsanaloge Preise zu gewährleisten.

---

402 Kühling/Ernert: NVwZ 2006, 33 (35); Kühling, N+R 2009, 36 (37).

403 Steinmann/Kirchhartz/Kaufmann, N+R 2009, 182 (187).

404 Kühling, N+R 2009, 36 (37).

405 Kühling, N+R, 2009, 36 (37).

406 Staebe WuW 2006, 492 (493); Koenig/Neumann/Schellberg, WuW 2006, 139 (146).

407 Koenig/Neumann/Schellberg, WuW 2006, 139 (142).

ff) Anreizregulierung

Die Anreizregulierung reagiert auf einen Zielkonflikt in den Netzwirtschaften zwischen den ökonomischen Interessen der EIU und dem öffentlichen Interesse an vollständiger Installierung von Wettbewerb. Der Netzbetreiber hat vor dem Hintergrund des erwähnten Vollkostenansatzes bei der Festlegung der Entgelthöhen, vgl. § 14 Abs. 4 AEG, nur wenig Eigeninteresse daran, die ihm entstehenden Kosten für die Bereitstellung der Infrastruktur zu senken. Denn er kann sie durch den „cost-plus"-Ansatz über die Netzentgelte vollumfänglich auf die EVU umlegen. Daher besteht hinsichtlich der Infastrukturbereitstellung keine Interesse an Effizienzsteigerungen. Erhöht der Netzbetreiber die Effizienz, sinken die Kosten für die Bereitstellung der Infrastruktur, damit gleichzeitig die Höhe der einzunehmenden Netzentgelte und damit auch der Gewinn.

Die die Entgeltregulierung flankierende Anreizregulierung hat dementsprechend zum Ziel, das öffentliche Interesse an der Senkung der Kosten für den Betrieb der Infrastruktur gegen die entgegengesetzten Interessen der Netzbetreiber durchzusetzen. Die Anreizregulierung muss dabei an zwei Polen gleichzeitig ansetzen. Extern hat sie das zu regulierende Unternehmen als Ganzes in den Blick zu nehmen und monetäre Anreize zu schaffen, damit bestehende Kostensenkungspotentiale genutzt werden. In funktionierenden Märkten geschieht dies selbständig durch den Wettbewerbsdruck. Gleichfalls bedarf es aber interner Hebel, etwa der Implementierung spezieller „corporate-governance[408]" Grundsätze im Binnenrecht der monopolistischen Unternehmen, die die externen Maßgaben vervollständigen[409]. Konkrete Möglichkeiten der Anreizregulierung bestehen in der Festlegung von Erlösobergrenzen („Revenue-Cap") oder von Preisobergrenzen („Price-Cap")[410].

Die Anreizregulierung ist in anderen Netzsektoren, vor allem der Energiewirtschaft[411] bereits verankert.

---

408 Börsennotierte Aktiengesellschaften sind gem. § 161 AktG verpflichtet, jährlich eine Erklärung abzugeben zur Frage, inwieweit sie dem deutschen Corporate Governance Kodex folgen. Der Kodex enthält Grundsätze „guter" Unternehmensführung und soll Anreize schaffen, diese zu befolgen. Denn ein Abweichen von den Empfehlungen des Kodex ist in der Entsprechenserklärung nach dieser Vorschrift anzeigepflichtig.

409 Säcker, N+R 2009, 78 (81).

410 Dazu Säcker, N+R 2009, 78 (81 f.).

411 In § 21a EnWG sowie der ARegV, dazu Säcker, N+R 2009, 78 (82 ff.).

gg) Europarechtswidrigkeit des AEG wegen fehlender Anreizregulierung

Fraglich ist, inwieweit die Entgeltregulierung des AEG hinsichtlich eines Anreizregulierungselementes mit dem Europarecht vereinbar ist. Denn in der Richtlinie 2001/14/EG ist in Art. 6 Abs. 2 vorgesehen, dass den Infrastrukturbetreibern – unter gebührender Berücksichtigung der Sicherheit und der Aufrechterhaltung und Verbesserung der Qualität der Fahrwegbereitstellung – Anreize zur Senkung der damit verbundenen Kosten und der Zugangsentgelte aufzuerlegen sind.

Die europäische Kommission hat sich bei dieser Frage festgelegt und mit Schreiben vom 26.6.2008 den ersten Schritt hin zu einem Vertragsverletzungsverfahren gegen Deutschland eingeleitet. Sie ist der Auffassung, Deutschland habe gegen Art. 6 Abs. 2 bis 5 der Richtlinie 2001/14/EG verstoßen, indem diese Vorgaben nicht in das Gesetzesrecht aufgenommen worden seien[412]. Mitte 2010 wurde diesbezüglich ein Klageverfahren vor dem europäischen Gerichtshof anhängig gemacht.

Die Konkretisierung der Entgeltregulierungsvorschriften in der EIBV enthalten ebenfalls keine Anhaltspunkte für eine Anreizregulierung. Im Gegenteil ist aus dem in § 14 Abs. 4 Satz 1 AEG verankerten Vollkostenansatz zu schließen, dass gerade kein Anreizelement vorgesehen ist. §§ 21 Abs. 1, 24 EIBV sehen allenfalls Anreize für die BdS vor, Störungen der Infrastruktur zu minimieren[413].

Diese Lücke dürfte durch eine europarechtskonforme Auslegung kaum geschlossen werden können. Problematisch ist, dass die europarechtlichen Vorgaben in Art. 6 Abs. 3 der Richtlinie 2001/14/EG den Mitgliedstaaten einen extrem weiten Spielraum lassen, in welcher Form das Anreizelement im nationalen Recht verankert werden soll. Aus diesem Grund bezweifelt die Literatur die Europarechtskonformität der Entgeltregulierung[414].

hh) Rolle der LuV (Ergänzung der Anreizregulierung?)

Eine Möglichkeit, Anreizregulierungselemente umzusetzen, besteht aus europarechtlicher Sicht neben einer gesetzlichen Verankerung darin, gem. Art. 6 Abs. 3 Richtlinie 2001/14/EG sogenannte Laufzeit- und Finanzierungsvereinbarungen (LuV) abzuschließen. Das sind Vereinbarungen zwischen dem Bund und den EIU der Deutschen Bahn über die Finanzierung von Infrastrukturprojekten. Diese Vereinbarungen können Effizienzsteigerungsklauseln enthalten und entspre-

---

412 Kühling, N+R 2009, 36.

413 Kühling, N+R 2009, 36 (38).

414 Kühling/Ernert, NVwZ 2006, 33 (35); Kühling, N+R 2009, 36 (37); a. A. Schmitt/Staebe, VerwArch 2009, 228 (248 ff.).

chende Anreize setzen, indem die Höhe der Zuschüsse an Effizienzsteigerungen gekoppelt wird. Da diese Vereinbarungen jedoch nicht gesetzlich geregelt sind und insoweit keine zwingenden Vorgaben existieren, solche Klauseln in die Vereinbarungen aufzunehmen, kann diese Möglichkeit in den LuV nicht als Umsetzung der europarechtlichen Vorgaben angesehen werden.

ii) Fazit

In der fehlenden Umsetzung des europarechtlich geforderten Anreizelementes liegt momentan eines der größten Defizite der eisenbahnrechtlichen Entgeltregulierung[415]. Die Vertreter der Monopolinteressen sehen dies anders und argumentieren, der intermodale Wettbewerb sorge dafür, dass die Netzbetreiber aus eigenem Interesse die Kosten senken[416]. Problematisch ist an diesem Argument, dass der intermodale Wettbewerb kaum empirisch betrachtet werden kann. Das Argument hat damit keine verifizierbare Überzeugungskraft, und kann daher auch nicht widerlegt werden.

c) Unbundling-Regime, §§ 9, 9a AEG

aa) Begriff des Unbundling

Neben der Netzzugangs- und Entgeltregulierung sieht das AEG als letztes Regulierungsinstrument ein Unbundling-Regime vor. Neben „Unbundling" werden die Begriffe Entflechtung oder Desintegration synonym verwandt. In den Medien wird – etwa im Hinblick auf die Zukunft der Energienetze – auch von einer „Zerschlagung" vertikal integrierter Unternehmen gesprochen[417].

bb) Ökonomische Ausgangslage

In monopolistisch geprägten Märkten, denen eine Netzinfrastruktur zugrunde liegt, besteht ein hoher ökonomischer Anreiz für den Netzbetreiber, nicht nur die Kontrolle über die Infrastruktur auszubauen und zu behalten, sondern darüber hinaus auch auf der Netzebene vor- oder nachgelagerten Märkten tätig zu sein. Ist ein Unternehmen auch dort wirtschaftlich aktiv, wird es als vertikal integriertes

415 Zu Reformideen Kühling, N+R 2009, 36 (39 ff.).

416 Schmitt/Staebe, VerwArch 2009, 228 (251).

417 Und lässt sich insoweit unschwer als Resultat – erfolgreichen – Lobbyismus identifizieren, durch den negativ konnotierten Begriff Stimmung gegen dieses Instrument zu machen.

Unternehmen bezeichnet[418]. Diese Unternehmen sind gegenüber Wettbewerbern, die keine derartige Unternehmensstruktur vorweisen, aus mehreren Gründen im Vorteil.

aaa) Verbundvorteile

Vertikal integrierte Unternehmen profitieren von Verbundvorteilen, die dadurch entstehen, dass miteinander verknüpfte Märkte aus einer Hand bedient werden können. Dies kann sich in Informationsvorteilen äußern. Das Dienstleistungsunternehmen hat genaue Kenntnis über die technische Beschaffenheit der Infrastruktur oder kann sich diese effizient beschaffen. Fremde Dienstleistungsunternehmen müssen sich dieses Wissen extern beschaffen. Dafür fallen – im günstigsten Falle – Transaktionskosten an[419]. Das Problem wird dadurch verschärft, dass unter den Marktbedingungen des Monopols keine Möglichkeit besteht, an diese Informationen zu gelangen, weil erhebliche Anreize des Monopolisten bestehen, diese Informationen nicht mit den Wettbewerben zu teilen.

bbb) Quersubventionierung

Da die Infrastruktur des Schienensektors extrem kostenträchtig und damit auf öffentliche Förderung angewiesen ist und – soll sie auf dem heutigen Stand verbleiben – bleiben wird, müssen den EIU Subventionen zum Ausbau und Erhalt des Schienennetzes zugewiesen werden. Wegen der Komplexität der gesetzlichen Subventionierung – verschiedene Finanzierungsquellen, Diversität der Ziele – scheint es rechtlich nur beschränkt beeinflussbar zu sein, wozu die Gelder letztendlich verwendet werden. Aufgrund der Komplexität der Struktur des vertikal integrierten Unternehmens ist es kaum möglich, den Missbrauch durch diese Quersubventionierung aufzudecken. Es kann betriebswirtschaftlich rational sein, wenn die Deutsche Bahn AG mit den zugewiesenen Geldern bewusst Wettbewerbspotentiale zu ihren Gunsten steuert, beispielsweise Instandhaltungsarbeiten der Infrastruktur an Strecken, die an Wettbewerber vergeben wurden, hinauszögert[420]. Sie verzerren ebenfalls den Wettbewerb, da mit dem vertikal integrierten Unternehmen verflochtene EVU – mittelbar – öffentlich subventioniert werden. Diese ökonomischen Handlungsrationalitäten unterminieren also in mehrfacher Weise die Aufrechterhaltung der Bedingungen, die zur Wettbewerbserzeugung notwendig sind.

---

418 Kühling, Sektorspezifische Regulierung, S. 337.
419 Kühling, Sektorspezifische Regulierung, S. 338.
420 Höppner, Regulierung der Netzstruktur, S. 245.

ccc) Konzernrechtliche Verflechtung

Das gewichtigste Problem stellt in den Netzwirtschaften der natürliche wettbewerbliche Anreiz zur Entstehung von Unternehmen dar, die nicht nur (Teile des Netzes) bewirtschaften, sondern etwa auch Verkehrsdienstleistungen anbieten. Dieser Anreiz ist von der Eigentümerstellung unabhängig. Wäre der Eisenbahnsektor immer in privater Hand gewesen, hätte sich vermutlich eine ähnliche Marktkonzentration entwickelt, wie sie heute anzutreffen ist.

cc) Funktion des Unbundling

Ziel des Unbundling ist es, wettbewerbsfördernd auf diese ökonomischen Grundprämissen einzuwirken. Vertikal integrierten Unternehmen werden dazu Separierungspflichten auferlegt, die den skizzierten ökonomischen Anreizen zur Machtkonzentration entgegenwirken sollen.

Das Unbundling-System steht dabei nicht unabhängig neben der Netzzugangs- und Entgeltregulierung. Es hat nicht auch nur eine Hilfsfunktion, indem es dessen Zielvorgaben flankiert[421], sondern geht darüber hinaus. Der Grad der Entflechtung des vertikal integrierten Monopolisten ist unmittelbar ausschlaggebend dafür, wie groß die Diskriminierungsanreize sind, denen der integrierte Netzbetreiber ausgesetzt ist. Insofern überzeugt die Metapher von „kommunizierenden Röhren[422]“ zwischen Zugangs- und Entgeltregulierung auf der einen Seite und dem Unbundling auf der anderen Seite dieser Röhren. Denn je ausgeprägter die Unbundling-Regulierung ausfällt, desto schwächer kann die Zugangsregulierung ausgestaltet werden. Und umgekehrt ist der Netzzugang umso stärker zu regulieren, je schwächer die Entflechtung des vertikal integrierten Netzbetreibers vorgenommen wird[423]. Allerdings dürfen die Instrumente in ihrer Wertigkeit nicht gleichgesetzt werden. Zu beachten ist, dass Unbundling darauf abzielt, Diskriminierungsanreize per se zu unterbinden. Es greift das wettbewerbliche Übel bei der Wurzel und bekämpft nicht – wie die Zugangs- und Entgeltregulierung – nur ihre Auswirkungen.

Daneben kann Unbundling ein Mittel sein, um die wettbewerbsverzerrenden Quersubventionen in vertikal integrierten Unternehmen einzuschränken[424]. Auf der anderen Seite ist ein Mindestmaß an Entflechtung auch Voraussetzung für eine sachgerechte Entgeltregulierung. Schon die buchhalterische Entflechtung zwingt die Unternehmen, Wirtschaftsdaten zu veröffentlichen. Diese Informatio-

421 König/Rasbach, DÖV 2004, 733 (734).

422 König/Rasbach, DÖV 2004, 733 (734).

423 So auch Koenig/Schellberg/Schreiber, WuW 2007, 981 (990).

424 Kühling, Sektorspezifische Regulierung, S. 337.

nen können die Ermittlung eines Kostenmaßstabes bei der Entgeltregulierung ermöglichen[425].

Zu berücksichtigen ist, dass die Umsetzung der Separierungspflichten auf Seiten der verbundenen Unternehmen Kosten produziert[426]: je weit reichender die Separierung, desto höher die Kosten. Unmittelbar intendiert Unbundling die Vermeidung von Quersubventionen und die Erhöhung von Transparenz[427], mittelbar soll dadurch – durch die Netzzugangs- und -entgeltregulierung – der Wettbewerb gefördert werden.

Da ein wirkungsvolles Unbundling aber mit tiefgreifenden Eingriffen in die Gesellschaftsstruktur verbunden ist, wird es von den integrierten Netzbetreibern mit allen Mitteln bekämpft. Das Unbundling ist der neuralgische Punkt des Regulierungsrechts und damit der Wettbewerbserzeugung in den Netzsektoren.

dd) Arten des Unbundling

Die Entflechtung der Unternehmensstruktur kann qualitativ unterschiedlich intensiv ausgeprägt sein. Sie reicht von der buchhalterischen Trennung über die formelle gesellschaftsrechtliche Trennung in eigenständige Gesellschaften („legal-unbundling“, zumeist aber unter dem gemeinsamen Dach einer Holding) und das informatorische Unbundling bis hin zur eigentumsrechtlichen Entflechtung („ownership-unbundling“) eines Unternehmens. Nur beim ownership-unbundling wir eine Einflussnahme des Netzbetreibers auf die Dienstleistungsebene ausgeschlossen. Diese Formen des Unbundling lassen sich auf einer gleitenden Skala darstellen. Von geringer Eingriffsintensität, aber auch hohem Missbrauchspotential bei der buchhalterischen Entflechtung bis hin zu hoher Eingriffsintensität, aber auch positiven Wettbewerbswirkungen beim Ownership-Unbundling.

---

425 Angenendt, N+R 2007, 134 (135).

426 Vgl. BeckAEG-Komm/Gerstner, § 9 Rn. 16, der die Kostenbelastung für kleine Eisenbahnunternehmen für unzweckmäßig hält. Allerdings dürfte die Norm rechtspraktisch auf kleine Unternehmen nicht anwendbar sein, da sie einen konzernrechtlichen Verbund des Unternehmens voraussetzt. Dann wird das Unternehmen aber über die Muttergesellschaft alimentiert, und die Kosten sind auf den gesamten Konzern zu beziehen.

427 Angenendt, N+R 2007, 134.

ee) Konkrete Ausgestaltung des Unbundling im AEG, §§ 9, 9a AEG: Gebote der buchhalterischen, organisatorischen und gesellschaftsrechtlichen Entflechtung

Die europarechtlich geforderte[428] Unbundling-Regulierung wird im AEG durch §§ 9, 9a AEG umgesetzt. Adressiert werden zunächst vertikal integrierte Unternehmen: das sind wie oben erörtert gem. § 9 Abs. 1 Nr. 1 AEG Unternehmen, die sowohl EIU als auch EVU sind. Gem. § 9 Abs. 1 Nr. 2, 3 AEG unterliegen auch konzernrechtlich miteinander verbundene Unternehmen der Regulierung[429]. Verbundene Unternehmen zeichnen sich dadurch aus, dass zwischen Mutter- und Tochterunternehmen[430] eines Konzerns Beherrschungs- und Gewinnabführungsverträge bestehen und durch die Abhängigkeiten eine beträchtliche Marktmacht erzeugt wird. In § 9 Abs. 1 d) AEG werden auch horizontal verbundene Unternehmen verpflichtet. Das sind EVU, die Transportleistungen z. B. sowohl im Güter- und Personenverkehr anbieten und gegenüber den Wettbewerbern die oben erörterten wirtschaftlichen Vorteile genießen.

§ 9 Abs. 1 AEG beinhaltet das Gebot der buchhalterischen Entflechtung. Die Vorschrift verpflichtet vertikal integrierte Unternehmen zur eigenständigen Buchführung einerseits der Unternehmensteile, die Dienstleistungen anbieten, und andererseits derjenigen, die die Infrastruktur betreiben. Kosten und Erlöse der unterschiedlichen Geschäftsbereiche sind in getrennten Konten zu erfassen, müssen nachvollziehbar sein und dokumentiert werden[431]. Ziel ist die Herstellung größerer Transparenz zwischen den verschiedenen Wertschöpfungsstufen[432]. Diese Transparenz ist wiederum Voraussetzung für die Regulierung von Netzzugang und Entgelten. Einmal mehr wird deutlich, dass die Regulierungsinstrumente miteinander verbunden sind.

Das buchhalterische Unbundling intendiert in erster Linie, unerwünschte Quersubventionen aufzuspüren. Sie sind gem. § 9 Abs. 1b S. 1 AEG verboten[433]. Dies muss in der getrennten Rechnungslegung auch zum Ausdruck kommen, vgl. § 9 Abs. 1b S. 2 AEG. Das buchhalterische Unbundling ist gemessen an der Eingriffstiefe auf Seiten der regulierten Unternehmen die schwächste Form der Entflechtung.

Durch §§ 9 Abs. 1c, Abs.1c S. 3 iVm 9a AEG ist die *organisatorische* Entflechtung vorgeschrieben. Danach muss ein Unternehmen, das auf der Infrastruk-

---

428 Vgl. Art. 6 Abs. 1 RL 91/440/EWG, geändert durch RL 2001/12/EG.

429 Koenig/Schellberg/Schreiber, WuW 2007, 981.

430 Die Begriffe sind § 290 HGB entnommen.

431 Kühling, Sektorspezifische Regulierung, S. 344.

432 Koenig/Schellberg/Schreiber, WuW 2007, 981 (982).

433 Anderer Auffassung, ohne verständliche Begründung: BeckAEG-Komm/Gerstner, § 9 Rn. 28.

tur- und der Dienstleistungsebene tätig ist, die Bereiche in rechtlich getrennten Gesellschaften betreiben. Die Trennung muss sich personell, räumlich und operationell niederschlagen[434]. Personell fordert § 9a Abs. 1 S. 2 Nr. 6 AEG etwa, dass die Aufsichtsräte der separierten Unternehmen getrennt besetzt werden müssen.

Neben diesem formellen hat § 9 Abs. 1c S. 2 AEG auch einen materiellen Gehalt: den der Unabhängigkeit der BdS gegenüber den Dienstleistungsunternehmen, soweit Entscheidungen über den Zugang zur Eisenbahninfrastruktur oder die Entgelte zu treffen sind[435]. Diese Unabhängigkeit soll durch „Chinese Walls" innerhalb des Unternehmens gewährleistet werden. Sie stammen aus dem Wertpapierrecht und sollen Informationssperren innerhalb eines Unternehmens bilden, die die Unabhängigkeit des Unternehmens als Ganzes sicherstellen soll[436].

Die Gewährleistung dieses materiellen Kerns des Unbundling-Regimes verfolgt § 9a AEG weiter: in § 9a Abs. 1 S. 1 iVm S. 2 Nr.1 AEG ist ein gesellschaftsrechtliches Unbundling normiert. Danach sind die Dienstleistungs- und Infrastrukturunternehmen auf unterschiedliche Gesellschaften auszugliedern. Denkbar ist, dass der separierten Infrastrukturgesellschaft das Netz eigentumsrechtlich („ownership-unbundling") übertragen wird, oder dass ihr vertraglich das Recht eingeräumt wird, die Infrastruktur zu bewirtschaften[437]. In letzterem Fall müssen die Verträge die Vorgaben der § 9a Abs. 1 S. 2 Nr. 2, 3, 4 AEG beachten. Bei einer eigentumsrechtlichen Übertragung auf eine konzerneigene Tochtergesellschaft stellen sich diese Fragen – hinsichtlich der Gewinnabführungs- und Beherrschungsverträge – in abgemilderter Form. Sie ist also die Gestaltungsmöglichkeit, die die Unabhängigkeit des BdS stärker verwirklicht.

§ 9a Abs. 1 S. 2 Nr. 5 AEG verpflichtet verbundene Unternehmen zusätzlich, eigene Strategien zu entwickeln, wie externe Einflussnahmen auf die Bewirtschaftung der Infrastruktur unterbunden werden können. Es geht dabei um Interessenkollisionen, die in einem Konzern auftreten können. Vorbild sind die erwähnten „Chinese Walls".

Das Eisenbahnbundesamt kann dazu auch verlangen, dass ein Beauftragter von den Unternehmen ernannt wird, der die Einhaltung dieser Strategien überwacht. Mit diesem Instrument greift das AEG eine neue Strömung im Gesellschaftsrecht auf, die unter dem Stichwort „Compliance" diskutiert wird. Compliance gehört zum Themenkreis der regulierten Selbstregulierung. Der Gesetzgeber normiert keine „harten" gesetzlichen Zielvorgaben, sondern überlässt es den betroffenen

434 Koenig/Schellberg/Schreiber, WuW 2007, 981 (987).

435 Koenig/Schellberg/Schreiber, WuW 2007, 981 (986); vgl. auch § 9a Abs. 1 S. 1 AEG; zum Verhältnis zwischen §§ 9 und 9a AEG Gersdorf, ZHR 168 (2004), 576 (590 ff.).

436 Gersdorf, ZHR 168 (2004), 593.

437 Koenig/Schellberg/Schreiber, WuW 2007, 981 (988).

Unternehmen, selbst für die Einhaltung der Ziele zu sorgen. Seinen Ausgangspunkt nahm diese Strömung mit der Schaffung des Corporate Governance-Kodex durch die Baums-Kommission und dessen gesetzliche Flankierung in § 161 AktG. Die Einhaltung des Kodex, der Vorgaben zur guten Geschäftsführung enthält, soll nicht durch gesetzlichen Vollzug, sondern durch die Selbstregulierungskräfte des Marktes sichergestellt werden.

Die praktische Relevanz dieser Compliance-Regelungen wird einerseits davon abhängig sein, wie intensiv das Eisenbahnbundesamt die privaten Regelwerke überprüft, wobei die Entscheidungspraxis der in anderen Sektoren für ähnliche Vorschriften zuständige Bundesnetzagentur Anlass für Optimismus bietet[438].

Die Tatsache, dass informatorisches Unbundling iRd §§ 9, 9a AEG nicht explizit geregelt wurde, bedeutet nicht, dass Informationen über die Infrastruktur, auf die Wettbewerber für die Nutzung angewiesen sind, als solche nicht reguliert würden[439]. Die Vorhaltung von Informationen über Art und Zustand der Infrastruktur wird durch die Zugangsregulierung gewährleistet. Denn zum diskriminierungsfreien Netzzugang gehört die Kenntnis derjenigen Informationen, die zur Diensterbringung erforderlich sind. Die EIU sind verpflichtet, bei der Aufstellung der SNB, bei der sie von der Bundesnetzagentur überwacht, werden, die eisenbahnrechtlichen Vorschriften, also vor allem das Diskriminierungsverbot einzuhalten. Verstoßen einzelne Bestimmungen gegen das Diskriminierungsverbot, das, wie gezeigt, auch potentielle Ungleichbehandlungen verbietet, kann die Bundesnetzagentur einschreiten. Ein praktischer Anwendungsfall bestünde darin, dass die SNB keine hinreichenden Informationen über den Zustand der Infrastruktur liefern. In diesem Fall kann die Bundesnetzagentur neuen SNB Bedingungen widersprechen, bevor sie in Kraft treten, vgl. §§ 14e Abs. 1 Nr. 4 iVm 14d S. 1 Nr. 6 AEG. Auch eine nachträgliche Überprüfung bis hin zur Aufhebung einzelner Bedingungen ist möglich, vgl. § 14f Abs. 1 S. 2 Nr. 2 AEG.

Folglich unterliegen auch wettbewerbsrelevante Informationen, die Wettbewerbsbeeinträchtigungen verursachen können, einer Regulierung. Insofern stellt sich nach hier vertretener Auffassung, die eine extensive Auslegung des Diskriminierungsverbotes befürwortet, auch nicht die Folgefrage eines Umsetzungsdefizites der europarechtlichen Vorgaben.

Verstöße gegen die Entflechtungspflichten sind nicht unmittelbar bußgeldbewehrt[440]. Die Sanktionierung der Nichteinhaltung der Unbundling-Pflichten im Eisenbahnrecht als Ordnungswidrigkeiten hätte angesichts der für einen Konzern

438 Kühling/Ernert, NVwZ 2006, 33 (36).

439 So aber Koenig/Schellberg/Schreiber, WuW 2007, 981 (989).

440 §§ 9, 9a AEG werden in § 28 AEG nicht aufgezählt.

niedrigen Bußgeldhöhen aber auch kaum einen Effekt[441]. Durchsetzbar werden die Vorschriften aber dadurch, dass das Eisenbahnbundesamt Verstöße gegen §§ 9, 9a AEG zum Gegenstand eines verwaltungsrechtlichen Verfahrens machen kann, um die Unternehmen zur Einhaltung der Vorschriften zu verpflichten. Gleichzeitig kann in einer Verfügung für den Fall der Zuwiderhandlung ein Zwangsgeld iHv bis zu 500.000 € angedroht werden, vgl. § 5a Abs. 7 S. 1 AEG.

Nicht zum Unbundling-Regime gehört § 8 AEG[442]. Denn § 8 AEG bezweckt anders als das Unbundling-Regime nicht, die vertikal integrierten Unternehmen als solche zu separieren, weil von ihnen eine zu große Marktmacht ausgeht. Im Gegensatz zum Unbundling dient § 8 AEG gerade der Stärkung der vertikal integrierten Unternehmen, indem es sie von direkter öffentlicher Einflussnahme freistellt und hat damit eine entgegengesetzte Zielrichtung verfolgt. Solange sich Aktienanteile an Unternehmen der Deutschen Bahn AG in öffentlicher Hand befinden, ist das Unternehmen der Gefahr ausgesetzt, dass öffentliche Zwecke über – gesellschaftsrechtlich ansonsten grundsätzlich zulässige – Einflussnahmen des Eigentümers auf die Geschäftsführung seines Unternehmens umzusetzen. Davor schützt auch die Rechtsform der Aktiengesellschaft nicht[443]: zwar sieht das AktG in § 76 Abs. 1, der gem. § 23 Abs. 5 S. 1 AktG nicht dispositiv ist, die Weisungsfreiheit des Vorstandes auch gegenüber Großaktionären vor. Trotzdem könnte der Bund als Eigentümer der Deutschen Bahn AG namentlich über die Besetzung des Aufsichtsrates (§ 119 Abs. 1 Nr. 1 AktG), der wiederum gem. § 84 Abs. 1 S. 1 AktG den Vorstand bestellt, Einfluss auf die Geschäftsführung nehmen. Dies verbietet § 8 Abs. 1 S. 1 AEG[444].

Die Norm setzt einfachgesetzlich den Verfassungsauftrag aus Art. 87e Abs. 3 Satz 1 GG um, nach dem die Eisenbahnen des Bundes wirtschaftlich zu führen sind. Zwar adressiert die Norm tatbestandlich alle öffentlichen Eisenbahnen, also nicht nur die bundeseigenen. Aufgrund der Ausnahmen in Abs. 2 sind aber gegenwärtig nur die Unternehmen der Deutschen Bahn AG betroffen. Private EVU sind z. Zt. vor allem im Schienenpersonennahverkehr tätig und damit gem. § 8 Abs. 2 Nr. 1 AEG ausgenommen, private EIU gem. § 8 Abs. 2 Nr. 2 AEG ebenfalls.

Gleichfalls dient die Vorschrift in Umsetzung von Art. 4 der Richtlinie 91/440 EWG dem Ziel, die Eisenbahnen von den öffentlichen Haushalten unabhängig zu machen[445].

---

441 Kühling, Sektorspezifische Regulierung, S. 345.

442 So aber Angenendt, N+R 2007, 134 (136).

443 So BeckAEG-Komm/Suckale, § 8 Rn. 11.

444 BeckAEG-Komm/Suckale, § 8 Rn. 13.

445 BeckAEG-Komm/Suckale, § 8 Rn. 1.

d) Sonstige Regulierungsinstrumente

Der Vollständigkeit halber soll noch kurz auf weitere Regulierungsinstrumente des AEG eingegangen werden.

§ 10 AEG enthält einen Kontrahierungszwang für alle EVU, mit Endkunden einen Beförderungsvertrag abzuschließen. Soweit die Beförderungsbedingungen eingehalten werden und keine besonderen Umstände vorliegen, darf seitens der EVU eine Willenserklärung auf Abschluss eines Beförderungsvertrages nicht verweigert werden. Damit wird die Vertragsabschlussfreiheit der EVU stark eingeschränkt. Dieser Grundrechtseingriff ist aber wegen der besonderen Bedeutung eines Vertragsabschlusses für die Allgemeinheit, die auf die Beförderungsleistungen angewiesen ist, gerechtfertigt, weil sie häufig nicht auf andere Verkehrsträger ausweichen kann. Der in § 10 AEG enthaltene Kontrahierungszwang ist funktionelles Äquivalent zu Universaldienstmechanismen in anderen Netzwirtschaften[446].

Weitere Beschränkungen der Privatautonomie enthält § 11 AEG. EIU werden verpflichtet, die Infrastruktur betriebsbereit vorzuhalten. Will ein EIU Infrastruktur stilllegen, muss es dafür gem. § 11 AEG eine spezielle Stilllegungsgenehmigung beantragen. Insofern ist auch diese Vorschrift Ausprägung von Art. 87e Abs. 3 GG. Sie dient der Sicherung der Gewährleistungsverantwortung durch den Bund. Nach der formellen Privatisierung der Bahn muss besondere Vorsorge getroffen werden, dass unrentable Strecken nicht kurzerhand stillgelegt werden.

e) Flankierende kartellrechtliche Regulierung

Das Problem, dass rechtliche Zugangsansprüche zu bestimmten Infrastuktureinrichtungen geschaffen werden müssen, ist alt. Anfang des 19. Jahrhunderts entwickelte der US Supreme Court im Fall der Vereinigten Staaten von Amerika gegen die Terminal Railroad Association of St. Louis[447] die sogenannte „essential facilities“-Doktrin[448]. Der Gerichtshof beschäftigte sich mit der Frage, ob und unter welchen Bedingungen Wettbewerbern Zugang zu bestimmten Eisenbahninfrastrukturen gewährt werden muss. Die amerikanischen Gerichte erkannten, dass bestimmte „wesentliche“ Einrichtungen nicht den Kräften des freien Marktes überlassen werden durften, wenn dort Wettbewerb installiert werden sollte, und leiteten

---

446 Kühling, Sektorspezifische Regulierung, S. 156 f.

447 United States v. Terminal Railroad Association of St. Louis, 224 U.S. 383 (1912).

448 vgl. zur Essential Facilities im us-amerikanischen Recht Mestmäcker, Schnittstellen von Wettbewerb und Regulierung im europäischen Recht, S. 397 (401); Kühling, Sektorspezifische Regulierung, S. 208 ff.

Zugangsansprüche her[449]. Damit sind Gleisnetze gleichsam „Prototyp“ einer wesentlichen Einrichtung im Sinne dieser Rechtsprechung[450].

aa) Art. 19 Abs. 4 Nr. 4 GWB

Im Rahmen der sechsten GWB-Novelle wurden in § 19 Abs. 4 Nr. 4 GWB Zugangsansprüche zu wesentlichen Einrichtungen normiert. Unklar ist, inwieweit damit die „essential-facilities“-Doktrin positivrechtlich normiert wurde[451]. Die Parallelen zwischen § 19 Abs. 4 Nr. 4 GWB und der „essential-facilities“-Doktrin sind jedenfalls nicht zu übersehen.

Die Norm, die nicht allein an die Markmacht, sondern an deren Missbrauch anknüpft, gewährt einen Zugangsanspruch, wenn „einem anderen Unternehmen gegen angemessenes Entgelt Zugang zu den eigenen Netzen oder anderen Infrastruktureinrichtungen“ verwehrt wird[452]. Der praktisch wichtigste Fall ist der Zugang zu diskriminierenden Bedingungen, vor allem zu überhöhten Preisen[453]. Auch wenn einzelne Tatbestandsmerkmal der Vorschrift im Einzelnen sehr umstritten sind, besteht kein Zweifel hinsichtlich der Anwendbarkeit der Vorschrift auf das Schienennetz[454]. Zugangspetenten könnten ein Zugangsbegehren damit grundsätzlich auch auf § 19 Abs. 4 Nr. 4 GWB stützen.

Die Literatur zu dieser Rechtsfigur ist unüberschaubar[455], so dass hier auf sie verwiesen wird.

bb) § 20 Abs. 1 GWB

§ 20 Abs. 1 GWB verbietet die sachlich nicht begründete Behinderung oder Ungleichbehandlung durch marktbeherrschende Unternehmen. Die Vorschrift hat neben § 19 Abs. 4 S. 4 GWB eigenständige Bedeutung, soweit die Behandlung durch den Marktbeherrscher keine wesentlichen Einrichtungen betrifft oder ein Wettbewerbsverhältnis auf dem Sekundärmarkt fehlt[456].

---

449 Das Gericht diskutierte auch die Möglichkeit einer Entflechtung des Unternehmens, lehnte dies aber im Ergebnis ab, vgl. Basedow, Wettbewerb in Gleisnetzen in: FS Sandrock, S. 13 (27).

450 Basedow, Wettbewerb in Gleisnetzen in: FS Sandrock, S. 13 (29).

451 Kühling, Sektorspezifische Regulierung, S. 214, spricht von einem „Vehikel“ für die essential-facilities-Doktrin; a. A. etwa Aehringhaus, Netzzugangsregelungen und ihre behördliche Durchsetzung, S. 93.

452 Heise, Das Verhältnis von Regulierung und Kartellrecht im Bereich der Netzwirtschaften, S. 145.

453 Basedow, Wettbewerb in Gleisnetzen in: FS Sandrock, S. 13 (29).

454 Aehringhaus, Netzzugangsregelungen und ihre behördliche Durchsetzung, S. 94.

455 Jüngst Heise, Das Verhältnis von Regulierung und Kartellrecht im Bereich der Netzwirtschaften, S. 145 ff.; weitere Nachweise bei Kühling, Sektorspezifische Regulierung, S. 207 Fn. 165.

456 Heise, Das Verhältnis von Regulierung und Kartellrecht im Bereich der Netzwirtschaften, S. 158.

cc) Artt. 81, 82 EGV

Neben den nationalen kartellrechtlichen Regelungen ist das europäische Kartellrecht nach den Artt. 81, 82 EGV parallel anwendbar[457]. Voraussetzung für ein Einschreiten ist, dass eine Maßnahme aufgrund der Umstände geeignet ist, unmittelbar oder mittelbar, tatsächlich oder der Möglichkeit nach den Handel zwischen Mitgliedstaaten in einer Weise zu beeinträchtigen, die für die Verwirklichung der Ziele eines einheitlichen zwischenstaatlichen Marktes nachteilig sein kann, indem sie zur Errichtung von Handelsschranken im gemeinsamen Markt beiträgt und die vom Vertrag gewollte gegenseitige Durchdringung der Märkte erschwert[458]. Nach diesen Vorschriften sind bestimmte wettbewerbsbeschränkende Maßnahmen (Art. 81 EGV) sowie der Missbrauch einer markbeherrschenden Stellung mit dem gemeinsamen Markt unvereinbar und verboten. Vom Anwendungsbereich der Norm umfasst ist nach der Rechtsprechung des EuGH auch der Zugang zu (Netz-)Infrastrukturen sowie die Netznutzungsentgelte[459].

f) Kartellrechtliche Regulierung als Unterfall der sektorspezifischen Regulierung?

Neben dem relativ neuen Phänomen der sektorspezifischen Regulierung existiert seit 1923 das kartellrechtliche Missbrauchsprinzip[460]. Bestimmte den Wettbewerb beschränkende Maßnahmen unterliegen damit nach der nationalen Rechtsordnung seit geraumer Zeit staatlicher Regulierung. Fraglich ist nun, worin sich das Regulierungsrecht vom klassischen Kartellrecht unterscheidet. Auch typische Instrumente des Kartellrechts können unter obige Regulierungsdefinition subsumiert werden. Ein Unterschied besteht im grundsätzlich anderen Ansatz der kartellrechtlichen Regulierung. Das Kartellrecht geht davon aus, dass der bestehende Wettbewerb in einem Sektor im Grundsatz Allokationseffizienz generiert und nur im Ausnahmefall behördliche Eingriffe notwendig sind[461]. In den Netzwirtschaften stellt sich die Situation aber grundsätzlich anders dar. Da sich dort von selbst kein oder kaum Wettbewerb entwickelt, ist er in diesen Sektoren

---

457 Weiß in: Calliess/Ruffert, EUV/EGV, Art. 81 EGV Rn. 24.

458 Aehringhaus, Netzzugangsregelungen und ihre behördliche Durchsetzung, S. 114.

459 Aehringhaus, Netzzugangsregelungen und ihre behördliche Durchsetzung, S. 116 f.; die Frage, ob Art. 86 Abs. 2 EGV der Wettbewerbsförderung im Eisenbahnsektor entgegensteht, wird verneint, vgl. S. 118 ff.

460 Nordemann in: Loewenheim/Meesen/Riesenkampff, Kartellrecht, 2. Aufl. 2009, § 1 GWB Rn. 1.

461 Fehling in Hill (Hrsg): Die Zukunft des öffentlichen Sektors, S. 98.

durch die Regulierungsinstrumente erst herzustellen. Folgerichtig müssen die Instrumente des Regulierungsrechts qualitativ über die des klassischen Wettbewerbsrechts hinausreichen, weil deutlich erhöhte Widerstände abzuarbeiten sind. Regulierungsrechtliche Instrumente differieren folglich vor allem hinsichtlich der Eingriffstiefe von den kartellrechtlichen[462]. Die Regulierungsbehörden haben weitreichendere Befugnisse und können gleichermassen ex post als auch ex ante Maßnahmen ergreifen. Der grundlegende Unterschied besteht also darin, dass das Kartellrecht typischerweise reaktiv auf einzelfallbezogene Eingriffe in die Märkte ausgelegt ist, Regulierung aber die permanente und proaktive „Begleitung“ der Marktprozesse zum Gegenstand hat[463].

§ 19 Abs. 4 Nr. 4 GWB ändert an diesem grundsätzlichen Befund nichts. Zwar wird dem Petenten auch nach dieser Vorschrift ein Zugangsrecht zur Infrastruktur eingeräumt. Damit gehört es zu den Instrumenten der Ex-Ante-Regulierung. Die Schieneninfrastruktur als natürliches Monopol und „wesentliche Einrichtung“ im Sinne dieser Vorschrift macht jedoch aus kartellrechtlicher Sicht Ex-Ante-Maßnahmen erforderlich. Die Vorschrift ist jedoch als Ausnahme konzipiert[464], die die Regel bestätigt.

g) Das Verhältnis zwischen Regulierungsrecht und Kartellrecht im AEG

Damit bleibt die Frage unbeantwortet, in welchem Anwendungsverhältnis die sektorspezifische Regulierung zur kartellrechtlichen steht. Eine Norm, die materiell das Verhältnis zwischen GWB und AEG bestimmt, existiert nicht. Einzig auf institutioneller Ebene trifft § 14b Abs. 2 S. 1 AEG die Aussage, dass die Aufgaben und Zuständigkeiten der Kartellbehörden nach dem GWB unberührt bleiben. Unklar ist, welche Konsequenzen sich daraus für das materielle Recht ergeben[465].

aa) Anwendungsvorrang des AEG

Eine Auffassung legt § 14b Abs. 2 S. 1 AEG wortlautgetreu aus und reduziert den Regelungsbereich auf die Zusammenarbeit auf institutioneller Ebene, ohne

---

462 Topel, ZWeR 2006, 27 (33 f.).

463 Heise, Das Verhältnis von Regulierung und Kartellrecht im Bereich der Netzwirtschaften, S. 252 f.

464 Wißmann, Richterliche Kontrolldichte im öffentlichen Wirtschaftsrecht, FS Schmidt, 627 (635).

465 BeckAEG-Komm/Gerstner, § 14b Rn. 21, 24.

Rückschlüsse auf das materielle Verhältnis zu ziehen. Materiell soll das AEG dem GWB grundsätzlich vorgehen. Soweit das Eisenbahnrecht eine abschließende Regelung getroffen habe, sei das allgemeine Kartellrecht nicht anwendbar[466]. Begrenzt wird der Anwendungsvorrang des AEG aber in der Regel auf den Bereich des Netzzugangs[467]. Argumentiert wird mit der „sonderwettbewerblichen Gesamtkonzeption" des sektorspezifischen Rechts[468]. Das differenziert ausgestaltete Zugangsregime des AEG belasse kaum einen Anwendungsbereich für das Kartellrecht, daher seien die eisenbahnrechtlichen Bestimmungen vorrangig. Weiterhin wird § 130 Abs. 3 GWB angeführt, der das Verhältnis zwischen GWB und EnWG regelt. Wenn eine Norm im GWB erforderlich sei, um die parallele Anwendbarkeit beider Gesetze anzuordnen, so könne das Fehlen einer vergleichbaren Vorschrift bezogen auf das AEG nur dahin gedeutet werden, dass das AEG gegenüber dem GWB grundsätzlich subsidiär sei[469].

bb) parallele Anwendbarkeit AEG/GWB

Überzeugend ist es jedoch, zwischen AEG und GWB auch für den Bereich des Netzzugangs ein lex generalis – lex specialis Verhältnis abzulehnen und die Gesetze parallel anzuwenden[470]. Die Abstimmungspflichten zwischen Kartell- und Regulierungsbehörden legen nahe, dass dem Gesetzgeber eine parallele Anwendbarkeit vor Augen stand. Bestünde ein Anwendungsvorrang des AEG, wären insbesondere die Stellungnahmepflichten in § 14b Abs. 2 S. 4 AEG zwischen den Behörden nicht erforderlich[471]. Eine Benachrichtigungspflicht nach einer Entscheidung hätte hier ausgereicht.

Es spricht auch einiges dafür, dass die Gesetzessystematik von einem Nebeneinander von Regulierungs- und Kartellrecht ausgeht. Die Rechtsregime gehen von den erörterten unterschiedlichen Ansatzpunkten aus, die im Bereich der Netzwirtschaften unabhängig voneinander Geltung beanspruchen und in einem

---

466 BeckAEG/Komm-Gerstner, § 14b Rn. 24; einen grundsätzlichen Vorrang des sektorspezifischen Rechts postuliert Ruge, DVBl. 2005, 1405 (1408); BT-Drs. 13/9720, S. 36.

467 BeckAEG/Komm-Gerstner, § 14b Rn. 26.

468 Ludwigs, WuW 2005, 534 (546), allerdings nur für den Bereich des Netzzugangs, während für die Entgeltregulierung anderes gelte, vgl. S. 546 ff.

469 Aehringhaus, Netzzugangsregelungen und ihre behördliche Durchsetzung, S. 106; LG Berlin, Urteil vom 17.3.2009 – 98 O 25(08 –.

470 Basedow, ZHR 170 (2006), 178 (191); ders.: Wettbewerb in Gleisnetzen in: FS Sandrock, 2000, 13 (32); Kühling, Sektorspezifische Regulierung, S. 236; Säcker, ZWeR 2008, 348 (351).

471 Ähnlich Kühling, Sektorspezifische Regulierung, S. 236 f.

Kooperationsverhältnis zueinander stehen[472]: Regulierung begleitet proaktiv den Wettbewerb, das Kartellrecht begrenzt innerhalb des dadurch geschaffenen Rahmens individuelle Handlungen der Marktteilnehmer[473]. Wegen der unterschiedlichen Gesetzeszwecke kann das Kartellrecht nicht vom sektorspezifischen Recht verdrängt werden. Schließlich sollte die Frage der Anwendbarkeit von Normen in diesem Fall nicht ohne Berücksichtigung des Rechtsschutzes getroffen werden. Denn es ist zu beachten, dass für das GWB die ordentlichen Gerichte zuständig sind, deren Rechtsschutz, wie noch dargestellt werden wird, in einigen Punkten vom Verwaltungsrechtsschutz abweicht. Mit der Zeit haben die Zivilgerichte eine für das Kartellrecht eigenständige Dogmatik entwickelt, die auf die spezifischen kartellrechtlichen Probleme zurechtgeschnitten wurde. Dies wird bei alleiniger Betrachtung der materiellen Ebene ausgeblendet. Es überzeugt nicht, eine Norm etwa allein deshalb für vorrangig zu erklären, weil sie materiell detailliertere Regelungen trifft. Denkbar ist, dass diese vermeintlichen „Vorteile" durch prozessuale Nachteile zunichte gemacht werden (Ermessen, eingeschränkte Prüfungsdichte).

Im AEG scheint das dortige Zugangssystem detaillierter ausgestaltet und durch seine ausgeprägteren behördlichen Eingriffsbefugnisse auf den ersten Blick effektivere Maßnahmen zur Wettbewerbsförderung vorzusehen. Zu berücksichtigen ist aber, dass § 19 Abs. 4 S. 4 GWB in seinem Anwendungsbereich mit Blick auf betriebsinterne Infrastruktur weiter geht als das sektorspezifische Recht und daher weiterhin Relevanz besitzt[474].

cc) Fazit

Auf das Kartellrecht kann gerade in den Netzwirtschaften nicht verzichtet werden. Es wäre geradezu wertungswidersprüchlich, in den Märkten mit den geringsten Wirkmechanismen auf rechtliche Substitutionsinstrumente zu verzichten. Gerade in der Eisenbahnwirtschaft muss auch das Kartellrecht eingesetzt werden, um die Wettbewerbsdefizite auszugleichen.

---

472 Wißmann, Richterliche Kontrolldichte im öffentlichen Wirtschaftsrecht in: FS Schmidt, S. 627 (642 ff.).

473 Heise, Das Verhältnis von Regulierung und Kartellrecht im Bereich der Netzwirtschaften, S. 257 f.

474 Haus, Zugang zu Netzen und Infrastruktureinrichtungen, S. 176; Kühling, Sektorspezifische Regulierung, S. 283.

7. Die institutionelle Ausgestaltung der Schienenregulierung

Die institutionelle Ausgestaltung des Regulierungsrechts hat eine für die Durchsetzung des materiellen Rechts weitreichendere Bedeutung als die Behördeneinrichtung in anderen Bereichen der Verwaltung[475], da Regulierung über den bloßen Gesetzesvollzug insbesondere durch seine planenden, gestaltenden und Entscheidungselemente hinausgeht. Regulierung ist durch eine schwach ausgeprägte gesetzliche Programmierung gekennzeichnet, was die Bedeutung des Verfahrensrechts steigert („Legitimation durch Verfahren")[476].

a) Bundesnetzagentur

Die Bundesnetzagentur ist selbständige Oberbehörde mit Sitz in Bonn. Seit 2006 ist sie im Eisenbahnsektor zuständig für die Netzzugangs- und Entgeltregulierung nach dem AEG. Da sie im Spannungsfeld monetärer Interessen und auch gegensätzlicher staatlicher Interessen operiert, kann die Funktionsfähigkeit der Behörde nur dadurch gewährleistet sein, dass ihr eine institutionelle Unabhängigkeit eingeräumt wird. Als Bundesbehörde untersteht die Bundesnetzagentur trotz einiger Vorkehrungen, die die Unabhängigkeit ihrer Entscheidungen sichern sollen, der Aufsicht des Verkehrsministeriums. Auch wenn Weisungen des Ministeriums veröffentlicht werden müssen, kann nicht von einer Unabhängigkeit des Regulierers ausgegangen werden. Aus diesem Dilemma zwischen der – der demokratischen Legitimation geschuldeten[477] – Notwendigkeit, die Behörde in die Exekutive zu integrieren, und der Bedingung, sie möglichst unabhängig operieren zu lassen, resultieren unterschiedliche Bewertungen hinsichtlich der Funktionsfähigkeit der Bundesnetzagentur. Zu berücksichtigen ist jedenfalls, dass ein Misstrauen gegen eine vermeintliche Neutralität der Behörde solange berechtigt erscheint, so lange Monopolisten in staatlicher Hand geführt werden[478]. Denn der Staat hat neben der – europarechtlich vorgegebenen – Aufgabe, in den Netzsektoren Wettbewerb zu schaffen, gleichzeitig ein konträres finanzielles Eigentümer-

475 Kühling, Sektorspezifische Regulierung, S. 365.

476 Trute, Das Telekommunikationsrecht in: Festgabe 50 Jahre Bundesverwaltungsgericht, S. 857 (868 ff.).

477 Instruktiv zum Spannungsfeld zwischen Neutralitätspflicht und demokratischer Legitimation Hermes, Festschrift Zuleeg, S. 410 (418ff.).

478 So auch Basedow, ZHR 170 (2006), 179 (197).

interesse an Kostenersparnis und Gewinnmaximierung, das er über Weisungen gegenüber der Bundesnetzagentur durchsetzen kann.

Dieser pessimistischen Perspektive dürfte kaum durch Gegengewichte, die den Interessenkonflikten entgegenwirken sollen, ausgeglichen werden können. Die Bundesnetzagentur ist in den europäischen Regulierungsverbund von Europäischer Kommission und anderen mitgliedstaatlichen Regulierungsbehörden eingebunden[479]. Sodann verfügt die Behörde über neuartige Strukturen, wie dem starken Einbezug externer Expertise, durch die Monopolkommission oder im Eisenbahnrecht gem. § 35 AEG den Eisenbahninfrastrukturbeirat.

b) Das Eisenbahnbundesamt

Das Eisenbahnbundesamt wurde am 31.12.1993 gem. § 2 Abs. 1 BEVVG als selbständige Bundesbehörde für Aufgaben der Verkehrsverwaltung errichtet. Bis 2006 war das Eisenbahnbundesamt die Regulierungsbehörde im Eisenbahnsektor, bis einige dieser Aufgaben der Bundesnetzagentur übertragen wurde. Zu den heutigen Aufgaben des Eisenbahnbundesamt zählen die Planfeststellung für Betriebsanlagen der Eisenbahnen des Bundes, die – gefahrenabwehrrechtliche – Eisenbahnaufsicht (§ 5 f. AEG), Erteilung und Widerruf von Betriebsgenehmigungen (§ 6 f. AEG) und die Untersuchung von gefährlichen Ereignissen beim Betrieb der Eisenbahn[480]. Auch sie untersteht der Rechts- und Fachaufsicht des Bundesverkehrsministeriums.

c) Zuständigkeiten der Bundesnetzagentur: Netzzugangs- und Entgeltregulierung

Die Überwachung der Vorschriften über den Netzzugang wird in § 14b Abs. 1 AEG der Bundesnetzagentur übertragen. Sie hat die in den §§ 14c, 14e, 14f AEG geregelten Befugnisse und kann ex-ante oder ex-post Entscheidungen der EIU überprüfen und die Vertragsbedingungen in letzter Konsequenz eigenständig festlegen. Damit die Bundesnetzagentur diese Regulierungsaufgaben effektiv wahrnehmen kann, sind ihr in § 14c Abs. 2 AEG flankierende Befugnisse übertragen. Von praktischer Bedeutung ist in erster Linie die Pflicht der Unternehmen, der Behörde umfassende Auskünfte zu erteilen (vgl. § 14c Abs. 3 Nr. 1 AEG). Sofern die Ansprüche nicht ausreichen, um die Aufgaben wahrzunehmen, kann

479 Trute, Das Telekommunikationsrecht, in: Festgabe 50 Jahre Bundesverwaltungsgericht, S. 857 (859 f.).

480 BeckAEG/Komm-Hermes, Einführung D Rn. 39.

es zu einschneidenden Eingriffen in die Grundrechte der Unternehmen kommen, wenn etwa der Geschäftsräume der Unternehmen betreten werden (vgl. § 14c Abs. 2 Nr. 1 AEG)[481].

d) Zuständigkeiten des Eisenbahnbundesamt: Unbundling-Regulierung und sonstiges Eisenbahnrecht

Über die Einhaltung der Unbundling-Vorschriften wacht das Eisenbahnbundesamt. § 5a Abs. 1 S. 1 AEG normiert, dass das Eisenbahnbundesamt immer dann zuständig ist, wenn nicht Spezialvorschriften die Bundesnetzagentur für zuständig erklären. Da das Unbundling-Regime nicht zu den Vorschriften über den Netzzugang gehört, ist die allgemeine Eisenbahnaufsicht und damit das Eisenbahnbundesamt zuständig[482].

e) Verhältnis Eisenbahnbundesamt – Bundesnetzagentur

Die Aufsplittung der Zuständigkeiten für die Regulierungsinstrumente auf Bundesnetzagentur und Eisenbahnbundesamt ist problematisch, weil Unbundling-Regime auf der einen und Zugangs- und Entgeltregime nicht unabhängig voneinander eingesetzt werden können. Sie hängen wie kommunizierende Röhren zusammen. Die Unbundling-Regulierung ist auch Grundlage für die Entgeltregulierung, weil ohne transparente Kostenoffenlegung kein Maßstab für die Entgeltbildung angelegt werden kann. Zwar sind in § 14b Abs. 2 S. 2 AEG Informationsübermittlungspflichten normiert: die Vorschriften räumt den Behörden kein Ermessen ein und sollte in der Praxis daher dazu führen müssen, dass im Zweifel eine Informationsübermittlung stattfindet. Aber auch die ordnungsgemäße Beachtung dieser Pflicht, die durch doppelte personelle Besetzung in den Behörden zudem kostspielig ist, birgt die Gefahr, dass Diskriminierungspotentiale nicht erkannt bzw. übergreifende Regulierungsstrategien nicht effektiv umgesetzt werden können. Hier sollte der Gesetzgeber nachbessern, indem er die materielle Verbindung der Regulierungsinstrumente auf institutioneller Ebene nachvollzieht. Die Bundesnetzagentur sollte aus diesen Gründen auch über die Einhaltung des Unbundling-Regimes wachen.

Nicht zu den eigentlichen Regulierungsinstrumenten zählt § 37 AEG, hat aber für die Durchsetzung des Diskriminierungsgebotes eine eminent wichtige

481 Dazu umfassend Förster, N+R 2009, 102 (103 ff.).

482 Koenig/Schellberg/Schreiber, WuW 2007, 981 (990 f.).

Bedeutung: entgegen der Grundregel des § 80 Abs. 1 VwGO haben Rechtsbehelfe gegen Verfügungen der Bundesnetzagentur keine aufschiebende Bedingung.

f) Eisenbahninfrastrukturbeirat

Der Eisenbahninfrastrukturbeirat ist ein Organ des Bundes, der „bei" der Bundesnetzagentur gebildet wird, von dieser aber institutionell verselbständigt ist[483]. Er dient der Verstärkung der rechtlichen Expertise de Bundesnetzagentur, die mit der Wettbewerbsregulierung als komplexer Gestaltungsaufgabe zwischen Recht und Ökonomie eine Herkulesaufgabe zu meistern hat. Außerdem soll der Eisenbahninfrastrukturbeirat den Dialog zwischen Netzbetreibern, Bundesnetzagentur und Wettbewerbern fördern[484]. Der Beirat hat nur beratende Funktionen und wird daher zu Recht als zahnlos bezeichnet[485].

g) Monopolkommission

Ein weiteres beratendes Gremium ist die Monopolkommission. Sie erstellt gem. § 36 AEG neben ihrem Hauptgutachten, das allgemein die wettbewerbspolitische Situation in Deutschland erläutert, alle zwei Jahre ein Sondergutachten über den Wettbewerb im Eisenbahnsektor. Das letzte Sondergutachten äußerte sich sehr kritisch zu den Regulierungsfortschritten im Eisenbahnmarkt und plädiert offen für mehr rechtspolitischen Mut, vor allem für eine klare Trennung von Netz und Betrieb[486]. Wie der Eisenbahninfrastrukturbeirat hat die Monopolkommission die Aufgabe, durch externen Sachverstand die Arbeit der staatlichen Stellen bei der Regulierung zu unterstützen[487]. Institutionelle Vorgaben für die Monopolkommission enthalten § 44 ff. GWB. Fünf Mitglieder werden für jeweils fünf Monate von der Bundesregierung in die Kommission berufen. § 45 Abs. 3 GWB stellt die Unabhängigkeit der Mitglieder sicher: sie dürfen neben ihrer Tätigkeit in der Kommission – mit Ausnahme einer Hochschulzugehörigkeit – weder dem öffentlichen Dienst noch einem Wirtschaftsverband angehören.

483 BeckAEG – Hermes, § 35 Rn. 8.

484 Frenzel, NZV 2006, 57 (62) mit Hinweis auf die Gesetzesbegründung.

485 Höppner, Die Regulierung der Netzstruktur, S. 246.

486 http://www.monopolkommission.de/aktuell_sg55.html, abgerufen am 28.1.2010.

487 BeckAEG/Komm-Hermes, § 36 Rn. 3.

3. Teil: Verknüpfungen zwischen öffentlichem und privatem Recht in der Schienenregulierung

Schon bei der Darstellung der Instrumente der Schienenregulierung sind zahlreiche Verzahnungen der Teilrechtsordnungen im System der Schienenregulierung deutlich geworden. In einem zweiten Schritt sollen nun einige dieser Schnittstellen genauer untersucht werden. Dazu sollen auch höchstrichterliche Entscheidungen herangezogen werden.

1. Verknüpfungen beim Netzzugangssystem

Im System des eisenbahnrechtlichen Netzzugangs ist die Symbiose der Teilrechtsordnungen besonders ausgeprägt ausgestaltet. Sie manifestiert sich in den unterschiedlichen Zugangskonzepten, nämlich den Elementen des regulierten und des verhandelten Netzzugangs als Ausprägungen des öffentlichen bzw. privaten Rechts (jedenfalls mit einem Mittel des privaten Rechts, dem Vertrag), die im System des eisenbahnrechtlichen Netzzugangs miteinander verschmolzen sind. Eine Zugangsvereinbarung kann entweder privatautonom getroffen werden oder nach Scheitern der Vertragsverhandlungen das Angebot des EIU hoheitlich durch die Bundesnetzagentur ersetzt und dadurch der Infrastrukturnutzungsvertrag zustande kommen.

a) Anspruch auf diskriminierungsfreie Behandlung bei Abschluss des Nutzungsvertrages oder unmittelbarer Zugangsanspruch?

Zum Schwur kommt es bei der Frage, ob neben dem behördlichen Verfahren in den §§ 14d ff. AEG ein unmittelbarer gesetzlicher Anspruch auf Zugang zur Infrastruktur verankert ist. Aufgrund des klaren Wortlautes in § 14 Abs. 1 S. 3 AEG ist diese Frage für den unmittelbaren Zugang zu Schienenwegen sowie zu

Steuerungs- und Sicherungssystemen im positiven Sinne geklärt. Streitig ist, ob ein solcher Anspruch auch für davon nicht erfasste Infrastruktur besteht. § 14 Abs. 1 S. 1 AEG spricht nur von einem Anspruch auf diskriminierungsfreie Benutzung. Praktische Relevanz besitzt die Frage, weil das Verwaltungsverfahren dreistufig (vgl. § 14f Abs. 2 S. 3 AEG) und daher insgesamt langwierig ausgestaltet ist[488]. Damit dürften die Zugangspetenten durchaus Interesse an der Frage haben, ob daneben ein weiterer – gegebenenfalls schnellerer – Weg zum Netzzugang besteht.

Eine Auffassung lehnt einen vom Verwaltungsverfahren unabhängigen unmittelbaren gesetzlichen Zugangsanspruch ab und fordert, der Petent müsse zunächst einen Nutzungsvertrag mit dem EIU schließen **(aa)**. Unter den Vertretern dieser Auffassung ist weiter ungeklärt, ob der Petent im Rahmen des Verfahrens auf Abschluss eines Infrastrukturnutzungsvertrages nur einen Anspruch auf diskriminierungsfreie Behandlung geltend machen kann, oder ob ein Kontrahierungszwang besteht, der dem Nutzungspetenten einen Anspruch auf Abschluss eines Nutzungsvertrages vermittelt. Die Gegenauffassung **(bb)** stützt einen umfassenden Zugangsanspruch direkt auf § 14 Abs. 1 S. 1 AEG. Schließlich wird auch vertreten, dass § 14 Abs. 1 S. 1 AEG sowohl ein zivil- wie ein öffentlich-rechtlicher Anspruch entnommen werden könne und das Zugangsrecht damit sowohl vor den ordentlichen wie den Verwaltungsgerichten eingeklagt werden könne **(cc)**. Als Folgeproblem der unterschiedlichen Ansichten ist anschließend zu erörtern, ob der Anspruch öffentlich-rechtlicher oder zivilrechtlicher Natur ist, was schon für die Rechtswegfrage entscheidend ist. Der Streit soll abschließend bewertet werden **(dd)**.

Der Streitstand offenbart das Defizit, dass die genaue dogmatische Konstruktion des Infrastrukturzugangssystems trotz zahlreicher Beiträge zum eisenbahnrechtlichen Netzzugang bislang nicht herausgearbeitet worden ist. Grund mag nicht zuletzt sein, dass durch die Kulmination der Teilrechtsordnungen, gerade in diesem Bereich, eine so komplexe Gemengelage[489] geschaffen wurde, dass auch der dogmatischen Durchdringung Grenzen gesetzt sind.

aa) Zugangsanspruch nur nach Abschluss eines Infrastrukturnutzungsvertrages

Nach einer Auffassung[490] hat der Zugangspetent nur dann einen Anspruch auf Nutzung der nicht von § 14 Abs. 1 S. 3 AEG erfassten Eisenbahninfrastruktur, wenn

488 Trute/Broemel verweisen auf die Unwirtschaftlichkeit des dreistufigen Verfahrens, ZHR 170 (2006), 706 (710 Fn. 19).

489 Basedow, ZHR 170 (2006), 178 (184).

490 Ruge, AöR 131 (2006), 1 (28); BeckAEG-Komm/Gerstner, § 14 Rn. 172, 221; Gaupp, Netzzugang, S. 174; Trute/Broemel, ZHR 170 (2006), 706 (713); Kühling/Ernert, NVwZ 2006, 33 (35); VG Koblenz, Beschl. v. 24.7.2002 – 3 L 1900/02 –.

zuvor gem. § 14 Abs. 6 AEG ein Infrastrukturnutzungsvertrag mit dem EIU abgeschlossen wurde. Sodann werden die Auffassungen dargestellt, die § 14 Abs. 1 S. 1 AEG lediglich einen Anspruch auf diskriminierungsfreie Behandlung des Petenten[491] (**aaa**) oder einen Kontrahierungszwang zulasten der EIU entnehmen (**bbb**).

aaa) Anspruch auf diskriminierungsfreie Behandlung

Soweit vertreten wird, dass iRd Netzzuganges nur ein Anspruch auf diskriminierungsfreie Behandlung besteht, wird zur Begründung § 14 Abs. 6 AEG angeführt, der einen Grundsatz des „Primat des Vertrages" zum Ausdruck bringe[492]. Danach müsse der Zugangsanspruch zunächst privatautonom zwischen EIU und den Zugangspetenten ausgehandelt werden.

Zur Begründung wird weiter ausgeführt, dass im Eisenbahnrecht der aus dem alten Energierecht (§ 6 EnWG) entstammende Grundsatz des verhandelten Netzzugangs[493] in Reinform verwirklicht sei. Auch dies impliziere, dass der Netzzugang allein durch privatautonome Vereinbarungen eingeräumt werden könne.

Eine systematische Auslegung des § 14 Abs. 1 AEG untermauere das Ergebnis. Da für die in der Anlage zur EIBV erwähnten Pflichtleistungen in § 14 Abs. 1 S. 3 AEG ein unmittelbarer Anspruch normiert sei, bedeute dies im Umkehrschluss, dass § 14 Abs. 1 S. 1 AEG für Infrastruktur, die nicht zum Mindestleistungspaket zählt, mit dem Verweis auf das Diskriminierungsverbot gerade keinen unmittelbaren Zugangsanspruch regele[494].

bbb) Anspruch auf Abschluss eines Nutzungsvertrages (Kontrahierungszwang)

Nach anderer Auffassung hat der Petent aus § 14 Abs. 1 S. 1 AEG Anspruch darauf, dass ihm das EIU ein Angebot auf Abschluss eines Nutzungsvertrages unterbreitet[495]. Sie deutet § 14 Abs. 1 AEG iVm der EIBV als Kontrahierungszwang[496] und geht damit qualitativ über die erste Ansicht hinaus.

Nach beiden Spielarten dieser Auffassung muss also zunächst ein Nutzungsvertrag geschlossen werden, bevor Zugangsrechte geltend gemacht werden können. Streitig ist, ob dieser Vertrag zivil- oder öffentlich-rechtlicher Natur ist.

---

491 Trute/Broemel, ZHR 170 (2006), 706 (713); BeckAEG-Komm/Gerstner, § 14 Rn. 172, 221.

492 So BeckAEG-Komm/Gerstner, § 14 Rn. 172, 220 f.; Ruge, AöR 131 (2006), 1 (28).

493 Schmitt/Staebe, VerwArch 2009, 228 (230); Ruge, DVBl. 2005, 1405 (1406).

494 Trute/Broemel, ZHR 170 (2006), 706 (713).

495 Aehringhaus, Netzzugangsregelungen und ihre behördliche Durchsetzung, S. 18 f.

496 Aehringhaus, Netzzugangsregelungen und ihre behördliche Durchsetzung, S. 18; Schmitt/Staebe, VerwArch 2009, 228 (230).

Unsicherheit über diese Frage herrscht insbesondere wegen der Gesetzesbegründung, die § 14 AEG für eine öffentlich-rechtliche Vorschrift hält[497]. Zu Recht wird der Nutzungsvertrag jedoch durchweg als zivilrechtlicher Vertrag charakterisiert[498]. Zweifelhaft ist zur Begründung zwar die Berufung auf § 4 Abs. 6 2. HS EIBV, der EIU in den Nutzungsverträgen das Recht einräumt, AGB zu vereinbaren, die von den SNB unabhängig Geltung beanspruchen[499]. Die Verwendung der Formulierung AGB kann nicht Beleg für einen zivilrechtlichen Vertrag sein, weil AGB auch in einem öffentlich-rechtlichen Vertrag vereinbart werden können[500]. Kriterium zur Zuordnung eines Vertrages zu einer Teilrechtsordnung ist nach h. M. die Klassifizierung des Vertragsgegenstandes[501]. Ein Vertrag ist öffentlich-rechtlicher Natur, wenn sein Gegenstand einem vom öffentlichen Recht geregelten Sachbereich zuzuordnen ist, wobei zur Ermittlung des Vertragsgegenstandes auf Inhalt und Zweck des Vertrages abzustellen ist. Inhalt des Vertrags ist die Einräumung und Ausgestaltung eines Nutzungsrechtes an der Eisenbahninfrastruktur. In den Kategorien des besonderen Schuldrechts wäre der Vertrag am ehesten als Werkvertrag zu qualifizieren. Auffällig ist zwar die für die Vertragsparteien ausgeprägte Beschränkung von Vertragsinhalts- und Abschlussfreiheit. Diese Beschränkung beinhaltet aber nicht mehr als eine Vorordnung des Rechtsverhältnisses, die alleine keine öffentlich-rechtliche Rechtsnatur begründen und die allenfalls als „Indiz“ für einen öffentlich-rechtlichen Vertrag hätte gewertet werden können[502]. Zudem ist keiner der Vertragspartner Träger hoheitlicher Gewalt, was ein weiteres Indiz für die zivilrechtliche Natur des Vertrages ist[503]. Als Vertrag zwischen zwei Rechtssubjekten des Privatrechts ist die Nutzungsvereinbarung dem Zivilrecht zuzuordnen. Dies deckt sich mit den Auffassungen zu den Nutzungsverträgen in den anderen Netzsektoren (Energie-, Gas- und Telekommunikation), in denen der Netzzugang ebenfalls durch zivilrechtliche Verträge geregelt wird[504].

---

497 BT Drs. 15/3280, S. 12; dazu Ruge, AöR 131 (2006), 28 ff.

498 Ruge, AöR 131 (2006), 1 (28); BeckAEG-Komm/Gerstner, § 14 Rn. 221; Schmitt/Staebe, VerwArch 2009, 228 (230 f.).

499 Gaupp, Netzzugang im Eisenbahnwesen, S. 124; Ruge, AöR 2006, 1 (19); Ernert, Zugangs- und Entgeltregulierung in der Eisenbahnwirtschaft, S. 156 f.

500 Palandt-Grüneberg, BGB, § 305 Rn. 4.

501 Sodan/Ziekow, § 40 VwGO, Rn. 393.

502 VGH München, BayVBl. 1978, 146 f.; Sodan/Ziekow, § 40 VwGO Rn. 394.

503 Sodan/Ziekow, § 40 VwGO Rn. 393.

504 A. A. für den TK-Sektor Berl/KommTKG-Kühling/Neumann, § 25 Rn. 78, die die Anordnung öffentlich-rechtlich einstufen.

bb) Unmittelbarer gesetzlicher Anspruch auf Zugangsgewähr

Die Gegenauffassung[505] bejaht einen von einem Nutzungsvertrag unabhängigen unmittelbaren Anspruch auf Zugang zur sonstigen Infrastruktur aus § 14 Abs. 1 S. 1 AEG. Nach diesem Verständnis normiere die Vorschrift dogmatisch ein gesetzliches Schuldverhältnis, aus dem der Zugangspetent unmittelbar einen Anspruch auf Nutzung der Infrastruktur herleiten könne. Auch diese Auffassung bestreitet nicht, dass ein Vertrag grundsätzlich Grundlage der Nutzung ist. Sie ist aber der Auffassung, dass die EIU nicht nur zum Abschluss von Infrastrukturnutzungsverträgen verpflichtet sind, sondern darüber hinaus – unabhängig von einem vertraglichen Anspruch – ein subjektives Recht auf Zugangsgewährung besteht, das unmittelbar gerichtlich eingeklagt werden kann.

aaa) Wortlautargument

Die Vertreter dieser Auffassung berufen sich auf den Wortlaut: Nach § 14 Abs. 1 S. 1 AEG sind die EIU verpflichtet, die „Benutzung (...) der Eisenbahninfrastruktur (...) zu gewähren". Ein Vertragsschluss wird für die Inanspruchnahme der Infrastruktur somit nicht vorausgesetzt. Lediglich der „Umfang" der Benutzung wird durch die EIBV genauer bestimmt. Danach deute die Vorschrift dogmatisch eine Unterscheidung zwischen dem „ob" und dem „wie" der Benutzung an. Auf ersteres bestehe ein gesetzlicher Anspruch, lediglich das „wie", also die Benutzungsmodalitäten, müssten näher bestimmt werden[506]. Das bedeutet nicht, dass der Anspruch auf erster Stufe in einem Prozess stets durchsetzbar sein muss[507]. Liegen konkurrierende Anmeldungen für eine bestimmte Trasse vor, kann naturgemäß nur einem Antrag stattgegeben werden, wobei das Vergabeverfahren in der EIBV geregelt ist. Der Grundsatz der Zweistufigkeit beinhalte also, dass auf erster Stufe ein unmittelbares Recht auf Zugang besteht, das grundsätzlich unbedingt ausgestaltet ist. Das EIU muss demgemäß Einwendungen oder Einreden gegen das Zugangsbegehren – in der zivilrechtlichen Terminologie gesprochen – jedoch explizit vortragen. Insoweit wird das BGB durch die Bestimmungen der EIBV weitgehend modifiziert.

---

505 Kramer, Recht der Eisenbahninfrastruktur, S. 206; Wittenberg/Heinrichs/Mittmann/Zwanziger, § 14 Rn. 12 a f.; Serong, N+R 2009, 108; LG Kiel, Beschl. v. 14.3.2002 – 14 O 39/02 –; Gersdorf, ZHR 168 (2004), 576 (601); Frotscher/Kramer, NVwZ 2001, 24 (25).

506 So auch Kramer, Das Recht der Eisenbahninfrastruktur, S. 205; a. A. Ruge, AöR 131 (2006), 1 (30); BeckAEG-Komm/Gerstner, § 14 Rn. 78.

507 In diesem Sinne wohl BeckAEG-Komm/Gerstner, § 14 Rn. 78.

bbb) Gesetzessystematische Auslegung

Für dieses Verständnis spreche ferner § 14 Abs. 6 AEG, der nur die „Einzelheiten des Zugangs“ privatautonomen Vereinbarungen zuweist, die Frage des „ob“ somit gerade ausspart[508]. Danach besteht gerade kein „Primat des Vertrages“, sondern nur die Verpflichtung, die Einzelheiten vertraglich zu regeln. Diese Verpflichtung reicht nur soweit, wie diskriminierungsfreie Bedingungen seitens der EIU angeboten werden. Ist dies nicht der Fall, kann der Zugangspetent das in den §§ 14d ff. AEG geregelte Verfahren in Gang setzen, das mit dem privatrechtsgestaltenden Verwaltungsakt der Bundesnetzagentur, also ohne Vertragsabschluss nach zivilrechtlichem Verständnis, endet.

Für die untergeordnete Stellung des Abschlusses eines Vertrages für die Inanspruchnahme der Infrastruktur spricht im Übrigen auch die Stellung in Abs. 6 der Vorschrift, während das Zugangsrecht in Abs. 1 geregelt wird. Gesetzessystematisch wird weiter mit dem Zusammenhang der Zugangssysteme in den §§ 13, 14 AEG argumentiert: Wenn § 13 Abs. 1 S. 1 AEG die EIU untereinander zum Netzanschluss verpflichtet, müsse gleiches auch für den der Infrastrukturebene nachgelagerten Zugang der EVU gelten[509].

Daneben spricht § 14f Abs. 3 AEG von einem „Recht des Antragstellers auf Zugang zur Eisenbahninfrastruktur“, also gerade nicht nur von einem Recht auf diskriminierungsfreie Behandlung. Bis dato ist noch kein Vertrag zustande gekommen. Ein solcher kann erst im nächsten Schritt, vgl. § 14 Abs. 3 Nr. 2 AEG, nämlich durch Mitwirkung der Bundesnetzagentur, zustande kommen. Da zu diesem Zeitpunkt also noch kein vertragliches Zugangsrecht des Petenten besteht, muss das in der Vorschrift genannte „Recht“ notwendig von einem auf privatautonomen Vereinbarungen beruhenden Recht auf Zugang unabhängig sein.

ccc) Teleologische Auslegung

Eine Auslegung des Gesetzes nach Sinn und Zweck untermauert diese Auslegung. Der Zweck des AEG wird in § 1 Abs. 1 S. 1 AEG deutlich herausgestellt: ein wirksamer und unverfälschter Wettbewerb bei der Erbringung von Eisenbahnverkehrsleistungen. Dies beinhaltet, dass Diskriminierungspotentiale, die dem entgegenstehen können, vermindert werden. Eine Auslegung des § 14 Abs. 1 S. 1 AEG im Sinne eines unmittelbaren Zugangsrechts fördert den Wettbewerb, da der Petent auf diesem Weg unmittelbar auf die gesamte Infrastruktur zugreifen kann, ohne kostenaufwendige Streitigkeiten.

---

508 Kramer, Das Recht der Eisenbahninfrastruktur, S. 206 f.

509 Gersdorf, ZHR 168 (2004), 576 (601).

ddd) Rechtsvergleichende Auslegung

Bei einem netzwirtschaftsübergreifenden Vergleich fällt die parallele Konstruktion von § 14 AEG und § 6 EnWG a. F. ins Auge. Nach dem alten energierechtlichen Netzzugangssystem, dem das Prinzip des verhandelten Netzzugangs zugrunde lag, hatten die Netzbetreiber den Petenten ihre Netze „zur Verfügung zu stellen", ohne dass – ebenso wenig wie im AEG – genauere Vorgaben gemacht würden. Die dogmatischen Schlüsse, die aus der Vorschrift gezogen wurden, waren zwar kontrovers[510]. Angesichts des Zieles des EnWG, nach Jahrzehnten des Stillstandes durch ein schwaches kartellrechtliches Rechtsregime den Wettbewerb zu fördern, überzeugt aber nur die Auffassung, die der Vorschrift einen unmittelbaren – zivilrechtlichen – Nutzungsanspruch entnimmt[511]. Nur durch diese Auslegung werde der Wettbewerb gefördert, weil für den Netzzugang eine einseitige rechtsgestaltende Willenserklärung[512] – in Form eines einseitigen Antrags ausreichen könne. Die Gegenauffassung, die dem Petenten zwei zivilrechtliche Prozesse aufbürdet, die Klage auf Abgabe eines Angebotes und nach dem Vertragsschluss erst eine Leistungsklage auf Zugang[513], überzeugt angesichts der negativen Wettbewerbswirkungen – hohe Transaktionskosten und Zeitaufwand – nicht.

Dem wird entgegengehalten, dass im Unterschied zum alten energierechtlichen Netzzugang im Eisenbahnrecht in den §§ 14c ff. AEG Elemente des regulierten Netzzugangs enthalten sind[514]. Allerdings ist hier zu berücksichtigen, dass ein – paralleler – zivilrechtlicher Anspruch auch hier hilft, das verwaltungsrechtliche Verfahren abzusichern. Sollte sich in der Praxis herausstellen, dass letzteres nicht zielführend ist, weil es für den Petenten etwa durch seine Dreistufigkeit zu kostenaufwendig und langwierig ist, muss nicht erst der Gesetzgeber tätig werden, sondern kann der Zivilrechtsweg bis zu einer Gesetzesänderung diese Lücke schließen.

eee) Europarechtskonforme Auslegung

Schließlich legt eine europarechtskonforme Auslegung ein unmittelbares Recht auf Zugang nahe: Art. 19 Abs. 1 der Richtlinie 2001/14 räumt den Petenten das Recht ein, „auf öffentlich-rechtlicher oder privatrechtlicher Grundlage einen Antrag (...) auf Einräumung von Rechten zur entgeltlichen Fahrwegbenutzung zu

510 So auch BeckAEG-Komm/Gerstner, § 14 Rn. 221.

511 BerlK-Enr/Säcker/Boesche, 1. Aufl. 2004, § 6 EnWG Rn. 114 ff.; Kühling, Sektorspezifische Regulierung, S. 186 f.

512 BerlK-Enr/Säcker/Boesche, 1. Aufl. 2004, § 6 EnWG Rn. 124.

513 So etwa Aehringhaus, Netzzugangsregelungen und ihre behördliche Durchsetzung, S. 18 f.

514 Kühling, Sektorspezifische Regulierung, S. 188.

stellen.“ Da Richtlinien nur hinsichtlich ihrer Zielvorgaben Verbindlichkeit beanspruchen, bleiben die Mitgliedstaaten frei, entweder einen öffentlich-rechtlichen oder einen zivilrechtlichen Nutzungsanspruch zu normieren, nach dem den Petenten Zugangsrechte zugewiesen werden müssen. Einen der beiden Wege muss der nationale Gesetzgeber aber beschreiten. Wieder wird einem Grundsatz eines Primats des Vertrages eine Abkehr erteilt. Wenn ein – zivil- oder öffentlich-rechtlicher – Antrag auf Zuteilung gestellt werden kann, setzt dies ein unmittelbares und von einem Vertrag unabhängiges Zugangsrecht voraus, das im nationalen Gesetz eingeräumt werden muss.

fff) Rechtsnatur des Zugangsanspruches

Auch unter den Vertretern des direkten Zugangsanspruches wird über die Frage gestritten, ob der Zugangsanspruch öffentlich-rechtlicher oder zivilrechtlicher Natur ist.

Teilweise wird die öffentlich-rechtliche Natur des Zugangsanspruches mit der Widmung der Infrastruktur als öffentlicher Sache begründet. Danach erhalten die Petenten hierdurch einen öffentlich-rechtlichen Zugangsanspruch, dessen Reichweite durch die Widmung bestimmt wird[515]. Diese Auffassung überzeugt nicht. Da die Widmung der Eisenbahninfrastruktur nicht gesetzlich geregelt ist, kann diese – durch Richterrecht geschaffene dogmatische Konstruktion – nicht den expliziten Willen des Gesetzgebers unterminieren, der die Zugangsrechte iRd § 14 Abs. 1 iVm der EIBV festgelegt hat[516].

Ebenso wenig kann die öffentlich-rechtliche Natur des Zugangsanspruches einseitig unter Verweis auf das Ergebnis der Abgrenzungstheorien begründet werden. Durch § 14 AEG wird nicht einseitig ein Träger hoheitlicher Gewalt berechtigt oder verpflichtet, sondern es wird ein Rechtsverhältnis zwischen zwei Wirtschaftssubjekten – von denen die eine Seite im öffentlichen Eigentum stehen kann – begründet.

In diesem funktionalen Kontext deuten die Abgrenzungstheorien darauf hin, dass § 14 Abs. 1 S. 1 AEG eine zivilrechtliche Norm ist: Zugangspetent und Netzbetreiber treffen sich auf gleicher Stufe (Subordinationstheorie). Die Vorschrift dient in diesem Zusammenhang in erster Linie den Interessen des Petenten, bei Vertragsabschluss nicht diskriminiert zu werden (Interessentheorie). Zudem wird durch die Norm nicht ausschließlich ein Träger hoheitlicher Gewalt berechtigt oder verpflichtet.

---

515 Kramer, Das Recht der Eisenbahninfrastruktur, S. 206; Delbanco, Der Zugang zum Netz der Eisenbahnen des Bundes, in: Blümel/Kühwetter (Hrsg.), Aktuelle Probleme des Eisenbahnrechts IV, S. 179 (193 ff.); Gaupp, Netzzugang im Eisenbahnwesen, S. 146 ff.

516 BeckAEG-Komm/Gerstner, § 14 Rn. 46 f.; Fehling, AöR 121 (1996), 59 (82 ff.).

b) Sowohl zivil- als auch verwaltungsrechtlicher Nutzungsanspruch

Basedow[517] ist schließlich der Auffassung, Art. 10 der Richtlinie 91/440/EWG, auf dem § 14 Abs. 1 AEG beruht, beinhalte eine „janusköpfige Anspruchsgrundlage“, die im Lichte des europarechtlichen „effet-utile“-Grundsatzes dahingehend ausgelegt werden müsse, dass ein unmittelbares Zugangsrecht[518] sowohl vor den Zivil- wie vor den Verwaltungsgerichten geltend gemacht werden könne.

c) Stellungnahme

Im Ergebnis vermag allein mit Blick auf das AEG keine der dargestellten Auffassungen restlos zu überzeugen.

Gegen die Auffassung, die § 14 Abs. 1 S. 1 AEG allein auf einen Anspruch auf diskriminierungsfreie Vertragsverhandlungen reduziert, spricht der Verordnungswortlaut in §§ 10 Abs. 7 iVm 11 Abs. 1 EIBV. EIU bzw. BdS sind danach verpflichtet, nach Ablauf einer Bearbeitungsfrist ein Angebot abzugeben, soweit keine besonderen Umstände vorliegen, die vom EIU darzulegen und zu beweisen sind. Die Normen enthalten daher (iVm § 14 Abs. 1 S. 1 AEG) eine Angebotsabgabepflicht für BdS. Schließlich enthält § 14f Abs. 3 Nr. 2 AEG die Anordnungsbefugnis der Bundesnetzagentur und damit einen Kontrahierungszwang[519].

Die Unterscheidung zwischen einem Anspruch auf Aufnahme von Vertragsverhandlungen und einem Anspruch auf Abgabe eines Vertragsangebotes ist mit dem Kontrahierungszwang in seiner konkreten Ausgestaltung aus grundsätzlichen Erwägungen nicht vereinbar. Wird berücksichtigt, dass am Ende ein Dritter über Geltung und Inhalt des Vertrages entscheidet, besteht keine Möglichkeit mehr, dichotomisch im Sinne eines „entweder – oder“ zwischen beiden Ansprüchen zu unterscheiden. Abschluss- und Inhaltsfreiheit eines Vertrages, der gesetzlich erzwungen werden kann, sind nicht voneinander zu trennen: wenn eine Behörde letztlich über das Zustandekommen eines Vertrages entscheidet, können die Parteien, soweit eine Einigung scheitert, nicht frei sein in der Ausgestaltung der Bedingungen[520].

Das bedeutet, dass der Kontrahierungszwang zeitliche Vorwirkungen entfaltet. Die Unterscheidung zwischen ihm und einem Anspruch auf diskriminierungsfreie Behandlung hat Relevanz auf zeitlicher Ebene. Vor einem Antrag auf Zuweisung

517 Basedow, ZHR 170 (2006), 178 (187 f.).
518 Basedow, ZHR 170 (2006), 178 (190).
519 Basedow, ZHR 170 (2006), 178 (189 f.).
520 Hermes, ZHR 166 (2002), 433 (452).

von Zugtrassen gem. § 6 Abs. 1 EIBV kann etwa der Kontrahierungszwang nicht greifen. Erst wenn der Antrag gestellt wurde und kein Hinderungsgrund besteht, der vom EIU geltend gemacht werden muss, entfaltet der Kontrahierungszwang normative Wirkung. Erst dann besteht ein Anspruch auf Abgabe eines Angebotes.

Dadurch wird deutlich, dass der Kontrahierungszwang mit dem zeitlichen Ablauf der Zugangsgewährung das Regulierungsrechtsverhältnis verändert[521]. In der Anfangsphase wird eine Zugangsregelung der Privatautonomie der Parteien überlassen, der Kontrahierungszwang entfaltet aber im Hintergrund ein Drohpotential, das sowohl auf die Abschlussbereitschaft als auch auf die inhaltlichen Vereinbarungen Einfluss nimmt. Das EIU hat die Möglichkeit, auf kurzem Wege einem Nutzungsvertrag zuzustimmen und so das Zugangsverfahren zu beenden, oder es läuft Gefahr, dass das verwaltungsbehördliche Verfahren in Gang gesetzt wird, das wie erörtert mit der Ersetzung der Willenserklärung durch die Bundesnetzagentur enden kann. Dann hat der Kontrahierungszwang nicht mehr nur zum Ziel, die Privatautonomie zu unterstützen. Die Privatautonomie wird vielmehr durch ein öffentlich-rechtliches Regime ersetzt. Der privatrechtsgestaltende Verwaltungsakt der Bundesnetzagentur bewirkt – wenn auch erst nach Annahme durch den Petenten – am Ende des Zugangsverfahrens das Zustandekommen des Vertrages.

aa) Kritik an der Zweistufigkeit des Zugangsanspruches, der Unterscheidung zwischen „ob“ und „wie“ des Zuganges

Im Übrigen überzeugt ein zweistufiges Verständnis[522] des Netzzugangssystems, das an die verwaltungsrechtliche Zwei-Stufen-Theorie angelehnt ist, nicht[523]. Insoweit wird vertreten, dass auf erster Stufe ein unbedingter öffentlich-rechtlich ausgestalteter Anspruch auf Zugang bestehe, während auf zweiter Stufe das Diskriminierungsgebot sicherstelle, dass die Bedingungen nicht diskriminierend seien[524]. Diese aus dem Subventionsrecht oder dem Recht der kommunalen öffentlichen Einrichtungen bekannte Theorie ist auf die vorliegende Konstellation nicht übertragbar. Dort ist ein Träger öffentlicher Gewalt mit der Leistungsvergabe befasst. Die Verwaltung hat auf zweiter Stufe ein Wahlrecht, abhängig von der Rechtsform der öffentlichen Einrichtung die Benutzungsbedingungen nach privatem oder öffentlichem Recht zu vereinbaren bzw. festzulegen. Rechtliche Bindungen bestehen unabhängig von der Rechtsformwahl auf der zweiten Stufe nur im Rahmen allgemeiner Vorschriften, etwa Art. 3 Abs. 1 GG. Im Übrigen ist

---

521 Hermes, ZHR 166 (2002), 433 (453).

522 Kramer, Das Recht der Eisenbahninfrastruktur, S. 205.

523 Ablehnend auch BeckAEG-Komm/Gerstner, § 14 Rn. 78; Ruge, AöR 131 (2006), 1 (30 f.).

524 Kramer, Das Recht der Eisenbahninfrastruktur, S. 205.

die Verwaltung frei in der Entscheidung, unter welchen Voraussetzungen sie Zugang erteilen wollen.

Demgegenüber sind EIU aber keine grundrechtsverpflichteten Träger öffentlicher Gewalt. Zudem sind sie im Unterschied zu Kommunen nicht nur bei der Zugangsgewährung, sondern auch bei der Frage der Zugangsbedingungen stark beschränkt: zahlreiche zwingende Vorgaben schränken nicht nur die Vertragsabschluss-, sondern auch die Vertragsinhaltsfreiheit ein. Abgesichert wird dies durch ein spezielles Privatverfahrensrecht und die Interventionsmöglichkeiten der Bundesnetzagentur. Auch besteht kein Formenwahlrecht. Selbst wenn die Bundesnetzagentur gem. § 14f Abs. 3 S. 2 AEG am Ende über den Vertragsinhalt entscheidet, kommt dadurch ein zivilrechtlicher Nutzungsvertrag zustande. Die Bedingungen des Zugangs werden also einheitlich durch das Privatrecht geregelt. Entscheidend ist aber, dass sich Vertragsinhalts- und Abschlussfreiheit – wie erörtert – nicht voneinander trennen lassen[525].

Davon unabhängig belegt die Ausgestaltung des Verfahrens in der EIBV, dass ein unmittelbarer Zugangsanspruch auch nicht bestehen kann. Die Lösungsmechanismen bei Trassenkonflikten, vgl. § 9 Abs. 3-6 EIBV, verdeutlichen etwa, dass Zugangsbegehren unter bestimmten Voraussetzungen abgelehnt werden können. Es kann also kein unmittelbares Zugangsrecht bestehen.

Zu beachten ist aber anderseits, dass aufgrund des Anspruches auf das Mindestzugangspaket gem. § 14 Abs. 1 AEG iVm § 3 Abs. 1 EIBV eine allgemeine Bereitstellungspflicht bzgl. der in Anlage 1 der EIBV aufgeführten Leistungen sowie eine aus §§ 14 Abs. 1 S. 3, 11 AEG abzuleitende allgemeine Bereitstellungspflicht von BdS für Schienenwege besteht. BdS müssen Schienenwege betriebsbereit vorhalten und können sie nicht einfach stilllegen, sondern müssen eine Stilllegungsgenehmigung beantragen. BdS können Zugangsbegehren keine abstrakten Verweigerungsgründe entgegenhalten, etwa die Nichtbedienung einer Strecke während bestimmter Zeiten[526]. Praktisch wichtig dürfte die Umkehr der Darlegungs- und Beweislast sein. Nicht mehr die Zugangspetenten müssen nach allgemeinen Grundsätzen als Anspruchssteller darlegen und beweisen, dass die Voraussetzungen eines Zugangsanspruches vorliegen. Stattdessen weist § 11 Abs. 1 S. 1 EIBV die Darlegungs- und Beweislast für entgegenstehende Gründe dem BdS zu.

In der Gesamtbetrachtung bildet die Verbindung von Privatautonomie und Kontrahierungszwang im Netzzugangssystem ein dogmatisch einheitliches System. Auf keiner der erörterten Verfahrensstufen kann die Frage des Vertragsabschlusses von der des Vertragsinhalts abgekoppelt werden. Entweder einigen sich die Parteien privatautonom über Art und Inhalt der Zugangsbedingungen, oder die Bundesnetzagentur übernimmt diese Aufgabe im Ex-Post-Verfahren nach § 14f

525 Ruge, AöR 131 (2006), 1 (31).
526 Kühling/Ernert, NVwZ 2006, 33 (35).

Abs. 3 Nr. 2 AEG, indem sie den Kontrahierungszwang hoheitlich durchsetzt. Eine von den Zugangsbedingungen unabhängige Entscheidung über das „ob" des Zuganges, wie sie die Vertreter des unmittelbaren Zugangsanspruches fordern, kann es daher nicht geben. Immer wird über beides gleichzeitig entschieden.

bb) Zwischenergebnis

Im Verlaufe des Zugangsverfahrens verdichtet sich der zivilrechtliche Anspruch auf Aufnahme von Vertragsverhandlungen über einen Anspruch auf Abgabe eines Angebotes hin zu einem Anspruch auf Anordnung des Nutzungsvertrages. Diese Phasen gehören notwendig zur Ausgestaltung des Netzzugangssystems im Eisenbahnrecht. Daher ist es nicht möglich, im Sinne eines entweder – oder – zwischen ihnen zu trennen.

cc) Exkurs: Kontrahierungszwang als neutrales Recht

Der in §§ 14 Abs. 1 iVm 10, 11 EIBV enthaltene Kontrahierungszwang treibt die Gemengelage der Teilrechtsordnungen auf die Spitze. Beide Teilrechtsordnungen halten insoweit die passenden Begrifflichkeiten bereit. Aus öffentlich-rechtlicher Sicht kommt der Infrastrukturnutzungsvertrag in letzter Konsequenz durch einen – privatrechtsgestaltenden – Verwaltungsakt zustande, aus privatrechtlicher Sicht kann das Zustandekommen als ein erzwungener Vertrag gedeutet werden.

Diese Betrachtung verdeutlicht, dass eine Zuordnung des Kontrahierungszwanges zu einer der Teilrechtsordnungen problematisch ist. Auch wenn der Kontrahierungszwang teilweise dem Zivilrecht zugeschlagen wird, sollten vorstehende Überlegungen verdeutlichen, dass dies nicht überzeugen kann. Vielmehr sind der Zielvertrag, hier der zivilrechtliche Infrastrukturnutzungsvertrag, und das Instrumentarium, das den Vertragsabschluss bei fehlender Einigung erzwingt und insoweit für die rechtliche Durchsetzung des Kontrahierungszwangs sorgt, voneinander zu trennen. Wenn unter Kontrahierungszwang verstanden wird, dass ein Vertrag gegen den Willen einer der Parteien angeordnet werden kann, impliziert dies zugleich, dass eine dritte – im Regulierungsrecht mit hoheitlichen Befugnissen ausgestattete Partei – diese Anordnung treffen muss. Damit wird klar, dass eine rein zivilrechtliche Betrachtungsweise der Problematik nicht gerecht wird.

Wenig überzeugend ist jedoch die hieraus gezogene Konsequenz, dass gesetzliche Vorschriften, die einen Kontrahierungszwang normieren, als „neutral" bezeichnet werden müssten[527]. Diese Auffassung, die nahelegt, dass neben den Teilrechtsordnungen eine dritte Kategorie „neutralen Rechts" existiere, könnte

527 Hermes, ZHR 166 (2002), 433 (460 ff.) für § 6 EnWG a. F.

rechtpraktisch zu dem Dilemma führen, dass für sie kein Rechtsweg eröffnet ist[528]. Die Einführung einer dritten Kategorie ist weder erforderlich noch geboten.

2. Rechtsschutz

Noch nicht beantwortet ist mit vorstehenden Ausführungen noch die Frage, welche Gerichte für Streitigkeiten im Bereich des Netzzugangs im Eisenbahnsektor zuständig sind. In den zahlreichen Beiträge zur materiellen Regulierung hat die Frage des Rechtsschutzes – auch in der auf die Praxis ausgerichteten Kommentarliteratur[529] – kaum Beachtung gefunden. Sektorübergreifend fällt auf, dass der Rechtsschutz in den Netzwirtschaften mit unterschiedlichen sich überschneidenden Zuständigkeiten der Zivil- und Verwaltungsgerichte völlig heterogen ausgestaltet ist[530]. Als verfassungsrechtlich problematisch wird man diesen Befund nicht zwingend ansehen müssen, solange das Gebot der Rechtswegklarheit, das aus Art. 19 Abs. 4 GG abgeleitet wird, nicht verletzt wird. Dem Rechtsschutzsuchenden dürfen aus der Rechtswegprüfung durch die Gerichte keine Nachteile erwachsen[531]. Eine im Einzelfall komplexe Rechtsprüfung allein ist kein solcher Nachteil. Der Rechtsschutz darf aber nicht grundsätzlich ausgeschlossen werden[532].

Die Probleme, die bei der Abgrenzung der Teilrechtsordnungen im materiellen Recht bestehen, werden wegen der Koppelung des Rechtswegs an die materielle Rechtsnatur der Normen durch die Rechtwegzuweisungen auf die prozessuale Ebene übertragen. Dementsprechend unproblematisch gestaltet sich die Rechtswegfrage dort, wo spezielle Zuweisungsnormen existieren. Wo diese fehlen und auf die Generalklauseln zurückgegriffen werden muss, ist wegen deren Anknüp-

---

528 Dieses Folgeproblem will Hermes, ZHR 166 (2002) 433 (461 f.) dadurch lösen, dass er nicht auf die „öffentlich- oder zivilrechtliche Qualität des Kontrahierungszwanges“ abstellen möchte, sondern aufgrund verfassungs- und europarechtlicher Auslegung zu dem Ergebnis kommt, dass nur die Exekutive den Kontrahierungszwang durchsetzen kann.

529 Vgl. BeckAEG-Gerstner, der die verschiedenen Rechtsschutzkonstellationen nicht darlegt, sondern im Gegenteil unter § 14 Rn. 221 ff. begründet, warum der Zivilrechtsweg nicht eröffnet sei. Immerhin wird unter § 14c Rn. 21 in einem Satz auf die Drittanfechtungsmöglichkeiten im Verwaltungsprozess hingewiesen.

530 Wißmann, FS Schmidt, S. 627 (628); Knauff, VerwArch 2007, 382 (397 ff.).

531 Maunz/Dürig-Schmidt-Aßmann, Art. 19 Abs. 4 Rn. 231; Knauff, VerwArch 2007, 382 (392).

532 Problematisch ist in diesem Zusammenhang das Urteil des BGH vom 24.5.2007, MMR 2007, 585 ff., nach dem AGB des Nutzungsvertrages, die bereits von der Regulierungsbehörde pauschal genehmigt wurden, von der AGB-Inhaltskontrolle der §§ 307-309 BGB ausgenommen sind. Hier könnte Art. 19 Abs. 4 GG verletzt sein, da die AGB im behördlichen Verfahren nach Aussage der BNetzA nicht geprüft wurden und nach der Rspr. des BGH gegen sie im Ergebnis kein Rechtsschutz existiert; dazu Geppert/Helmes, MMR 2007, 564 (567 f.).

fung an die materielle Rechtsnatur der Normen die in Einzelfällen schwierige Zuordnung zu einer Teilrechtsordnung vorzunehmen, bei denen die oben dargestellten Schwierigkeiten bei der Anwendung der Abgrenzungstheorien auftreten können[533]. Da im Bereich des eisenbahnrechtlichen Infrastrukturzuganges keine spezielle Zuweisungsnorm existiert[534], ist hier auf die Generalklauseln der §§ 40 Abs. 1 VwGO, 13 GVG zurückzugreifen. Fraglich ist, welcher Rechtsweg bei Streitigkeiten im Bereich des Netzzugangs eröffnet ist.

a) Zuständigkeit der ordentlichen Gerichte

Soweit die Streitigkeiten im Regulierungsrechtsverhältnis zwischen EIU und Nutzungspetenten gerichtlich ausgetragen werden, wird man überwiegend gem. § 13 GVG die Zuständigkeit der ordentlichen Gerichte bejahen müssen[535]. Denn nach der modifizierten Subjektstheorie sind, soweit es um die Zulässigkeit etwa von Nutzungsbedingungen, AGB oder Entgeltgrundsätzen geht, die streitentscheidenden Normen des § 14 Abs. 1 S. 1 AEG iVm der EIBV keine öffentlich-rechtlichen Normen, da sie keinen Träger hoheitlicher Gewalt berechtigen oder verpflichten. Sie gehören zum Zivilrecht, weil sie das Verhältnis zwischen zwei Privatsubjekten regeln.

Die EIU sind unabhängig von einer materiellen Teilprivatisierung privatrechtlich organisiert und – das ist entscheidend – ohne hoheitliche Befugnisse ausgestattet[536]. Damit treffen sich die Vertragspartner auf gleichrangiger Ebene, was nach der Subordinationstheorie auf ein Zivilrechtsverhältnis hindeutet.

Soweit der Kläger sich parallel auf Normen des GWB beruft, etwa § 19 Abs. 4 S. 4 GWB, wird damit für die kartellrechtliche Streitigkeit gem. § 88 GWB eine ausschließliche Zuständigkeit des Landgerichts begründet. Grundsätzlich stehen damit Zivilprozess und kartellbehördliches Verfahren nebeneinander. Die beiden Ansprüche können aber gem. § 88 GWB verbunden und gemeinsam entschieden werden[537].

---

533 Knauff, VerwArch 2007, 382 (392 ff.).

534 Knauff, VerwArch 2007, 382 (390).

535 Aehringhaus, Netzzugangsregelungen und ihre behördliche Durchsetzung, S. 18; Höppner, Die Regulierung der Netzstruktur, S. 123 Fn. 366: LG Berlin v. 12.10.2005, 16 O 456/04.

536 Ruge, AöR 131 (2006), 1 (28 f.); BeckAEG/Komm-Suckale, § 2 Rn. 142.

537 Basedow, Wettbewerb in Gleisnetzen in: FS Sandrock, S. 13 (31).

b) Zuständigkeit der Verwaltungsgerichte

Die Zuständigkeit der ordentlichen Gerichte ist aber nur gegeben, solange nicht die Bundesnetzagentur als dritter Akteur in das Regulierungsrechtsverhältnis einbezogen wird. Denn wenn ein Einschreiten der Bundesnetzagentur begehrt oder ein behördlicher Rechtsakt abgewehrt werden soll, ist die Streitigkeit eine öffentlich-rechtliche, was nach § 40 Abs. 1 VwGO die Eröffnung des Verwaltungsrechtsweges zur Folge hat. Dies folgt aus den Abgrenzungstheorien. Soweit die Bundesnetzagentur eine Verfügung erlässt und diese mit einem Verstoß gegen das Diskriminierungsverbot begründet, verpflichtet die streitentscheidende Norm des § 14 Abs. 1 S. 1 AEG (iVm §§ 14c ff. AEG) in diesem funktionalen Zusammenhang einen Träger hoheitlicher Gewalt. Verstöße etwa gegen das Diskriminierungsverbot werden dann nicht nur vertraglich, sondern hoheitlich geahndet. Nach der Sonderrechtstheorie ist § 14 Abs. 1 S. 1 AEG in dieser Funktion eine öffentlich-rechtliche Vorschrift. Nach der Subordinationstheorie besteht ein Über-Unterordnungsverhältnis zwischen Bundesnetzagentur und dem Adressaten einer Verfügung, dem EIU oder einem EVU, etwa bei Ablehnung eines Antrags auf behördliches Einschreiten. Allein die Interessentheorie führt nicht weiter, da unklar ist, ob das Diskriminierungsverbot aus § 14 Abs. 1 S. 1 AEG in erster Linie Interessen der Allgemeinheit oder die Interessen der Wettbewerber schützt.

Der statthafte Rechtsbehelf gegen Verfügungen der Bundesnetzagentur ist der in § 37 AEG explizit genannte Widerspruch. Eine Parallelnorm zu § 137 TKG existiert im AEG nicht. Wie § 137 TKG ordnet auch § 37 AEG an, dass Rechtsbehelfe entgegen § 80 Abs. 1 VwGO keine aufschiebende Wirkung besitzen. Daher sind in der Praxis Anträge im vorläufigen Rechtsschutz (§§ 80, 80a VwGO) bedeutsam. Zuständiges Verwaltungsgericht ist wegen des Sitzes der Bundesnetzagentur in Bonn erstinstanzlich das VG Köln, vgl. § 52 Nr. 2 VwGO iVm § 1 Abs. 2 lit. 2 AGVwGO NRW. Die alleinige Zuständigkeit des VG Köln und zweitinstanzlich des OVG Münster bewirkt eine erhebliche Rechtswegkonzentration bei diesen Gerichten[538].

Wiederum wird deutlich, dass die Grundnorm des Netzzugangs, § 14 Abs. 1 S. 1 AEG, je nach Funktionszusammenhang dem Zivil- oder öffentlichen Recht angehören kann und damit als Beispiel für eine gemeinrechtliche Norm fungiert.

Als Zwischenfazit ist festzuhalten, dass im Eisenbahnregulierungsrecht je nach Konstellation Zivil- und Verwaltungsrechtsweg nebeneinander eröffnet sind.

538 Schmidt-Aßmann, VBlBW 2000, 45.

c) Parallelität der Rechtswege

Diese Überlegungen zeigen, dass beim Netzzugang die Eröffnung des zivil-, kartell- und verwaltungsrechtlichen Rechtwegs allein davon abhängig ist, ob eine Beteiligung der Bundesnetzagentur am Regulierungsrechtsverhältnis begehrt oder Maßnahmen der Behörde abgewehrt werden soll. Die Rechtswege sind dichotomisch voneinander getrennt, die Marktteilnehmer können also je nach Konstellation nur den Zivil- oder den Verwaltungsrechtsweg beschreiten.

Fraglich ist, ob es zu Überschneidungen zwischen beiden Möglichkeiten kommen kann, ob den EVU alternative Rechtsschutzmöglichkeiten offen stehen. Auf materieller Ebene wurde bereits bejaht, dass die Vorschriften parallel anwendbar sind.

Der parallelen Durchsetzung dieser Vorschriften könnten jedoch prozessuale Gründe entgegenstehen. Verdeutlicht werden soll das Problem an folgender Konstellation:

Wie kann ein EVU vorgehen, wenn der BdS einen den Anforderungen des § 6 EIBV entsprechenden Nutzungsantrag für eine bestimmte Zugtrasse aus Gründen ablehnt, die gegen die Vorschriften über den Infrastrukturzugang verstoßen?

Die Ablehnung des Zugangsgesuches verstößt gegen §§ 14 Abs. 1 S. 3 AEG, 11 Abs. 1 S. 1 EIBV. Der BdS hätte ein Trassenzuweisungsangebot unterbreiten müssen. In jedem Fall kann das EVU einen Überprüfungsantrag an die Bundesnetzagentur stellen. Rechtsgrundlage ist § 14f Abs. 2 S. 1 AEG. Das EVU ist gem. S. 2 ist antragsberechtigt. Die Bundesnetzagentur kann in der Folge einen Verstoß gegen die Vorschriften über den Netzzugang feststellen und – soweit der Rechtsverletzung durch den BdS nicht abgeholfen wird – in letzter Konsequenz den Nutzungsvertrag selbst anordnen.

Es stellt sich die Frage, ob das EVU daneben vor den ordentlichen Gerichten auf Abgabe eines Angebotes und/oder auf Zugang zum Netz klagen kann. Bedeutsam sind wegen des Zeitfaktors vor allem Anträge im vorläufigen Rechtsschutz, konkret ein Antrag auf Erlass einer einstweiligen Verfügung nach den §§ 935 ff. ZPO. Materiell ist der Nutzungsvertrag zivilrechtlicher Natur, die Normen der EIBV beschränken die Privatautonomie. Die Rechtsgrundlage in §§ 14 Abs. 1 S. 3 AEG iVm 11 Abs. 1 S. 1 EIBV ist in dieser Konstellation eine zivilrechtliche Norm, so dass es sich um eine zivilrechtliche Streitigkeit iSd § 13 GVG handelt[539]. Daneben kann sich das EVU auf § 19 Abs. 4 Nr. 4 GWB berufen.

539 Die Möglichkeit zivilrechtlicher Streitigkeiten wird auch für das Telekommunikationsrecht bejaht, vgl. BerlKommTKG/Nettesheim, Einl. III Rn. 298; § 87 Abs. 1 GWB ist jedenfalls nicht anwendbar, da die streitentscheidenden Normen weder dem GWB, noch Art. 81, 82 EG entstammen.

Zuständig sind insoweit gem. § 87 Abs. 1 GWB die Kartellgerichte, der Anspruch kann aber gem. § 88 GWB mit dem zivilrechtlichen verbunden werden und einheitlich vor dem Kartellgericht geltend gemacht werden. Ein derartiges (ggf. paralleles) Vorgehen dürfte aus Sicht der EVU deshalb besonders interessant sein, weil im zivilprozessualen vorläufigen Rechtsschutz anerkannt ist, dass eine Verfügung allein auf das „ob" des Zugangsgesuches gestützt werden kann. Ohne auf die Rechtmäßigkeit weiterer Vertragsbedingungen eingehen zu müssen, könnte die Möglichkeit bestehen, dass ein Zivilgericht gestützt auf §§ 935, 940 ZPO den Netzzugang anordnet[540].

Diesem parallelen Vorgehen könnten besondere prozessuale Hindernisse entgegenstehen.

aa) Zivilprozessuales Rechtsschutzbedürfnis

Teilweise wird ein solches alternatives – oder paralleles – zivilrechtliches Vorgehen für unzulässig gehalten, weil zivilprozessual das Rechtsschutzbedürfnis fehle[541]. Argumentiert wird, dass gerade für diesen Fall das beschriebene verwaltungsrechtliche Verfahren normiert sei. Es entspreche exakt dem Klagebegehren des EVU, da es mit der Zugangsgewährung des Petenten ende. Damit existiere eine außergerichtliche Möglichkeit, ans Ziel zu kommen, die dem Rechtsschutzbedürfnis einer zivilgerichtlichen Klage entgegenstünde[542].

Das zivilprozessuale Rechtsschutzbedürfnis entfällt aber nur, wenn die Wirkungen des anderen Weges, hier des Verfahrens vor der Bundesnetzagentur, gegenüber dem zivilrechtlichen Rechtsschutz gleichwertig sind[543]. Nach der Rechtsprechung der Zivilgerichte darf der Kläger nicht auf einen verfahrensmäßig unsichereren Weg verwiesen werden[544]. Dies ist nicht der Fall. Denn das behördliche Verfahren ist gegenüber einem zivilprozessualen Antrag im vorläufigen Rechtsschutz, für den keine gesetzlichen Entscheidungsfristen normiert sind, fristgebunden. Gem. § 14f Abs. 2 S. 5 AEG besteht eine zweiwöchige Stellungnahmefrist, danach wird binnen zwei Monaten entschieden. Hiergegen könnte zwar argumentiert werden, dass die Fristen nicht durch das zivilrechtliche Vorgehen umgangen werden dürfen. Hinzu kommt aber ein weiteres Argument. Diese Fristen können durch die Inanspruchnahme von Rechtsbehelfen – wegen § 37 AEG wird das auf Seiten der BdS Widerspruch iVm einem Antrag auf Gewährung vorläufigen Rechtsschutzes sein – deutlich hinausgezögert werden. Aus Sicht des Zugangspetenten ist nämlich

540 Basedow, ZHR 170 (2006), 178 (190 Fn. 52).

541 BeckAEG-Komm/Gerstner, § 14 Rn. 225.

542 BeckAEG-Komm/Gerstner, § 14 Rn. 230.

543 Baumbach/Lauterbach/Albers/Hartmann, ZPO Grundz. § 253, Rn. 37.

544 Zöller-Greger, ZPO vor § 253 Rn. 18 b.

unsicher, ob die Bundesnetzagentur seinem Antrag entspricht und gem. § 14f Abs. 3 Nr. 2 AEG den Vertrag anordnet oder zumindest den Netzbetreiber gem. § 14f Abs. 3 Nr. 1 AEG verpflichtet, gem. § 11 Abs. 1 S. 1 EIBV ein Trassenzuweisungsangebot abzugeben. Möglich ist auch, dass der BdS lediglich gem. § 14f Abs. 3 Nr. 1 AEG zur Neubescheidung – unter Beachtung der Rechtsauffassung der Behörde – verpflichtet wird. Dann ist aber offen, ob der BdS in der Folge ein Angebot abgibt oder dies unter Angabe neuer Gründe ablehnt und nach erneuter Ablehnung des Trassenzuweisungsgesuches ein weiteres Verfahren notwendig wird. Damit kann der behördliche Weg nicht als gleichwertig gegenüber einem zivilgerichtlichen Verfahren angesehen werden. Die Möglichkeit des Zugangspetenten, gem. § 14f Abs. 2 S. 1 AEG einen Überprüfungsantrag bei der Bundesnetzagentur zu stellen, steht dem zivilprozessualen Rechtsschutzbedürfnis folglich nicht entgegen[545].

bb) Vollstreckbarkeit einer zivilgerichtlichen Entscheidung

Eine zivilgerichtliche Entscheidung, die den Netzzugang anordnet, ist vollstreckbar. Die gegenteilige Auffassung, nach der es an einem vollstreckbaren Inhalt fehle[546], überzeugt nicht. Danach soll der Beklagten allenfalls verpflichtet werden können, erneut – unter Beachtung der Rechtsauffassung des Gerichtes – diskriminierungsfrei über das Begehren zu entscheiden. Zivilgerichte anerkennen jedoch anders als Verwaltungsgerichte grundsätzlich keine Beschränkungen ihrer Kontrollbefugnisse, sondern folgen dem Grundsatz der Vollkontrolle. Beurteilungsspielräume und auch behördliches Ermessen sind im Grundsatz vollständig überprüfbar[547]. Damit kann eine zivilgerichtliche Entscheidung unmittelbar vollstreckt werden. Beispielsweise kann im Energierecht eine einstweilige Verfügung allein hinsichtlich des „ob" des Zuganges erwirkt werden[548]. Diese Verfügungen sind rechtspraktisch von großer Bedeutsamkeit, weil kostengünstig und schnell der wettbewerbsfördernde Zustand – nämlich die Netzbenutzung der EVU – gewährleistet wird. Über die die Bedingungen des Zugangs wie der Höhe der Gegenleistung kann im Nachhinein verhandelt werden.

545 überzeugend Höppner, Die Regulierung der Netzstruktur, S. 125; so auch Fehling, Regulierungsrecht, § 10 Rn. 99.

546 BeckAEG-Komm/Gerstner, § 14 Rn. 226.

547 Wißmann, Richterliche Kontrolldichte im öffentlichen Wirtschaftsrecht, Festschrift Schmidt, S. 627 (639 ff); Bechtold, GWB, § 71 Rn. 18.

548 Basedow, ZHR 170 (2006), 178 (190 Fn. 52).

cc) Zwischenfazit zum alternativen Rechtsschutz

Als Ergebnis ist festzuhalten, dass einem – gegebenenfalls parallelen – zivilprozessualen Vorgehen keine Hindernisse im Wege stehen. Das EVU kann in obigem Beispiel alternativ ein Verwaltungsverfahren anstrengen oder vor den ordentlichen Gerichten einen Zugangsantrag stellen. Im ersten Fall ist das Regulierungsrechtsverhältnis dreipolig, da die Bundesnetzagentur in das Regulierungsrechtsverhältnis einbezogen wird, im zweiten Fall ein reines Horizontalverhältnis[549].

d) Besonderheiten der Rechtswege: Verwaltungsrechtsweg

Fraglich ist, welche prozessualen Besonderheiten bei der verwaltungsgerichtlichen Durchsetzung des Zugangsanspruches zu beachten sind.

aa) Klagebefugnis der Wettbewerber im verwaltungsbehördlichen und -gerichtlichen Verfahren, § 42 Abs. 2 VwGO

In einem verwaltungsrechtlichen Verfahren kann sich die Klagebefugnis als problematisch erweisen. Soweit ein Adressat einer Verfügung der Bundesnetzagentur Rechtsschutz begehrt, stellen sich wegen der Adressatentheorie grundsätzlich keine Probleme[550]. Anders ist es bei Dritten, die eine Verfügung abwehren wollen oder ein Einschreiten der Behörde begehren. Sie müssen gem. § 42 Abs. 2 VwGO die Verletzung drittschützender Normen geltend machen[551]. Nach der Schutznormtheorie[552] ist dies eine solche, die zumindest auch den Interessen von Dritten zu dienen bestimmt sind.

In den Verfahren der Ex-Ante-Regulierung nach §§ 14d, e AEG haben Dritte dem Wortlaut nach keine Möglichkeit, eine Entscheidung der Bundesnetzagentur zu beantragen. Erst in der Ex-Post-Kontrolle ist ein selbständiges Antragsrecht des Zugangsberechtigten vorgesehen, vgl. § 14f Abs. 2 S. 1, 2 AEG. Fraglich ist, ob sich die Wettbewerber auch an der Ex-Ante-Kontrolle beteiligen können, beispielsweise die Bundesnetzagentur zum Erlass eines Widerspruches gegenüber dem BdS verpflichten können, in dem SNB oder andere Vertragsbedingungen

549 So auch Höppner, Die Regulierung der Netzstruktur, S. 124 f.

550 Zur Kritik an der Adressatentheorie vgl. Schoch/Schmidt-Aßmann/Pietzner-Wahl/Schütz, § 42 Abs. 2 Rn. 48: der Adressat eines belastenden Verwaltungsaktes ist nicht automatisch klagebefugt, sondern muss als „Strukturprinzip des Individualrechtsschutz" einen spezifischen Rechtswidrigkeitszusammenhang zwischen verletzter Norm und Grundrechtseingriff darlegen.

551 Zur theoretischen Herleitung Schoch/Schmidt-Aßmann/Pietzner-Wahl, VwGO Vorb § 42 Abs. 2 Rn. 42 ff.

552 Hufen, Verwaltungsprozessrecht, 8. Auflage 2009, § 14 Rn. 72.

für ungültig erklärt werden. Diese Rechtsschutzmöglichkeit wäre praxisrelevant, wenn die Bundesnetzagentur auf ihr Widerspruchsrecht gem. § 14e Abs. 4 S. 1 AEG verzichtet oder aufgrund der Komplexität des Regelwerkes[553] nicht allen neuralgischen Stellen widerspricht. Eine frühzeitige Beteiligung der Wettbewerber könnte spätere Prozesse, in denen um diese Fragen gestritten wird, vermeiden.

In einer Drittschutzkonstellation hat das OVG Münster die Klagebefugnis eines unterlegenen Petenten in der Ex-Post-Kontrolle bejaht, ohne jedoch auf eine bestimmte Norm einzugehen. Ein Wettbewerber hatte einen Bescheid der Bundesnetzagentur angefochten, der die Zuweisung einer Zugtrasse an ein konkurrierendes EVU vorsah[554]. Da er nicht Adressat des Verwaltungsaktes war, musste er die Verletzung einer drittschützenden Norm geltend machen können. Das Gericht stellte darauf ab, dass die Verfügung der Bundesnetzagentur, die den BdS verpflichtete, dem Wettbewerber ein Nutzungsangebot zu unterbreiten, bereits notwendig eine Belastung des Antragstellers enthalte. Die Belastung sei in diesem Fall eine „zwingende und auf der Hand liegende Folge" der Zuweisung an den Wettbewerber[555].

Die Argumentation ist problematisch, weil der einen Verwaltungsakt anfechtende Antragsteller gem. § 42 Abs. 2 VwGO keine faktische Belastung, sondern die Verletzung eines subjektiven Rechtes geltend machen muss. Daher führt diese an die Adressatentheorie anknüpfende Argumentation im Falle einer Drittanfechtung nicht weiter[556]. Erforderlich wäre die Herleitung einer drittschützenden Norm gewesen. Fraglich ist, ob dem AEG/der EIBV solche Normen zu entnehmen sind.

Insbesondere die – frühere – Rechtsprechung legte zur Herleitung drittschützender Normen nicht allein Bestimmungen des einfachen Rechts aus, sondern entnahm sie auch unmittelbar den Grundrechten[557]. Demnach könnte man untersuchen, inwieweit die Wettbewerbsfreiheit aus Art. 12 GG als drittschützende Norm fungieren kann. Problematisch an dieser Betrachtungsweise ist, dass der Anwendungsvorrang des einfachen Rechts unterminiert wird. Die Grundrechte sind in erster Linie durch den Gesetzgeber auszufüllen. Diese Zuweisung würde unterlaufen, wenn Gerichte unmittelbar auf Grundrechte zurückgriffen; einer verfassungsunmittelbaren Begründung eines subjektiven öffentlichen Rechts

553 Serong, N+R 2009, 108 (113).

554 OVG Münster, NVwZ-RR 2004, 399 (400).

555 So auch BeckAEG/Komm-Gerstner, § 14e Rn. 26.

556 So auch Sodan/Ziekow-Sodan, VwGO, § 42 Rn. 375.

557 BVerwGE 32, 173; heute beruft sich auch die Rechtsprechung in diesem Fall auf das Gebot der Rücksichtnahme, vgl. Schoch/Schmidt-Aßmann/Pietzner-Wahl/Schütz, VwGO § 42 Abs. 2 Rn. 124.

stehen somit seine Grundrechts- und seine Rechtssatzabhängigkeit entgegen[558]. Drittschützende Normen müssen daher dem einfachen Recht entnommen werden. Wenn der Wortlaut unergiebig ist, sind die Normen gegebenenfalls richterrechtlich auszuformen[559]. Im Wirtschaftsverwaltungsrecht werden allgemein solche Normen als drittschützend angesehen, die die wirtschaftlichen Freiheiten der Wettbewerber begrenzen und gegeneinander abgrenzen. Konkret hat ein Wettbewerber Anspruch darauf, dass eine Norm, welche seine eigene Wettbewerbsposition regelt, richtig angewandt wird[560].

Damit rückt das eisenbahnrechtliche Diskriminierungsverbot in § 14 Abs. 1 S. 1 AEG mitsamt seiner konkreten Ausgestaltung in der EIBV in den Fokus. Es begrenzt den Handlungsspielraum der Marktteilnehmer und ist gleichzeitig Prüfungsmaßstab der Regulierungsbehörde. Die für die Wettbewerber insoweit entscheidende Frage lautet, ob es drittschützende Wirkung entfaltet[561]. Dies dürfte der Fall sein. Die Norm dient unter Beachtung der Gesetzessystematik im Zusammenhang mit § 1 Abs. 1 S. 1 AEG unmittelbar dem Wettbewerb. Die Freiheitsbereiche der Wettbewerber werden gegenüber allgemeinen zivilrechtlichen Grundsätzen eingegrenzt[562]. Ein Wettbewerber wird daher auch vom Schutzzweck der Norm umfasst, da er in einem konkreten Konkurrenzverhältnis zu anderen EVU steht und ihm bei fehlerhafter Anwendung des Diskriminierungsverbotes ein unmittelbarer wirtschaftlicher Nachteil droht[563]. Die Ex-Ante-Regulierung dient auch unmittelbar der Wettbewerbsförderung, wie § 14e Abs. 4 S. 3 AEG zeigt. Nur, soweit eine Beeinträchtigung des Wettbewerbs nicht zu erwarten ist, darf die Bundesnetzagentur auf ihr Widerspruchsrecht verzichten. Damit ist die Prüfung des Diskriminierungsverbotes schon im Wege der Ex-Ante-Regulierung auch den Interessen der Wettbewerber zu dienen bestimmt. Überzeugend ist es daher, schon hier ein subjektives öffentliches Recht der Wettbewerber aus §§ 14 Abs. 1 S. 1 AEG, 14e Abs. 4 S. 3 AEG herzuleiten. Es kann etwa geltend gemacht werden, wenn diskriminierenden SNB oder NBS nicht oder nicht vollständig widersprochen wird.

Damit sind Wettbewerber auch im Ex-Ante-Verfahren antragsbefugt. Sie können von der Bundesnetzagentur einen Widerspruch gegenüber diskriminierenden SNB erwirken. Eine effektive Durchsetzung ihrer Rechte ist aber nur dann gewährleistet, wenn sie schon in dieser Stufe am Verfahren der Bundes-

558 Schoch/Schmidt-Aßmann/Pietzner-Wahl/Schütz, VwGO § 42 Abs. 2 Rn. 53 ff.

559 Schoch/Schmidt-Aßmann/Pietzner-Wahl/Schütz, VwGO § 42 Abs. 2 Rn. 61.

560 Schoch/Schmidt-Aßmann/Pietzner-Wahl/Schütz, VwGO § 42 Abs. 2 Rn. 295.

561 Offen gelassen bei BeckAEG/Komm-Gerstner, § 14c Rn. 21.

562 Die Frage, ob Wettbewerber eine Regulierungsverfügung gegenüber dem Monopolisten im TK-Recht anfechten können, bejahen Ladeur/Möllers, DVBl. 2005, 525 (530).

563 Vgl. dazu: Schoch/Schmidt-Aßmann/Pietzner-Wahl/Schütz, VwGO § 42 Abs. 2 Rn. 296.

netzagentur beteiligt werden. Es ist daher sachgerecht, auch Wettbewerber gem. § 13 Abs. 2 VwVfG hinzuzuziehen.

bb) Beteiligte des Verwaltungsverfahrens/Verwaltungsprozesses

Verwaltungsverfahren und -prozess sind anders als zivilrechtliche Verfahren auf Mehrpersonenkonstellationen eingestellt. Denn prozessual besteht die Möglichkeit, Dritte zum Verfahren hinzuzuziehen bzw. beizuladen. Durch die Stellung eines Beteiligten wird erreicht, dass die Rechtskraft etwa eines verwaltungsgerichtlichen Urteils auf sie erstreckt wird, vgl. § 121 VwGO.

Problematisch ist aber, dass im behördlichen wie gerichtlichen Verfahren Wettbewerber nicht automatisch beteiligt werden. Überprüft beispielsweise die Bundesnetzagentur SNB gem. §§ 14d S. 1 Nr. 6, 14e Abs. 1 Nr. 4 AEG, kann sie gem. § 13 VwVfG, der gegenüber dem AEG subsidiäre Anwendung findet[564], neben dem Adressaten eines Widerspruches, dies sind ein EIU oder BdS, weitere Unternehmen gem. § 13 Abs. 2 S. 1 VwVfG hinzuziehen. Die Hinzuziehung vermittelt ihnen den Status eines Beteiligten gem. § 13 Abs. 1 Nr. 4 VwVfG und ist, wie der Wortlaut deutlich macht, vom Ermessen der Behörde abhängig. Außerdem kann die Behörde selbst bei großzügiger Anwendung der Beiladungsmöglichkeit immer nur solche Unternehmen beteiligen, von denen sie Kenntnis hat, etwa indem ein Beiladungsantrag gestellt wurde. Start-up-Unternehmen etwa werden nicht berücksichtigt[565]. Die Beteiligungsfrage stellt sich für das gerichtliche Verfahren mit derselben Dringlichkeit. Wettbewerber werden am Verwaltungsprozess nach Maßgabe des § 65 VwGO beteiligt. Das auf drei- und mehrpolige Rechtsverhältnisse bereits vorgeformte Verwaltungsprozessrecht hat gegenüber dem Zivilprozess hier Vorteile bei der Verarbeitung regulierungsrechtlicher Streitigkeiten.

e) Prozessuale Besonderheiten des Zivilrechtswegs

Fraglich ist, welche Besonderheiten den Zivilprozess im Hinblick auf die Anwendung des Regulierungsrechts prägen.

564 BeckAEG/Komm-Gerstner, § 14e Rn. 6.

565 zur Parallelproblematik im Telekommunikationsrecht Geppert/Helmes, MMR 2007, 564 (568); im Eisenbahnsektor dürfte sich die Anzahl solcher Unternehmen wegen der erheblichen Anfangsinvestitionen für rollendes Material aber in Grenzen halten.

aa) Besonderheiten beim vorläufigen Rechtsschutz

Der vorläufige Rechtsschutz ist im Zivil- und im Verwaltungsprozessrecht unterschiedlich ausgestaltet. Im Verwaltungsprozess ist ein von Hauptsacherechtsbehelfen unabhängiger vorläufiger Rechtsschutz grundsätzlich nicht erforderlich, da den Rechtsbehelfen gem. § 80 Abs. 1 VwGO aufschiebende Wirkung zukommt. Verfügungen dürfen daher nach Einlegung eines Rechtsbehelfes jedenfalls nicht vollzogen werden, soweit nicht die Behörde – auch nachträglich – die sofortige Vollziehung angeordnet hat. Dies gilt nicht für Rechtsbehelfe gegen Verfügungen der Bundesnetzagentur, denen gem. §§ 80 Abs. 2 S. 1 Nr. 1 VwGO iVm 37 AEG keine aufschiebenden Wirkung zukommt. Will ein Adressat einer Verfügung also verhindern, dass sie vollzogen wird, ist er auf vorläufigen Rechtsschutz angewiesen. Dessen Voraussetzungen normiert § 80 VwGO und, im Falle eines Verwaltungsaktes mit Doppelwirkung, § 80a VwGO. Behördlicher vorläufiger Rechtsschutz ist gem. § 80 Abs. 4 VwGO zu beantragen, die Erfolgsaussichten des praxisrelevanten gerichtlichen Antrags richten sich nach § 80 Abs. 5 Satz 1 VwGO.

Der Zivilprozess kennt keine aufschiebende Wirkung von Rechtsbehelfen. Erst nachdem Rechtsbehelfe gerichtlich durchgesetzt wurden, ändert sich die Rechtslage. Wegen der Zeitkomponente spielt in Kartellrechtsstreitigkeiten der vorläufige Rechtsschutz von vornherein eine besondere Bedeutung[566]. Der Antragsteller ist darauf angewiesen, sein subjektives Recht im vorläufigen Rechtsschutz nach den §§ 935 – 940 ZPO durchzusetzen. Das Verfahren richtet sich im Grundsatz nach der ZPO, auch wenn für das Wettbewerbsrecht Modifikationen existieren.

bb) Kontrolldichte der Gerichte: Anerkennung von Beurteilungsspielräumen der Bundesnetzagentur

Von hoher Relevanz ist die Frage, ob den Regulierungsbehörden bei ihren Entscheidungen Beurteilungs- oder Ermessensspielräume zugebilligt werden, oder ob die Gerichte die Letztentscheidungskompetenz für bestimmte Fragen wahrnehmen. Die Frage steht im Spannungsfeld zwischen der Gesetzesbindung der Verwaltung (Art. 20 Abs. 3 GG) und dem Rechtsschutzauftrag der Gerichte (Art. 19 Abs. 4 GG). Das Spannungsfeld macht eine Abwägung erforderlich zwischen dem Grundsatz der Vollkontrolle und der eigenständigen Legitimation der Exekutive, staatliches Recht gegenüber dem Einzelnen verbindlich zu machen[567].

---

566 Jestaedt in: Ahrens (Hrsg.), Der Wettbewerbsprozess, S. 888 f.

567 Wissmann, Richterliche Kontrolldichte im öffentlichen Wirtschaftsrecht, FS Schmidt, S. 627 (641).

aaa) Zivilgerichte

Die Kartellgerichte lehnen Beschränkungen ihres Prüfungsumfanges grundsätzlich ab. Gem. § 71 Abs. 1 und 5 GWB unterliegen auch Ermessensspielräume vollumfänglicher gerichtlicher Kontrolle[568]; abgeschwächt wird diese hohe Kontrolldichte durch die gerichtliche Übernahme der kartellbehördlichen Annahmen und Wertungen[569]. Hintergrund dieser umfassenden „Verrechtlichung" des Ermessens ist die Grundstruktur des Kartellrechts. Da die Behörde in Vertretung der Wettbewerber eingreift, also deren Rechte geltend macht, ohne dass ein davon zu unterscheidendes öffentliches Interesse die Entscheidung legitimierte, kann und muss die behördliche Entscheidung auch umfassend überprüft werden. Ihr kommt insoweit kein Gestaltungsauftrag zu[570].

bbb) Verwaltungsgerichte

Auch die Verwaltungsgerichte sind im Ausgangspunkt skeptisch, was die Anerkennung behördlicher Beurteilungsspielräume im Regulierungsrecht anbelangt. Das Verwaltungsgericht Köln hat im Telekommunikationsrecht wegen des Fehlens mit § 71 Abs. 5 S. 2 GWB vergleichbarerer Normen Zweifel, ob sich die Regulierungsbehörden bei der Entgeltregulierung überhaupt auf gerichtlich nicht kontrollierbare Freiräume berufen können[571]. Im Ergebnis billigte das Gericht der Regulierungsbehörde Telekommunikation und Post eine Entscheidungsprärogative für die Festlegung der Zinsfußbemessung nach § 3 Abs. 2 TEntgV zu[572]. Es begründet die Entscheidung mit der hohen prognostischen Natur der Ermittlung des Zinsfußes, die in hohem Maße wertenden Charakter habe und planerische Elemente enthalte[573]. Das Gericht legt detailliert dar, in welchem Umfang es die behördliche Entscheidung, die von der Entscheidungsprärogative umfasst wird, prüft. Überprüft werden

- die Einhaltung von Verfahrensbestimmungen,
- die zutreffende und vollständige Ermittlung des Sachverhaltes,
- die Beachtung allgemeingültiger Bewertungsgrundsätze und –maßstäbe,

---

568 Bechtold, GWB, § 71 Rn. 18.

569 Wissmann, Richterliche Kontrolldichte im öffentlichen Wirtschaftsrecht, FS Schmidt, S. 627 (639 f.).

570 Wissmann, Richterliche Kontrolldichte im öffentlichen Wirtschaftsrecht, FS Schmidt, S. 627 (642).

571 VG Köln, Urteil vom 13.2.2003, MMR 2003, 814 (816).

572 VG Köln, Urteil vom 13.2.2003, MMR 2003, 814 (817).

573 VG Köln, Urteil vom 13.2.2003, MMR 2003, 814 (818 m. w. N.).

- krasse Fehler bei der Abwägung der Renditeerwartung des Marktbeherrschers einerseits und dem Interesse an baldiger Herstellung von Wettbewerb,
- die Beachtung objektiver Kriterien und des Willkürverbotes sowie
- eine so ausführliche Begründung der Entscheidung, die den Gerichten die Überprüfung der behördlichen Entscheidung ermöglicht[574].

Auffällig ist die Nähe des Prüfungsumfangs zur Kontrolle planungsrechtlicher Abwägungsentscheidungen. In der Literatur wird die Einräumung von Einschätzungsprärogativen für die Behörden begrüßt[575]. In der Ex-Post-Kontrolle wurde dargelegt, dass auch im AEG ein Regulierungsermessen anzuerkennen ist. Die Bundesnetzagentur hat jedenfalls bei der Anordnung des Nutzungsvertrages einen solchen Ermessensspielraum inne.

f) Fazit zu parallelen Rechtsschutzmöglichkeiten

De lege lata sind im Eisenbahnregulierungsrecht beide Rechtswege alternativ, im Hinblick auf die Zuständigkeit der Kartellgerichte sogar regelmäßig parallel eröffnet.

g) Zur Vereinheitlichung der Rechtswege im Regulierungsrecht

Wegen dieses Befundes wird de lege ferenda kontrovers diskutiert, ob der Rechtsweg vereinheitlicht werden muss. Dies wird überwiegend gefordert[576], wobei häufig für eine Konzentration bei den Verwaltungsgerichten plädiert wird[577].

aa) Befürwortende Argumente: Gefahr divergierender Entscheidungen

Parallele Rechtsschutzmöglichkeiten werden in der Literatur als problematisch angesehen, weil sie die Gefahr divergierender Entscheidungen heraufbeschwören[578]. Da Gerichte an Wertungen eines Gerichts eines anderen Rechtswegs nicht

574 VG Köln, Urteil vom 13.2.2003, MMR 2003, 814 (818); vom BVerwG wurde die Frage dagegen offen gelassen, vgl. die Entscheidung vom 2.5.2005 – 6 B 6/05 –.

575 Trute, Das Telekommunikationsrecht in: FS BVerwG, S. 857 (866 f.).

576 Vgl. nur Masing, NJW 2006 Beilage, 18 (20).

577 Knauff, VerwArch 2007, 383 (396); BeckAEG-Komm/Gerstner, § 14 Rn. 230; Masing, NJW 2006 Beilage, 18 (20); Burgi, NJW 2006, 2439 (2443).

578 BeckAEG-Komm/Gerstner, § 14 Rn. 227; Knauff, VerwArch 2007, 383 (395).

gebunden sind[579] und daraus unterschiedliche Ergebnisse resultieren können, ist die Kritik berechtigt.

Allerdings ist dieses Problem schon innerhalb derselben Gerichtsbarkeit kein neues. Der Richter der Eingangsinstanz ist gem. Art. 97 Abs. 1 GG nur dem Gesetz unterworfen und daher nicht an die höchstrichterliche Rechtsprechung seiner Instanz gebunden. Dem stehen die rechtsstaatlichen Gebote der Rechtssicherheit und Rechtsklarheit entgegen, die durch die Einrichtung eines Instanzenzuges abgesichert werden, für eine Rechtsvereinheitlichung sorgen und dadurch – mittelbar – auch den erstinstanzlichen Richter binden. Denn er hilft dem Kläger durch ein zusprechendes Urteil nicht weiter, wenn er weiß, dass sein Urteil in der nächsten Instanz kassiert wird. Daher wird er grundsätzlich nicht von einer gefestigten Rechtsprechung abweichen. Die Gerichte wären gut beraten, wenn sie diesen Grundgedanken auch fachgerichtsübergreifend verfolgen und damit nicht nur der Gefahr divergierender Entscheidungen vorbeugen, sondern im Dialog daran mitwirken, eine einheitliche Dogmatik des regulierungsrechtlichen Rechtsschutzes zu entwickeln.

Weitere prozessuale Möglichkeiten, divergierende Entscheidungen zu vermeiden, bestehen de lege lata nicht. Prüft etwa die Bundesnetzagentur Netzentgelte auf ihre Vereinbarkeit mit § 14 Abs. 4, 5 AEG, kann das Gericht einen Zivilrechtsstreit, der ebenfalls die Höhe der Entgelte zum Gegenstand hat, nicht gem. § 148 ZPO aussetzen. Denn die Frage, ob die Entgelte mit Normen des BGB oder GWB vereinbar sind, prüft die Behörde nicht. Damit ist die Frage nicht vorgreiflich iSd § 148 ZPO[580].

Die Behörden im Regulierungsrecht entscheiden heute häufig nicht mehr eigenständig, sondern immer mehr im – gerade auch europäischen – Verwaltungsverbund. Ausgeprägt ist dieser Regulierungsverbund im Telekommunikationsrecht[581]. Im Eisenbahnregulierungsrecht ist die behördliche Zusammenarbeit bislang weniger stark ausgeprägt. Abstimmungs- und Unterrichtungspflichten existieren jedoch in den § 14b Abs. 2 S. 2 – 4, Abs. 3 AEG. Auf die Spruchpraxis der Gerichte hatte diese Entwicklung bislang keine Auswirkungen. Dabei liegt es nahe, auch die Gerichte in diese vernetzte Ordnung einzubeziehen. Eine vernetzte Verwaltung führt zu multiplen Zuständigkeiten verschiedener Gerichte. Das erhöht auch für die Gerichte den Kommunikationsbedarf. Verfassungsrechtlich problematisch wären zwar wegen der richterlichen Unabhängigkeit den behördlichen Pflichten nachempfundene zwingende gesetzliche Abstimmungspflichten.

579 So aus der Sicht der Verwaltungsgerichtsbarkeit etwa OVG Münster, Beschl. v. 31.8.2007, N+R 2008, 42 (46).

580 So für die alte Rechtslage Basedow, Wettbewerb in Gleisnetzen in: FS Sandrock, S. 13 (31 f.).

581 Hierzu: Ladeur/Möllers, DVBl. 2005, 525 ff.

Rechtlich zulässig wären allenfalls fakultative Beteiligungsmöglichkeiten und Informationsangebote. Jedoch setzt das Interesse des Richters an sachgerechten Entscheidungen voraus, sich im Regulierungsrecht auch mit konkreten Entscheidungen und den verschiedenen Grundsätzen und Besonderheiten des jeweils anderen Rechtswegs auseinanderzusetzen. „Berührungsängste" zwischen Fach- und der ordentlichen Gerichtsbarkeit dürfen hier keine Rolle spielen.

bb) Tendenzen in der Rechtsprechung hin zu Rechtsschutzverweigerungen

Ein weiteres Argument streitet für die Rechtswegvereinheitlichung. Denn in der Rechtsprechung und der Verwaltungspraxis der Regulierungsbehörden sind Tendenzen auszumachen, den Prüfungsmaßstab auf Teile zu beschränken und sich für den anderen Teil für unzuständig zu erklären[582]. In Ausnahmefällen, auf die noch eingegangen wird[583], droht sogar die Gefahr, dass der Rechtsschutz ganz verweigert wird.

Die Parallelität der Rechtswege darf keinesfalls zu einem Absinken des Schutzniveaus führen, indem etwa mit einer vermeintlich anderen „Rechtsnatur" von Normen argumentiert wird[584].

cc) Argumente für den Verwaltungsrechtsweg: Sachnähe

Die Befürworter einer Vereinheitlichung begründen die Bündelung der Zuständigkeiten bei den Verwaltungsgerichten mit dem Argument der „Sachnähe" der Verwaltungsgerichte für öffentlich-rechtliche Streitigkeiten. Es vermag jedoch nicht zu überzeugen[585]. Zum einen ist es zeitlich begrenzt. „Sachnähe" im Sinne der Kenntnis der materiell-rechtlichen Materie kann und muss – wie die gesetzgeberische Wertung in § 17a GVG zeigt – sich jedes Gericht aneignen. Zudem existieren zahlreiche Überschneidungen schon heute. Ordentliche Gerichte überprüfen Behördenentscheidungen im Enteignungs-, Amtshaftungs- und Ordnungswidrigkeitenrecht, neuerdings auch im Vergaberecht. Andererseits sind Verwaltungsgerichte häufig auch für zivilrechtliche Fragen zuständig. Sie müssen etwa im Telekommunikationsrecht, wenn sie die Rechtsprechung des BGH wahrnehmen, zivilrechtliche AGB in Infrastrukturnutzungsverträgen überprüfen[586]. Die für

582 Für das Telekommunikationsrecht: Trute, Das Telekommunikationsrecht in: FS BVerwG 2003, S. 857 (879).

583 Siehe unten 4. b) cc).

584 Unten 4. b) cc).

585 Knauff, VerwArch 98 (2007), 383 (395); BVerwG, Urteil vom 20.1.1989, BVerwGE 81, 226 (227 f.).

586 Geppert/Helmes, MMR 2007, 564 (568).

diese zivilrechtlichen Fragen „a priori“ sachnäheren Gerichte sind die ordentlichen Gerichte.

dd) Einheitliche Fortentwicklung der Verwaltungsdogmatik

Begründet wird die einheitliche Zuständigkeit der Verwaltungsgerichte mit der Erwägung, nur so könne eine einheitliche Fortentwicklung verwaltungsrechtlicher Dogmatik gewährleistet werden[587]. Die vorangegangenen Kapitel der Arbeit haben jedoch gezeigt, dass es bei der (Fort-) Entwicklung des Regulierungsrechtes nicht allein um eine Fortentwicklung der Verwaltungsdogmatik und die Bewahrung der Einheit des Verwaltungsrechts geht. Ebenso berechtigt ist aus zivilrechtlicher Sicht der Einwand, Regulierungsrecht beinhalte die Fortentwicklung der Zivilrechtsdogmatik[588]. Die materielle Gemengelage der Rechtsordnungen im Regulierungsrecht spiegelt sich prozessual und führt notwendig zu einer Gemengelage der Rechtswege und gerichtlichen Zuständigkeiten. Insofern ist auch Kritik zu üben am Begriff Regulierungsverwaltungsrecht, der eben nur eine Seite der Medaille erfasst. Es geht in diesem Zusammenhang nicht um die Verteidigung und die Bewahrung der Verwaltungsgerichtsbarkeit[589] gegenüber der Zivilgerichtsbarkeit, sondern um eine Fortentwicklung der Regulierungsdogmatik, die beide Teilrechtsordnungen einschließt. Dazu gehört auch ein konstruktiver Dialog der Gerichte, im Verlaufe dessen die jeweiligen Stärken und Schwächen der Prozessordnungen austariert werden müssen. Um diese Zukunftsaufgabe zu verbildlichen, mag das Paradigma der „wechselseitigen Auffangordnungen“, das bislang nur auf materieller Ebene thematisiert wurde, auch auf die prozessuale Ebene ausgeweitet werden. Dort, wo die Eigenheiten der einen Gerichtsbarkeit Rechtschutzdefizite aufweisen, muss ergänzend die andere Gerichtsbarkeit ihre Vorteile ausspielen[590].

ee) Stellungnahme

Überzeugend ist es daher, die parallelen Rechtswege zumindest vorerst beizubehalten. Das Regulierungsrecht ist kein Spezialfall des Kartellrechts, kein „Sonderkartellrecht“, das nur qualitativ über dessen Instrumente hinausgeht. Beide

---

587 So Knauff, VerwArch 98 (2007), 383 (396).

588 Differenzierend Basedow ZHR 170 (2006), 178 (198).

589 Knauff, VerwArch 98 (2007), 383 (395 ff.).

590 Als Beispiel mag abermals das Urteil des BGH zum Prüfungsmaßstab der Zivilgerichte (Urteil v. 24.5.2007, MMR 2007, 585) herhalten: wenn AGB nicht mehr von ordentlichen Gerichten überprüft werden, müssen die Verwaltungsgerichte – rechtlich ist dies wegen Art. 19 Abs. 4 GG zwingend – diese Rechtsschutzlücke schließen; vgl. dazu Geppert/Helmes, MMR 2007, 564 (568).

Rechtsgebiete haben diametral unterschiedliche Ausgangspunkte. Das Kartellrecht geht vom Regelfall des funktionierenden Wettbewerbs aus, das Regulierungsrecht muss diesen erst herstellen[591]. Insofern entlastet das Regulierungsrecht das Kartellrecht, indem es bestimmte Vorfragen aus der kartellrechtlichen Prüfung herausnimmt[592]. Diese Erkenntnis sollte bei der Rechtswegfrage abgebildet werden[593].

Die Entfaltung von Wettbewerb hat eine private Dimension, die von einem effektiven privaten Rechtsschutz abhängt. Die Auslegung des Regulierungsrechts anhand seines Zwecks, nämlich der Wettbewerbsförderung, muss notwendig zu einer parallelen Zuständigkeit der ordentlichen Gerichte gelangen. Effektiver Rechtsschutz durch das Zivilrecht ist für die Wettbewerber bedeutsam, weil im Eisenbahnsektor ein staatlicher Monopolist agiert, der von staatlichen Behörden reguliert wird. Der – weisungsabhängigen – Regulierungsbehörde wird berechtigtes Misstrauen entgegengebracht[594]. Zudem gerät die Behörde schnell in Gefahr, überlastet zu werden. Anzeichen hierfür sind – vereinzelte – nicht öffentliche Aussagen des Präsidenten der damaligen Regulierungsbehörde Telekommunikation und Post[595].

Die Herstellung von Wettbewerb in den regulierten Sektoren ist eine, wie die geringe Intensität der Marktöffnungen bislang zeigen, gewaltige Herausforderung, die daher nicht kurzerhand einer Gerichtsbarkeit auferlegt werden sollte. Vor diesem Hintergrund erschiene es absurd, gerade in den Sektoren mit dem geringsten Wettbewerbsgraden allein auf die wirksame Wettbewerbsförderung durch die Rechtsprechung der Verwaltungsgerichte zu vertrauen[596].

Konkret bedeutet dies etwa, dass die Kartellgerichte anhand von § 19 Abs. 4 S. 4 GWB die Netzentgelte oder Zivilgerichte analog § 315 BGB die Endkundenentgelte überprüfen können, solange die Bundesnetzagentur eine solche Überprüfung nicht vornimmt oder eine solche Überprüfung gegenüber den zivilrechtlichen

591 Wissmann, Richterliche Kontrolldichte im öffentlichen Wirtschaftsrecht, FS Schmidt, S. 627 (642 f.).

592 Wissmann, Richterliche Kontrolldichte im öffentlichen Wirtschaftsrecht, FS Schmidt, S. 627 (644.).

593 Wissmann, Richterliche Kontrolldichte im öffentlichen Wirtschaftsrecht, FS Schmidt, S. 627 (643).

594 Basedow, ZHR 170 (2006), 178 (197).

595 „Ich bitte jedoch um Verständnis, dass es die RegTP nicht als ihre Aufgabe betrachtet, eine Vielzahl einzelner Vertragsklauseln unter zivilrechtlichen Aspekten zu prüfen und gegebenenfalls zu beanstanden. Die Behörde hat ihre Schwerpunkte stets an den regulatorischen Zielen des TKG festgemacht und wird dies auch unter dem neuen Rechtsrahmen des TKG so beibehalten." Schreiben des Präsidenten der Regulierungsbehörde, vgl. Beck-TKG-Komm/Piepenbrock/Attendorn, § 35 Rn. 46.

596 Kritisch auch Basedow, ZHR 170 (2006), 178 (197).

Möglichkeiten Nachteile aufweist. Hier wäre ein Ausschluss des Zivilrechtswegs für die Wettbewerbssituation kontraproduktiv. Weiteres Beispiel ist die oben erörterte Beschränkung des Verwaltungsrechtsschutzes in Drittkonstellationen durch § 42 Abs. 2 VwGO[597]. In dieser Konstellation ergeben sich grundsätzlich zwei Möglichkeiten. Entweder, die Zivilgerichte fangen mögliche Rechtsschutzdefizite auf, oder die Verwaltungsgerichte entwickeln ihre Dogmatik fort[598]. Auch insofern kann eine voreilige Bündelung des Rechtswegs bei den Verwaltungsgerichten Probleme bereiten.

Diese Überlegungen implizieren nicht den Ausschluss einer Vereinheitlichung der Rechtswege für die Zukunft. Bis zur Entwicklung einer effektiven institutionellen Durchsetzung der Regulierung sollten jedoch die Vorteile beider Gerichtszweige für die Wettbewerbsförderung eingesetzt werden[599].

3. Prüfungsumfang der Bundesnetzagentur in der Ex-Ante-Kontrolle: Widersprüche gegen Bedingungen, die in „zivilrechtlichen" AGB vereinbart sind?

In der Regulierungspraxis hängen zahlreiche Streitigkeiten mit der übergreifenden Thematik dieser Arbeit zusammen. Anlass für gerichtliche Auseinandersetzungen liefert die Reichweite der Prüfungskompetenz der Bundesnetzagentur, konkret die – als solche notwendige und in verschiedenen Netzsektoren anzutreffende – Praxis der Netzbetreiber, in Infrastrukturnutzungsverträgen AGB zu vereinbaren. Das AEG sieht hierfür spezielle Regelungen vor. Neben den AGB sind die EIU verpflichtet, SNB/NBS aufzustellen. SNB sind gem. § 4 Abs. 1 EIBV Benutzungsbedingungen für die in Anlage 1 der EIBV aufgeführten Pflicht-, Zusatz- und Nebenleistungen der EIU. AGB sind nach der Legaldefinition in § 305 Abs. 1 S. 1 BGB für eine Vielzahl von Verträgen vorformulierte Vertragsbedingungen, die der Verwender seinem Vertragspartner bei Abschluss des Vertrages stellt. Die Rechtsnatur des Vertrages, für den sie vereinbart werden, ist dabei gleichgültig[600]. Es handelt sich also sowohl bei AGB wie bei SNB um (Teil-) Bedingungen des zwischen

597 So auch Knauff, VerwArch 98 (2007), 383 (398 f.); Danwitz, DÖV 2004, 977 (985).

598 Dies befürwortet Schmidt-Aßmann, VBlBW 2000, 45 (51).

599 Dazu im krassen Gegensatz steht das gegenwärtige Verhältnis der mit der Kontrolle von Regulierungsentscheidungen befassten Gerichte, vgl. Trute, Das Telekommunikationsrecht, in: Festgabe 50 Jahre Bundesverwaltungsgericht, S. 857 (886).

600 Palandt-Grüneberg, BGB, § 305 Rn. 4.

EIU und Zugangspetenten abzuschließenden Infrastrukturnutzungsvertrages. Gem. § 4 Abs. 6 EIBV können AGB in den dem Regelwerk der SNB enthalten sein; sie müssen es, soweit AGB die Benutzung von Zugtrassen regeln, vgl. § 4 Abs. 2 S. 1 EIBV[601].

Zu beachten sind die normativen Unterschiede. SNB und AGB besitzen unterschiedliche Geltungsansprüche. SNB sind kraft Verordnungsrecht wirksam, AGB gelten nur, wenn sie wirksam in den Nutzungsvertrag einbezogen wurden. Unterschiede bestehen auch hinsichtlich des Regelungsbereiches. Soweit § 4 Abs. 1 EIBV einschlägig ist, muss eine Regelung zwingend durch SNB erfolgen. Darüber hinaus sind die BdS aber frei, Bedingungen durch SNB oder AGB zu stellen[602]. Ebenfalls bestehen verschiedene Anforderungen an das Aufstellungsverfahren. Während für die SNB § 4 Abs. 4, 5 EIBV ein spezielles Verfahren mit Veröffentlichungs- und Stellungnahmefristen – normieren, können AGB gem. § 305 BGB ohne besonderes Verfahren einseitig gestellt werden. Soweit AGB die Benutzung von Zugtrassen regeln, müssen sie wiederum in den SNB enthalten sein. Dieser Mechanismus unterwirft diese AGB dann mittelbar wieder dem Aufstellungsverfahren für SNB: diese AGB können nicht mehr einseitig geändert werden[603]. Denn sie müssen ja in den SNB enthalten sein. Änderungen sind folglich von der Neufassung der SNB abhängig.

Ausdrücklich ist die Bundesnetzagentur gem. § 14e Abs. 1 Nr. 4 AEG schon im Ex-Ante-Verfahren befugt, Neufassungen oder Änderungen von SNB zu überprüfen. Soweit die Bundesnetzagentur ihr Widerspruchsrecht ausübt, treten SNB nicht in Kraft, vgl. § 14e Abs. 3 S. 2 AEG. Fraglich ist die Prüfungskompetenz der Bundesnetzagentur im Hinblick auf nicht in den SNB enthaltene AGB. Die Frage ist von praktischer Relevanz, da auch in AGB diskriminierende Bedingungen enthalten sein können.

a) Unterschiedliche Rechtsnatur von AGB und SNB

Das OVG Münster war in einem Beschwerdeverfahren im Eisenbahnregulierungsrecht der Auffassung, AGB dürften von der Bundesnetzagentur nicht überprüft werden, weil insoweit die ordentlichen Gerichte zuständig seien[604]. Wie aus den Entscheidungsgründen des Beschlusses hervorgeht, sollen AGB der Kontrolle

601 Dies gilt nicht für AGB, die die Benutzung von Serviceeinrichtungen regeln, vgl. Serong, N+R 2009, 108 (109).

602 Serong, N+R 2009, 108 (110), diskutiert, unter welchen Voraussetzungen EIU AGB in SNB umwandeln können.

603 A. A. Serong, N+R 2009, 108 (110).

604 OVG Münster, N+R 2008, 94.

durch die Bundesnetzagentur entzogen werden, weil sie dem Zivilrecht zuzuordnen seien[605].

Fraglich ist, ob einzelne Vertragsbedingungen überhaupt einer Teilrechtsordnung zugerechnet werden können. Dies ist schon deshalb problematisch, weil etwa eine Qualifikation einer Vertragsbedingung als AGB noch nichts über ihre Rechtnatur aussagt[606]. Es muss daher auf den Zielvertrag, für den die Bedingungen vereinbart werden, abgestellt werden. Wie bereits erörtert, gehen Bundesnetzagentur wie Rechtsprechung von der zivilrechtlichen Qualität des Infrastrukturnutzungsvertrages aus.

Im Ansatz ist nichts gegen die These des OVG, dass AGB „zivilrechtliche" Vertragsbedingungen beinhalten, zu erinnern. Im Ergebnis überzeugt das Argument des OVG Münster dennoch nicht, weil gleiches auch für die SNB gilt. Auch sie normieren Bedingungen, die innerhalb des zivilrechtlichen Infrastrukturnutzungsvertrags Geltung beanspruchen. Die Tatsache, dass sie in einem besonderen Verfahren aufgestellt werden und kraft Gesetzes wirken, beeinflusst ihre Rechtsnatur nicht. Außerdem wird die Bundesnetzagentur explizit berechtigt, die Vereinbarkeit von AGB, die in den SNB enthalten sind, auf ihre Vereinbarkeit mit den Vorschriften über den Eisenbahnzugang zu überprüfen. Damit hat sie einen beschränkten, in der Terminologie des OVG Münster gesprochenen- „zivilrechtlichen" Prüfungsauftrag inne.

Daher geht das Argument des OVG Münster, die AGB unterlägen deshalb nicht der Prüfungskompetenz von Regulierungsbehörde und Gericht, weil sie „zivilrechtlich" seien, ins Leere. Das Trennungsdenken in Teilrechtsordnungen, dass das OVG Münster hier offenbart[607], wird den funktionellen Verknüpfungen der Teilrechtsordnungen im Regulierungsrecht nicht gerecht. Es ist nicht möglich, schon gar nicht losgelöst vom jeweiligen Zielvertrag, zu differenzieren zwischen Bestimmungen des „Eisenbahnrechts", die einen anderen Rechtscharakter hätten als zivilrechtliche Normen. Die Vorgaben in § 14 Abs. 1 AEG sowie der EIBV können vielmehr auch zivilrechtlich als Beschränkungen der Privatautonomie

605 So auch Lau, N+R 2009, 43 (46).

606 Vgl. Palandt-Grüneberg, BGB, § 305 Rn. 4.

607 OVG Münster, Beschl. v. 28.1.2008, Absatz-Nr. 14: „Im Rahmen der Vorabprüfung nach § 14e AEG hat die Regulierungsbehörde eine Rechtskontrolle über die Einhaltung „eisenbahnrechtlicher" Infrastruktur-Zugangsvorschriften vorzunehmen. Die Fokussierung auf das Eisenbahnrecht gebietet dabei zumindest eine Zurückhaltung der Regulierungsbehörde bei der Beurteilung von durch Nutzungsbedingungen aufgeworfene typischen zivilrechtlichen Streitfragen, deren Klärung den Zivilgerichten vorbehalten ist, sowie bei der der hoheitlichen Durchsetzung ihrer zivilrechtlichen Wertung, zumal in einem solchen Fall auf Grund der Mechanismen des AEG und der EIBV ein rechtzeitiger und damit effektiver zivilgerichtlicher Rechtsschutz zumindest erschwert wird."

angesehen werden. Damit unterscheiden sie sich funktional nicht von im BGB enthaltenen zwingenden Regeln etwa des sozialen Mietrechts oder des Verbraucherschutzrechtes. Es besteht lediglich die erörterte Besonderheit, dass das Diskriminierungsverbot als Beispiel für ein Gemeinrecht fungiert. Einerseits werden die Parteien des Infrastrukturzugangsvertrages in ihrer Privatautonomie eingeschränkt, zugleich legt das Diskriminierungsverbot den Prüfungsmaßstab der Bundesnetzagentur fest.

b) Beanstandung rechtswidriger AGB, die nicht in SNB/NBS enthalten sind

Damit ist aber noch nicht darüber entschieden, inwieweit die Bundesnetzagentur befugt ist, AGB in Infrastrukturnutzungsverträgen zu überprüfen, die nicht gleichzeitig in den SNB enthalten sind. Hier ist zu differenzieren.

aa) Ex-Ante-Kontrolle

Ein Widerspruch nach § 14e Abs. 1 Nr. 4 AEG darf angesichts des klaren Wortlauts nicht auf die Rechtwidrigkeit von AGB gestützt werden[608]. Der Widerspruch bezieht sich nur auf SNB, NBS sowie Entgeltgrundsätze und Entgelthöhen[609].

bb) Ex-Post-Regulierung

Anderes gilt in der Ex-Post-Regulierung: Dort ist die Bundesnetzagentur gem. § 14f Abs. 3 Nr. 2 AEG befugt, die Vertragsbedingungen selbst festzulegen, soweit sie noch von einem Verstoß gegen das Recht auf Zugang zur Eisenbahninfrastruktur ausgeht[610]. Der Bundesnetzagentur wird damit eine vertragliche Gestaltungsbefugnis übertragen. Sie darf über alle Vertragsbedingungen und damit zugleich über die Wirksamkeit von AGB entscheiden, und muss daher die Prüfungsmaßstäbe des BGB, hier die §§ 307 ff. BGB beachten. Aus dem Wortlaut, nach dem die Bundesnetzagentur über „die Vertragsbedingungen" entscheidet, folgt dies ohne weiteres. Es wird nicht zwischen SNB und AGB unterschieden. Auch eine Orientierung am Ziel des AEG, der Wettbewerbsförderung, stützt die

608 Etwa, weil AGB gegen die §§ 305 ff. BGB verstoßen, vgl. Serong, N+R 2009, 108 (111).
609 Diese Differenzierung ist problematisch, weil sie einen Anreiz für Netzbetreiber birgt, Diskriminierungspotentiale von den regulierten SNB/NBS in die AGB zu verlagern.
610 Die sich nicht in einem Verstoß gegen das Diskriminierungsverbot erschöpfen, vgl. Serong, N+R 2009, 108 (111).

Auslegung. Wettbewerbsfördernd ist allein eine schnelle Entscheidung über Fragen des Netzzugangs. Einer Entscheidung der Behörde im ex-post Verfahren ging bereits ein zweistufiges Verfahren voraus. Auch wenn nicht in SNB enthaltene AGB bis zur ex-post Kontrolle nicht zum Prüfungsumfang zählten, wäre eine Zuweisung der Frage an ein Zivilgericht, das sich in die Tiefen des Eisenbahninfrastrukturrechts einarbeiten muss und eine Entscheidung über den Netzzugang damit wiederum erheblich verzögert, sehr verfahrensunökonomisch.

cc) TKG: Keine zivilgerichtliche Prüfung von AGB nach Entgeltanordnung: BGH – Urteil vom 24.5.2007 (Az. III ZR 467/04)

Interessant ist in diesem Zusammenhang ein Vergleich der obigen Entscheidung des OVG Münster mit dem telekommunikationsrechtlichen Urteil des Bundesgerichtshofs vom 24.5.2007 (III ZR 467/04), das sich mit der umgekehrten Konstellation – der Prüfkompetenz von AGB durch ordentliche Gerichte beschäftigte. Konsequenz der Ansicht OVG Münster, nach der das Diskriminierungsverbot kein Instrument sei, um typisch zivilrechtliche Fragen zu klären, „zivilrechtliche" Bestimmungen damit also nicht zum Prüfungsumfang der Bundesnetzagentur gehören, wäre, dass für die Kontrolle von AGB in Nutzungsverträgen die ordentlichen Gerichte zuständig sind. Der BGH vertritt in der zitierten Entscheidung den entgegengesetzten Standpunkt. Er hat in einer telekommunikationsrechtlichen Konstellation entschieden[611], dass in AGB festgelegte Netzentgelte, die behördlich genehmigt wurden, zwingend in diesem vorherigen verwaltungsgerichtlichen Verfahren hätten überprüft werden müssen. In einem späteren zivilgerichtlichen Rechtsstreit könne die Rechtswidrigkeit von AGB wegen der Bindungswirkung der Netzbetreiber an die Anordnung der Bundesnetzagentur[612] nicht mehr festgestellt werden. Wegen dieser Rechtsauffassung sollte die Bundesnetzagentur im Telekommunikationsrecht wegen Art. 19 Abs. 4 GG[613] dazu übergehen, die Rechtmäßigkeit von AGB in der Ex-Post-Kontrolle umfänglich, das bedeutet auch umfassend „zivilrechtlich" zu überprüfen[614].

Fraglich ist, ob die Entscheidung auf das Eisenbahnrecht übertragen werden kann. Wendet der BGH diese Rechtsprechung auf das Eisenbahnregulierungsrecht an, könnte wegen der divergierenden Entscheidung des OVG Münster die Gefahr bestehen, dass am Ende überhaupt kein Rechtsschutz gegen AGB existierte. Auch

611 Urteil vom 24.5.2007, MMR 2007, 585.

612 Bockmann, MMR 2007, 586 (587).

613 Zum subjektiven Recht der Wettbewerber, das ihnen die Klagebefugnis vermittelt Ladeur/Möllers, DVBl. 2005, 525 (529 f.).

614 Die Verwaltungspraxis weicht hiervon, wie aus Aussagen des Präsidenten der BNetzA hervorgeht, ab, vgl. Geppert/Helmes, MMR 2007, 564.

im AEG ist vorgesehen, dass AGB, die in den SNB oder NBS enthalten sind, von der Bundesnetzagentur überprüft werden. In § 25 TKG sind die Ex-Post-Befugnisse der Bundesnetzagentur ähnlich wie in § 14f AEG ausgestaltet. Die Behörde kann in bestimmten Fällen den Netzzugang anordnen, wenn ein Zugangsvertrag nicht zustande kommt. In § 25 Abs. 5 TKG wird ebenso deutlich wie im AEG herausgestellt, dass „alle Bedingungen" einer Zugangsvereinbarung Gegenstand einer Anordnung sein können. Soweit eine Anordnung der Bundesnetzagentur die Entgelte betrifft, besteht aber anders als im Eisenbahnrecht kein privatautonomer Spielraum mehr für die Marktteilnehmer. Sie können eine Anordnung nicht nachträglich dadurch umgehen, dass sie sich privatautonom einigen. Der Primat des Vertrags in § 25 Abs. 2 TKG gilt im Telekommunikationsrecht wegen § 37 Abs. 2 TKG für bereits genehmigte Entgelte nicht[615].

Auf der einen Seite sind den Marktteilnehmern im AEG im Vergleich zum TKG weitergehendere privatautonome Spielräume belassen. Entgeltgenehmigungen haben mangels Parallelvorschrift zu § 37 TKG im AEG nicht den Ausschluss der Privatautonomie zur Folge. § 14 Abs. 6 AEG eröffnet den Parteien immer die Möglichkeit, Regulierungsverfügungen privatautonom außer Kraft zu setzen. Daher muss bezogen auf das AEG die Prämisse des BGH abgelehnt werden, dass kein privatautonomer Spielraum der Marktteilnehmer mehr besteht. Die Rechtsprechung ist daher auf das Eisenbahnrecht nicht ohne weiteres übertragbar. Die Unwirksamkeit von AGB in eisenbahnrechtlichen Nutzungsverträgen müsste daher trotz der parallelen Befugnis der Bundesnetzagentur, sie im Ex-Post-Verfahren zu überprüfen, selbständig vor den ordentlichen Gerichten geltend gemacht werden können.

Auf der anderen Seite ist für AGB, die in SNB enthalten sind, nicht auszuschließen, dass die Zivilrechtsprechung von einer planwidrigen Regelungslücke im AEG ausgeht, die sie durch eine analoge Anwendung des § 37 TKG schließt. Für die Vergleichbarkeit der Interessenlage spricht, dass diese Bedingungen wegen ihrer Zugehörigkeit zu den SNB/NBS bereits Gegenstand der Ex-Ante-Regulierung waren, damit also der Prüfungsbefugnis der Bundesnetzagentur unterlegen haben, vgl. §§ 14d S. 1 Nr. 6, 14e Abs. 1 Nr. 4, Abs. 2 Nr. 2, Abs. 3 Nr. 2 AEG[616].

c) Zwischenfazit

Dieser Seitenblick auf das Telekommunikationsrecht sollte das OVG Münster zu einer Revision seiner Rechtsauffassung bewegen und die Bundesnetzagentur

615 Geppert/Helmes, MMR 2007, 564.

616 „Diese Logik ist nicht auf einen bestimmten Markt beschränkt, sondern gilt marktunabhängig." Vgl. Bockmann, MMR 2007, 586 (587).

veranlassen, jedenfalls in der eisenbahnrechtlichen Ex-Post-Kontrolle nach § 14f Abs. 3 AEG zwingend alle Vertragsbedingungen zu überprüfen. Die Vertragsbedingungen sollten als Einheit aufgefasst und nicht künstlich aufgeteilt werden. Eine Beschränkung des Prüfungsmaßstabes auf spezifisch „eisenbahnrechtliche“ Nutzungsbedingungen wird dem gesetzlichen Auftrag der Bundesnetzagentur, den diskriminierungsfreien Netzzugang sicherzustellen, nicht gerecht. Die problematische Folge dieser Rechtsprechung des OVG Münster[617] wäre einerseits, dass – im Rahmen des gem. § 4 EIBV zulässige – Anreize für die Netzbetreiber erzeugt werden, SNB rechtskonform zu gestalten und diskriminierende Elemente in die AGB zu verlagern. Der Bundesnetzagentur kann nicht zugemutet werden, einen Vertrag anzuordnen, der gemessen an den Maßstäben des BGB rechtswidrige AGB enthält.

Im Ergebnis muss die Ex-Post-Kontrolle in § 14f Abs. 3 AEG so ausgestaltet sein, dass bei einer Anordnung des Vertrages gem. § 14f Abs. 3 Nr. 2 AEG über alle mit dem Nutzungsvertrag zusammenhängende Fragen durch die Bundesnetzagentur entschieden werden kann.

Dabei existiert kein spezifischer Vorrang des öffentlichen vor dem privaten Recht. Soweit der BGH für das Telekommunikationsrecht folgert, dass durch die Unwirksamkeit von Klauseln, die gegen behördlich genehmigte Entgelte verstoßen, erreicht werden soll, dass das Zivilrecht dem öffentlichen Recht folgt[618], so folgt ein solcher Vorrang aus der zeitlichen Ausgestaltung des telekommunikationsrechtlichen Regulierungssystems, nicht aus einem dogmatisch zwingenden Vorrang des öffentlichen Rechts.

4. Ex-Post-Kontrolle der Bundesnetzagentur: Erwägungen auf Rechtsfolgenseite bei der Beanstandung rechtswidriger Vertragsbedingungen und der Vertragsanordnung

Das Zugangsverfahren endet mit der letztmaligen Überprüfung der Vertragsbedingungen (Überprüfungsverfahren) sowie in allerletzter Konsequenz der Anordnung des Vertrages[619], genauer der Ersetzung des Angebotes des EIU durch die Bundesnetzagentur. Das Anordnungsverfahren findet in einem privatrechtsgestaltenden Hoheitsakt seinen Abschluss[620]. Dies ist ein Verwaltungs-

617 OVG Münster, Beschl. v. 28.1.2008, Absatz-Nr. 14.

618 MMR 2007, 587; vgl. Bockmann, MMR 2007, 588.

619 Genauer: der Ersetzung des Angebotes durch die Behörde.

620 Höppner, Die Regulierung der Netzstruktur,. S. 124.

akt[621], der gleichzeitig zivilrechtliche Wirkungen zwischen EVU und EIU zur Folge hat.

Dem Wortlaut nach wird der Bundesnetzagentur kein Ermessen eingeräumt. Trotzdem ist Rechtsfolgenseite des § 14f Abs. 3 Nr. 2 AEG völlig offen ausgestaltet. Die Norm enthält keine weitere Konkretisierung der Maßstäbe der behördlichen Anordnung. Es stellt sich die rechtspraktisch schwierige und rechtsdogmatisch interessante Frage, an welchen Kriterien sich die Behörde bei der Anordnung des Nutzungsvertrages zu orientieren hat. Erneut kumulieren die öffentlich-rechtlichen Bindungen der Bundesnetzagentur als Behörde mit zivilrechtlichen Maßstäben. Der Nutzungsvertrag gehört dem Zivilrecht an. Daher sind zivilrechtliche Maßstäbe ebenfalls zu berücksichtigen.

a) Orientierung an zivilrechtlichen Grundsätzen

Eine Herangehensweise zur Lösung könnte darin bestehen, allein zivilrechtliche Maßstäbe – mitsamt den Grundsätzen der ergänzenden Vertragsauslegung – heranzuziehen. Denn das Zivilrecht stellt Lösungsmöglichkeiten für solche Konflikte bereit. § 315 Abs. 1 BGB sieht einen Lösungsansatz vor für das auch bei einem Netzzugangskonflikt auftretende Problem, dass die Parteien keine Einigung über bestimmte Bedingungen treffen konnten. Das BGB löst diesen Grundkonflikt durch den unbestimmten Rechtsbegriff des „billigen Ermessens". Ein Dritter – idR ein Gericht – legt den Begriff aus soll so für einen gerechten Interessenausgleich dienen. Interessant ist, dass das Zivilrecht an dieser Stelle den öffentlichen-rechtlichen Terminus des Ermessens verwendet. Ebenfalls könnte erwogen werden, bei einer konsequenten Ausrichtung der behördlichen Anordnungsbefugnis an zivilrechtlichen Maßstäben eine umfassende AGB – Kontrolle anhand der §§ 305 ff. BGB durchzuführen. Ferner könnten die Teile des Vertragsentwurfes, über die Einigkeit erzielt wurde, für die Anordnung der Bundesnetzagentur vorgreiflich sein.

b) Kollision mit Bindungen der Exekutive

Dem könnten die spezifischen Bindungen der Bundesnetzagentur als Verwaltungsbehörde entgegenstehen. Die Bundesnetzagentur ist als grundrechtsverpflichteter Teil der Exekutive (Art. 1 Abs. 3 GG) bei Eingriffen in die Grund-

621 so auch für telekommunikationsrechtliche Vertragsanordnungen Säcker-Kühling/Neumann, TKG, 2. Aufl. 2009, § 25 Rn. 67.

rechte der Marktteilnehmer an den Verhältnismäßigkeitsgrundsatz[622] (Art. 20 Abs. 3 GG) gebunden. Daraus könnte die Konsequenz zu ziehen sein, dass die Behörde nicht allein aus zivilrechtlicher Sicht den Anordnungsmaßstab davon abhängig machen darf, welche Vereinbarungen die Parteien billigerweise getroffen hätten. Speziell die Anwendung des Verhältnismäßigkeitsgrundsatzes könnte einer alleinigen Orientierung an zivilrechtlichen Maßstäben entgegenstehen. Sie könnte es erforderlich machen, gegen das Diskriminierungsverbot verstoßende Vertragsbedingungen nicht nach dem zivilrechtlichen Grundsatz des Verbotes geltungserhaltender Reduktion zu ignorieren und für den Fall, dass das dann eingreifende dispositive Zivilrecht keine Regelung bereithält, nach den Grundsätzen ergänzender Vertragsauslegung eine neue an den Interessen beider Parteien ausgerichtete Vereinbarung zu ermitteln. Die Geltung des Verhältnismäßigkeitsgrundsatzes könnte bewirken, dass die rechtswidrigen Bedingungen von der Bundesnetzagentur gerade soweit „zurechtgestutzt" werden müssen, dass sie eben noch als rechtmäßig angesehen werden kann.

Weiter könnte der behördliche Prüfungsmaßstab gegen eine umfassende Orientierung an zivilrechtlichen Maßstäben anzuführen sein. Die Bundesnetzagentur ist auch in der Ex-Post-Regulierung nur zum Einschreiten befugt, wenn gegen Vorschriften über den Netzzugang verstoßen wurde[623]. Damit könnte eine Begrenzung der Anordnungsbefugnis verbunden sein, die in einem Spannungsverhältnis zu ihrem unbeschränkten Wortlaut steht. Ebenfalls problematisch ist die Legitimation der behördlichen Anordnung bei einem Verharren auf zivilrechtlichen Maßstäben. Hoheitliches Eingreifen muss stets auf ein öffentliches Interesse, auf eigenständige Gemeinwohlgründe[624] zurückzuführen sein. Fraglich ist, ob damit eine Entscheidung allein unter Berücksichtigung der Interessen der kontrahierenden Parteien legitimiert sein kann.

c) Orientierung am Planungsrecht

Diese Bedenken gegen die Heranziehung zivilrechtlicher Maßstäbe, die vor allem aus der Geltung des Verhältnismäßigkeitsprinzips herrühren, könnten dadurch abgeschwächt werden, dass ergänzend Anleihen bei der baurechtlichen Abwägungsdogmatik gemacht werden. Dafür spricht, dass diese Dogmatik anders als die zivilrechtliche und die unmodifizierte Anwendung des Verhältnismäßigkeitsgrundsatzes auf mehrpolige Rechtsverhältnisse zurechtgeschnitten ist

622 BeckAEG-Komm/Gerstner, § 14f Rn. 50.

623 A. A. BeckAEG-Komm/Gerstner, § 14f Rn. 47.

624 Heise, Das Verhältnis von Regulierung und Kartellrecht im Bereich der Netzwirtschaften, S. 241.

und dadurch eher geeignet erscheint, die zahlreichen im Regulierungsrechtsverhältnis zutage tretenden widerstreitenden Interessen in einen sachgerechten Ausgleich zu bringen. Bei der Anordnung eines Nutzungsvertrags handelt es sich regelmäßig um eine solche mehrpolige Konstellation, weil inzident über die Wirksamkeit von SNB und AGB entschieden wird. Diese Bedingungen sind auch für Nutzungsverträge zwischen den EIU und anderen Marktteilnehmern relevant, weil die Bedingungen kraft Gesetzes gelten und von einer Einbeziehung in den konkreten Vertrag unabhängig sind.

d) Parallelproblematik in anderen Netzsektoren: Maßstäbe der Zugangsanordnung nach § 25 Abs. 5 TKG

Bevor für die eisenbahnrechtliche Ex-Post-Kontrolle ein Maßstab entwickelt werden soll, soll auf die – vergleichbare – Situation im Telekommunikationssektor skizziert werden. Die Frage der Ermittlung sachgerechter Anordnungsdirektiven stellt sich dort ebenso. Im Telekommunikationsrecht kann die Bundesnetzagentur für den Fall, dass privatautonome Vereinbarungen scheitern, gem. § 25 Abs. 5 TKG im Rahmen der Ex-Post-Kontrolle eine Anordnung hinsichtlich des Netzzuganges erlassen. Im Unterschied zum Eisenbahnrecht[625] haben Literatur und Rechtsprechung nach Maßgabe der gesprächigeren Regelung bereits einige Maßstäbe herausgearbeitet, die die Bundesnetzagentur bei der Anordnung des Nutzungsvertrages zu berücksichtigen hat. Die Entscheidung der Behörde wird von der Rechtsprechung als „komplexe Abwägungsentscheidung“ charakterisiert[626], bei der ihr ein „Gestaltungs-[627]“ oder spezifisches „Planungsermessen“[628] zukommt.

Auch wenn der Wortlaut der Norm kein Ermessen vorsieht, wird ein Ermessensspielraum der Bundesnetzagentur unter Heranziehung von § 25 Abs. 5 S. 2 TKG begründet. Die Norm konkretisiert die inhaltlichen Vorgaben der Entscheidung[629]. Die Anordnung über den Netzzugang darf mit Bedingungen in Bezug auf die Chancengleichheit, Billigkeit und Rechtzeitigkeit verknüpft werden. Mit der Verwendung dieser konkretisierungsbedürftigen Begriffe wird deutlich, dass der Behörde ein Beurteilungsspielraum eingeräumt ist. Die Regulierungsbehörde hat die gegenläufigen öffentlichen und privaten Belange zunächst in die Abwä-

625 Lau, N+R 2009, 43 (47) führt dies auf eine Flaute in der Ex-Post-Regulierung zurück.
626 BVerwG, Urteil vom 31.3.2004, MMR 2004, 564 (566); BerlKommTKG/Kühling/Neumann, § 25 Rn. 55.
627 BeckTKG-Komm/Piepenbrock/Attendorn, § 25 Rn. 49.
628 Söfker in: Ernst/Zinkhan/Bielenberg/Krautzberger, BauGB, § 1 Rn. 181.
629 BeckTKG-Komm/Piepenbrock/Attendorn, § 25 Rn. 51.

gung einzustellen und dann zu gewichten[630]. Dabei ist sie nicht auf rechtliche Gesichtspunkte beschränkt, sondern kann auch Zweckmäßigkeitserwägungen einfließen lassen.

Eine unmodifizierte Anwendung des Verhältnismäßigkeitsgrundsatzes wäre vorliegend auch nicht zielführend. Vorrangig hat die Bundesnetzagentur im Telekommunikationsrecht das aus dem Planungsrecht bekannte Abwägungsgebot, das selbst eine unmittelbare Ausprägung des Rechtsstaatsprinzips[631] ist, zu beachten. Der Herleitung des Verhältnismäßigkeitsgrundsatzes durch das Preußische OVG lag ein zweipoliges Staat-Bürger-Verhältnis zugrunde. Bei planerischen Entscheidungen, zu denen wie erörtert auch komplexe Regulierungsentscheidungen gehören, sind aber mindestens drei, in der Regel mehrere Akteure mittelbar betroffen. Die Bedingungen, die überprüft werden müssen, sind dazu bestimmt, von Dritten angewendet zu werden. Dann kann aber nicht eine Auslegung des Verhältnismäßigkeitsgrundsatzes zum Zuge kommen, die allein auf den Grundrechtseingriff auf Seiten des Netzbetreibers abstellt. Es müssen bei der Abwägung wegen der objektiven Wirkungen auch die Grundrechte der Wettbewerber berücksichtigt werden. Diese Konstellation wird durch das planungsrechtliche Abwägungsgebot besser verarbeitet. Die verschiedenen Belange müssen vor der Zugangsanordnung in eine komplexe Abwägung eingestellt werden. Schon dabei sind die Grundrechte der Wettbewerber angemessen zu berücksichtigen.

Die Bundesnetzagentur orientiert sich bei der Ermessensausübung im Telekommunikationsrecht an den in § 1 TKG genannten Direktiven. Besondere Berücksichtigung findet das Hauptziel, den Wettbewerb im Bereich der Telekommunikation zu fördern. Das Verhältnismäßigkeitsprinzip findet in diesem Kontext mittelbare Anwendung. Der durch die Abwägung angestrebte Interessenausgleich darf zur objektiven Gewichtung der einzelnen Belange nicht außer Verhältnis stehen, und die Zurückstellung einzelner Belange gegenüber anderen darf nicht unverhältnismäßig sein[632].

Die Orientierung an der planungsrechtlichen Abwägungsdogmatik überzeugt. Das Regulierungsrecht ist wie das Planungsrecht durch die Bezugnahme auf bestimmte Regulierungsziele stark final programmiert. Im Planungsrecht ist die Verwaltung nicht konditional programmierbar, weil der Inhalt der Planung erst im Abwägungsergebnis selbst zum Vorschein kommt[633]. Im Regulierungsrecht ist es die Prozesshaftigkeit des Wettbewerbs, die einer konditionalen Programmierung entgegensteht. Regulierungsentscheidungen sind regelmäßig Entschei-

630 BVerwG, Urteil vom 31.3.2004, MMR 2004, 564 (566).

631 Bundesverwaltungsgericht, Urteil vom 30.4.1969 – 4 C 6/68 –, Schmidt-Aßmann, DÖV 1974, 541 (543 f.).

632 Söfker in: Ernst/Zinkhan/Bielenberg/Krautzberger, BauGB, Vorb §§ 1-13 a Rn. 2; § 1 Rn. 201.

633 Krautzberger in: Krautzberger/Battis/Löhr, BauGB, § 1 Rn. 89.

dungen unter unsicheren Bedingungen, was die Folgen des Einschreitens für den Wettbewerb betrifft. Die kontinuierliche Überprüfung der Markergebnisse macht permanente Eingriffe erforderlich. Diese Maßnahmen können nur schwer legislativ determiniert werden[634].

e) Übertragung der Grundsätze auf das eisenbahnrechtliche Anordnungsverfahren in § 14f Abs. 3 Nr. 2 AEG

Die für das Telekommunikationsrecht geltenden Grundsätze können bei der Auslegung der eisenbahnrechtlichen Ex-Post-Kontrolle Berücksichtigung finden. Auch wenn der in Bundesnetzagentur § 14f Abs. 3 S. 2 AEG dem Wortlaut nach kein Ermessen eingeräumt wird, stellt sich die behördlich Entscheidung auch hier als eine final strukturierte planerische dar. Die Behörde muss die für und wider eine Vertragsbedingung sprechenden (Zweckmäßigkeits-)Erwägungen ermitteln, in eine Gesamtabwägung einstellen und dann entscheiden. Sinn und Zweck der Anordnungsbefugnis sprechen daher für eine Ermessensentscheidung[635].

aa) Umfassende Befugnis der Bundesnetzagentur zur Anordnung des Nutzungsvertrages

Dem Wortlaut, nach dem der Vertrag angeordnet wird, sind alle Vertragsbedingungen Gegenstand der behördlichen Anordnung. Bestand der Anlass für die Durchführung des Anordnungsverfahrens in Streitigkeiten über einzelne Bedingungen, ist es sachgerecht, § 25 Abs. 6 TKG analog anzuwenden und der Bundesnetzagentur die Befugnis zu gewähren, Teilentscheidungen zu treffen, eine erste bezüglich sonstiger Nutzungsbedingungen und eine zweite bezüglich der Netz- oder Infrastrukturentgelte, um die Komplexität der Anordnung zu reduzieren (die Entscheidung über die Entgelte hängt mit der Regulierung der sonstigen Bedingungen zusammen) und das Verfahren zeitlich zu strukturieren[636].

---

634 Heise, Das Verhältnis von Regulierung und Kartellrecht im Bereich der Netzwirtschaften, S. 247.

635 So für die Vorgängerregelung des § 14f Abs. 3 S. 2 AEG (§ 14 Abs. 5 S. 1 AEG a. F.) Aehringhaus, Netzzugangsregelungen und ihre behördliche Durchsetzung, S. 131; kritisch zur pauschalen Bejahung eines Regulierungsermessens Burgi, NJW 2006, 2439 (2444).

636 Zur Teilanordnungen nach dem TKG vgl. Säcker-Kühling/Neumann, TKG, 2. Aufl. 2009, § 25 Rn. 56 ff.

bb) Pflichtgemäße Ausübung des Auswahlermessens

Ermessen darf nicht frei, sondern muss gem. § 40 VwVfG immer pflichtgemäß, d. h. gemäß dem Zweck der Ermächtigung ausgeübt werden[637]. Zweck der Anordnungsbefugnis in § 14f Abs. 3 Nr. 2 AEG ist die Gewährleistung eines diskriminierungsfreien Netzzugangs. Für die Ermessensentscheidung hat die Behörde zunächst alle Gesichtspunkte zusammenzustellen, die für die konkrete Einzelfallentscheidung von Bedeutung sein können[638]. Erwägungen sind einerseits die Bedeutung der konkreten Trassenzuweisung für das EVU und andererseits die Folgen, die der Eingriff in das Netzfahrplanaufstellungsverfahren mit sich bringt[639]. Irrelevant sind insoweit wirtschaftliche Aufwendungen, die der Netzbetreiber nutzlos getroffen hat, wie bereits gedruckte Fahrpläne und andere technische Vorbereitungen[640]. Insoweit ist der Netzbetreiber nicht schutzwürdig, da er die Anordnung der Bundesnetzagentur durch eigenes – wiederholtes – diskriminierendes Verhalten herbeigeführt hat.

Damit wird deutlich, dass die verfassungsrechtliche und die zivilrechtliche Perspektive bei dieser Auslegung nicht gegeneinander streiten, sondern auf das gleiche Ergebnis ausgerichtet sind. Es existiert also im Grundsatz „entweder – oder" zwischen stärkerer Fokussierung der verfassungsrechtlichen Bindungen einerseits und der Verantwortung der Bundesnetzagentur für das Zustandekommen eines zivilrechtlichen Nutzungsvertrages auf der anderen Seite. Dogmatisch sind die Instrumente beider Teilrechtsordnungen, konkret die Planungsdogmatik des öffentlichen Rechts und die Inhaltskontrollinstrumente sowie die Grundsätze der ergänzenden Vertragsauslegung aus dem Zivilrecht nach dem Grundgedanken der wechselseitigen Auffangordnung mit dem Ziel größtmöglicher Wirksamkeit in den Dienst des Regulierungszieles, nämlich der Wettbewerbsförderung, zu stellen.

---

637 H. Schulze-Fielitz, in: H. Dreier (Hrsg.), Grundgesetz – Kommentar, Bd. 2, 2. Aufl. 2006, Art. 20 (Rechtsstaat) Rn. 134; Maurer, Allgemeines Verwaltungsrecht, 17. Auflage, § 7 Rn. 17.

638 Maurer, Allgemeines Verwaltungsrecht, 17. Auflage, § 7 Rn. 13.

639 dazu BeckAEG/Komm-Gerstner, § 14f Rn. 52.

640 so wohl BeckAEG/Komm-Gerstner, § 14f Rn. 53; zutreffend ist aber der Hinweis auf zeitliche Zwänge: im Ermessen zu berücksichtigen ist, dass mit einer Trassenwegnahme und Neuzuweisung ein erheblicher Eingriff in das komplexe Fahrplanerstellungsverfahren liegt. Je näher der Fahrplanwechsel rückt, desto gewichtiger müssten die Gründe sein, die für eine „Wegnahme" der Trasse sprechen, vgl. BeckAEG-Gerstner, § 14f Rn. 54. Diese Erwägung kann allerdings auch für die Eröffnung des Zivilrechtswegs angeführt werden, der schon bei der ersten Diskriminierung fristungebundenen Zugang zum Netz ermöglicht und damit die für alle Beteiligten wünschenswerte schnelle Rechtssicherheit herbeiführt.

cc) Beschränkung des Anordnungsermessens und konkrete Abwägungsdirektiven

Fraglich ist, welchen Bindungen das Anordnungsermessen der Bundesnetzagentur bei Anordnungen nach § 14f AEG unterliegt. Die Anforderungen an den vertragsersetzenden Verwaltungsakt weichen trotz der Gemeinsamkeiten von der planungsrechtlichen Abwägung ab, die einen gerechten Ausgleich aller – aus Art. 14 GG herzuleitenden – Belange herstellen soll[641]. Anschließend ist auf die Frage einzugehen, welche zivilrechtlichen Grundsätze für die Inhaltskontrolle bzw. die inhaltliche Anordnung einzelner Vertragsbedingungen konkret gelten sollen.

aaa) Verpflichtung zur Übernahme bereits ausgehandelter Teile des Nutzungsvertrages?

Teilweise wird vertreten, dass die Bundesnetzagentur bei der Vertragsanordnung an bereits ausgehandelte Teile der Parteien gebunden ist[642].

Danach soll sich die Anordnungsbefugnis nur auf die Teile des Nutzungsvertrages beziehen, über die die Parteien noch keine Einigkeit erzielt haben. Zur Begründung wird der Vorrang privatautonomer Vereinbarungen angeführt.

Diese Auffassung ist nicht haltbar. § 14f Abs. 3 S. 2 a. E. AEG auferlegt der Bundesnetzagentur die Befugnis, sogar entgegenstehende Verträge für unwirksam zu erklären. Dann muss die Behörde aber erst Recht berechtigt sein, bereits ausgehandelte Detailvereinbarungen des anzuordnenden Vertrages außer Acht zu lassen.

Dieses Ergebnis folgt auch aus einer weiteren Überlegung. Mit dem Anordnungsverfahren wird die Privatautonomie der Parteien beendet[643]. Nunmehr entscheidet nur noch die Behörde. Sie hat keine Kenntnis vom Rechtsverkehr, der zwischen Petent und EIU stattgefunden hat. Sie kann nicht wissen, unter welchen Bedingungen eine Partei einer Teilvereinbarung zugestimmt hat. Denkbar ist, dass ein EVU mit Teilvereinbarungen nur deshalb einverstanden war, weil es aus Interesse an störungsfreien Geschäftsbeziehungen zum Netzbetreiber von einer Rüge abgesehen hat[644]. Der Behörde offenbart sich nur das Ergebnis, nicht das Zustandekommen und die Bedingungen der Vertragsverhandlungen. Eine Verpflichtung der Bundesnetzagentur, Teilvereinbarungen zwingend übernehmen zu müssen, ist daher abzulehnen. Eine Berücksichtigungspflicht von

641 Söfker in: Ernst/Zinkhan/Bielenberg/Krautzberger, BauGB, § 1 Rn. 179.

642 Aehringhaus, Netzzugangsregelungen und ihre behördliche Durchsetzung, S. 131; BeckAEG-Gerstner, § 14f Rn. 51: „Die Behörde kann insoweit eine Entscheidung treffen, als keine vertragliche Vereinbarung vorliegt."

643 Säcker-Kühling/Neumann, TKG, 2. Aufl. 2009, § 25 Rn. 72.

644 Aehringhaus, Netzzugangsregelungen und ihre behördliche Durchsetzung, S. 132.

Teilvereinbarungen wird jedoch von einer ordnungsgemäßen Ermessensausübung umfasst sein[645].

bbb) Prüfungsmaßstab bei der Inhaltskontrolle von Vertragsbedingungen

Fraglich ist, welche Direktiven die Vertragsinhaltskontrolle in der Ex-Post-Kontrolle leiten müssen. Wie hat die Behörde beispielsweise mit Vertragsklauseln umzugehen, die einer AGB-Kontrolle nach den §§ 305 ff. BGB nicht standhalten? Bereits bejaht wurde die Befugnis der Behörde, SNB oder NBS wegen Verstoßes gegen den Prüfungsmaßstab der Inhaltskontrolle, das eisenbahnrechtliche Diskriminierungsverbot für unwirksam zu erklären. Fraglich ist, was für Vertragsbedingungen gilt, die nicht zu den SNB oder NBS zählen, also etwa AGB. Im Anordnungsverfahren spricht der Wortlaut von einer Festlegung der „Vertragsbedingungen" (§ 14f Abs. 3 Nr. 2 AEG) ohne Beschränkung auf eine bestimmte Art. Wenn aber alle Arten von Bedingungen festgelegt werden können, dann müssen diese zuvor notwendigerweise überprüft werden. Damit ist die Behörde verpflichtet, auch AGB und sonstige Bedingungen, die bislang sonst nicht von der Regulierung umfasst waren, zu kontrollieren. Der Prüfungsmaßstab der Bundesnetzagentur ist in der Ex-Post-Kontrolle gegenüber der Ex-Ante-Regulierung erweitert. Dafür spricht auch, dass es mit einer diskriminierungsfreien Zugangsgewähr nicht zu vereinbaren wäre, wenn die Behörde sehenden Auges Einzelbestimmungen anordnen müsste, die einer zivilrechtlichen Kontrolle nicht standhielten. Dies verstieße gegen die wettbewerbsfördernde Rolle, an der die Behörde ihre Maßnahmen auszurichten hat. Diese Auslegung des AEG wäre auch verfahrensunökonomisch. Denn ein Wettbewerber wäre sodann gehalten, einzelne Bestimmungen entweder schon parallel oder gar nachträglich erneut gerichtlich zu rügen. Wenn der Prüfungsgegenstand im Anordnungsverfahren derart umfassend festgelegt wird, dass die Behörde allein über den Nutzungsvertrag zu bestimmen hat, wäre es widersinnig, den Prüfungsmaßstab auf die „eisenbahnrechtliche" Seite der Vertragsbedingungen zu beschränken.

Fraglich ist, ob das eisenbahnrechtliche Diskriminierungsverbot den Inhaltskontrollmaßstab in der Ex-Post-Regulierung abschließend bestimmt. Dagegen spricht, dass der Verstoß gegen eisenbahnrechtliche Vorschriften Tatbestandsvoraussetzung der Norm ist. Ohne einen Verstoß gegen eisenbahnrechtliche Vorschriften darf die Bundesnetzagentur ihre Ex-Post-Befugnisse aus § 14f Abs. 3 AEG nicht wahrnehmen. Damit ist aber noch nichts darüber ausgesagt, welche Direktiven die Rechtsfolgenseite, die für die „Festlegung" der Vertragsbedingungen verantwortlich sind, leiten.

645 So auch für das TKG Säcker-Kühling/Neumann, TKG, 2. Aufl. 2009, § 25 Rn. 75.

Möglicherweise können wiederum Anleihen beim TKG genommen werden, das detailliertere Vorgaben macht. Nach § 25 Abs. 5 TKG darf die Vertragsanordnung mit Bedingungen in Bezug auf die Chancengleichheit, Billigkeit und Rechtzeitigkeit verknüpft werden. Diese inhaltliche „Anforderungstrias" gilt auch für die Entgeltbedingungen[646]. Chancengleichheit bedeutet, dass der Zugangspetent in chancengleichen Wettbewerb sowohl mit dem Zugangsverpflichtetem als auch gegenüber weiteren Wettbewerbern treten kann. Billigkeit bedeutet, dass die Leistung in Bezug zu der geforderte Gegenleistung angemessen ist und Rechtzeitigkeit als Sonderfall der Billigkeit, dass Zugangsleistungen so zeitnah bereitgestellt werden, dass der Wettbewerb ermöglicht wird[647].

Entscheidende Frage ist also bei der Anforderungstrias, unter welchen Vertragsbedingungen sich funktionsfähiger Wettbewerb herausbilden würden. Damit wird deutlich, dass sich diese inhaltlichen Direktiven partiell mit den Anforderungen des Diskriminierungsverbotes decken.

dd) Verfassungsrechtliche Legitimation einer an zivilrechtlichen Grundsätzen orientierten Anordnung

Eine solche an der zivilrechtlichen Inhaltskontrolle ausgerichtete Entscheidung muss verfassungsrechtlich ausreichend legitimiert sein. Die Bundesnetzagentur hat sich als grundrechtsverpflichtete Verwaltungsbehörde bei Eingriffen in die Grundrechte der Marktteilnehmer auf ein verfassungslegitimes Ziel, ein öffentliches Interesse, zu berufen, um Eingriffe in die Privatautonomie legitimieren zu können. Fraglich ist, ob diesem Erfordernis mit einer an zivilrechtlichen Maßstäben und damit an den Zwecken privatrechtlicher Rechtnormen orientierten Anwendung der Vertragsanordnung genüge getan ist, oder ob ein zusätzliches „übergeordnetes" Regulierungsinteresse von der Bundesnetzagentur berücksichtigt werden muss.

Die Wettbewerbsförderung dürfte als legitimes öffentliches Interesse jedoch ausreichen. Es deckt sich zwar mit dem privaten Interesse der Wettbewerber, die Märkte für den Wettbewerb zu öffnen, ist aber jedenfalls gleichzeitig, wie die wettbewerbsfördernde Zweckbestimmung der netzwirtschaftlichen Gesetze zeigt, ein öffentliches Interesse.

646 Säcker-Kühling/Neumann, BerlK-TKG, § 25 Rn. 41.
647 Säcker-Kühling/Neumann, BerlK-TKG, § 25 Rn. 47 ff.

5. Gestaltungsspielräume der Unternehmen beim Netzzugang: Geltung zivilrechtlicher Zurückbehaltungsrechte (§ 273 BGB) des EIU gegenüber zugangsbegehrenden EVU im Regulierungsrechtsverhältnis

Am 15.5.2005 erließ das damals für den Netzzugang zuständige Eisenbahnbundesamt gegenüber der DBNetzAG eine Untersagungsverfügung, in der diese aufgefordert wurde, es zu unterlassen, künftig Zugangsbegehren der EVU unter Berufung auf zivilrechtliche Zurückbehaltungsrechte abzulehnen. Die DBNetzAG hatte den Netzzugang gegenüber einem EVU verweigert. Das EVU war der Auffassung, einige entgeltbestimmende SNB seien diskriminierend. Daher hätten Zahlungsansprüche tatsächlich nur in verminderter Höhe bestanden. Das EVU bestritt daher die Entgeltforderung der Höhe nach. Nach Ansicht des Eisenbahnbundesamtes verstößt die DBNetzAG gegen das Diskriminierungsverbot aus § 14 Abs. 1 S. 1 AEG. indem es sich auf das zivilrechtliche Zurückbehaltungsrechte beruft.

Die Verfügung des Eisenbahnbundesamtes war wegen § 37 AEG sofort vollziehbar, der Netzbetreiber daher wegen des Ausschlusses der aufschiebenden Wirkung von Rechtsbehelfen in §§ 80 Abs. 2 Nr. 1 VwGO, 37 AEG auf den vorläufigen Rechtsschutz verwiesen. Das VG Köln wies einen Antrag auf Herstellung der aufschiebenden Wirkung ab, die Beschwerde vor dem OVG Münster hatte dagegen Erfolg.

Das OVG NRW entschied durch Beschluss vom 16.2.2006[648], dass die Ankündigung des Netzbetreibers, auch künftig den Netzzugang unter Berufung auf zivilrechtliche Zurückbehaltungsrechte zu verweigern, soweit EVU bestrittene Entgeltforderungen nicht erfüllen, nicht gegen das Diskriminierungsverbot in § 14 Abs. 1 S. 1 AEG verstoße. Zur Begründung führt das Gericht aus, dem Netzzugang im AEG 1993 liege eine nur punktuell beschränkte Privatautonomie der Parteien zugrunde. Daher könnten allgemeine Rechtsgrundsätze des Zivilrechts zur Konkretisierung der Vertragsbeziehungen herangezogen werden. EIU könnten sich auf zivilrechtliche Zurückbehaltungsrechte als spezifischer Ausprägung von Treu und Glauben berufen[649].

Der Beschluss stößt in der Literatur auf ein geteiltes Echo[650]. Eine Bewertung der Entscheidung des OVG Münsters setzt eine Analyse der Prämissen voraus: eine Heranziehung allgemeiner Grundsätze des Privatrechts ist nur gerechtfertigt,

648 OVG Münster, Beschl. v. 16.2.2006, N+R 2006, 80.

649 OVG Münster, Beschl. v. 16.2.2006, N+R 2006, 80 (82).

650 Vgl. einerseits Ruge, N+R 2006, 84; andererseits Koenig/Neumann, VerwArch 2008, 1 (29).

wenn das Regulierungsrechtsverhältnis zwischen Netzbetreiber und Zugangspetenten dem Zivilrecht zuzuordnen ist (a), die Ausgestaltung des Regulierungsrechtsverhältnisses durch AEG und EIBV nicht abschließend geregelt ist (b) und im Regulierungsrechtsverhältnis Gestaltungsspielräume verbleiben, die subsidiär durch allgemeine Grundsätze des Zivilrechts aufgefüllt werden können (c).

a) Zivilrechtliche Natur des regulierungsrechtlichen Nutzungsvertrags

Oben wurde erörtert, dass sich die Unternehmen der Deutschen Bahn AG trotz der Tatsache, dass der Bund nach wie vor Eigentümer des Unternehmens ist, auf Grundrechte berufen können[651]. Die durchaus problematische und sehr umstrittene Frage der Grundrechtsberechtigung wird interessanterweise vom OVG nicht thematisiert. Im Ergebnis können sich beide Parteien des Regulierungsrechtsverhältnisses – Petent wie EIU – auf die jedenfalls durch Art. 2 Abs. 1 GG gewährleistete Vertragsfreiheit berufen. Da das Regulierungsrechtsverhältnis im Hinblick auf den Zugangsvertrag dem Zivilrecht zuzuordnen ist[652], ist die erste Prämisse erfüllt.

b) Abschließende Regelung des Regulierungsrechtsverhältnisses durch die EIBV (§ 5 Abs. 1 EIBV)?

Fraglich ist, ob die EIBV die vorliegende Problematik in § 5 Abs. 1 nicht abschließend regelt. Dann bestünde für eine Heranziehung subsidiärer Rechtsgrundsätze kein Raum. Denn die Heranziehung allgemeiner Grundsätze des Zivilrechts durch das OVG Münster setzt rechtsmethodisch eine – planwidrige – Regelungslücke voraus.

Dies wird in der Literatur bejaht[653]: Die Norm räumt dem EIU das Recht ein, den Zugang zur Infrastruktur zu verweigern, bis vom EVU eine Sicherheitsleistung gestellt wurde. Daher sei ein Leistungsverweigerungsrecht bereits normiert, und der Infrastrukturbetreiber vor einem Ausfall des Zugangspetenten ausreichend geschützt. Weitergehender Sicherungsmittel bedürfe er daher nicht. Dem stehe auch die Normhierarchie nicht entgegen: Verordnungsrecht könne im vor-

---

651 Vgl. 2. Teil 5. a) bb).

652 So auch Koenig/Neumann, VerwArch 2008, 1 (16).

653 Koenig/Neumann, VerwArch 2008, 1 (18 ff.; 29); dagegen ist das OVG Münster, N+R 2006, 85, der Auffassung, § 5 EIBV sei nicht abschließend, zivilrechtliche Zurückbehaltungsrechte träten neben dieses Sicherungsmittel.

liegenden Fall zum Ausschluss von Gesetzesrecht führen, weil die Reichweite des Netzzugangs gem. § 14 Abs. 1 S. 1 AEG ausdrücklich von der konkreten Ausgestaltung in der EIBV abhängig gemacht wird[654].

Über die weiteren von Koenig/Neumann[655] herausgearbeiteten Gründe, auf die hier verwiesen wird, spricht vor allem ein teleologisches Argument gegen eine Heranziehung allgemeiner zivilrechtlicher Grundsätze: Gem. § 5 Abs. 1 S. 2 EIBV müssen die Grundsätze für die Stellung der Sicherheitsleistung in den SNB oder NBS veröffentlicht werden. Dies erfolgt nicht allein aus Transparenzgründen und hat keineswegs nur deklaratorische Wirkung. Durch die Aufnahme in die SNB werden diese Grundsätze – nunmehr zunächst für die Bundesnetzagentur – justitiabel. Gem. §§ 14b Abs. 1 Nr. 4, 14d S. 1 Nr. 6 AEG kann die Behörde die Rechtmäßigkeit der Grundsätze überprüfen. § 5 Abs. 1 EIBV lässt sich also die Ratio entnehmen, dass der Verordnungsgeber die EVU nur solchen Zurückbehaltungsrechten aussetzen will, deren Grundsätze zuvor von der Bundesnetzagentur überprüft wurden. Dann muss der Bundesnetzagentur konsequenterweise das Recht eingeräumt werden, die Umgehung der Prüfungsbefugnis als Verstoß gegen das Diskriminierungsverbot in § 14 Abs. 1 S. 1 AEG zu ahnden.

Überzeugend ist es demnach, eine Regelungslücke, die für die Heranziehung allgemeiner Grundsätze des Zivilrechts Voraussetzung ist, abzulehnen.

c) Verbleibende Gestaltungsspielräume der Unternehmen im Regulierungsrechtsverhältnis/ Reichweite des Diskriminierungsverbotes

Davon unabhängig stellt sich die Frage, ob der Grundsatz von Treu und Glauben, der die gesamte Rechtsordnung durchdringt, im Sinne des OVG Münsters dahingehend fruchtbar gemacht werden kann, dass er den EIU erweiterte Rechtspositionen zur Verfügung stellt. Für das Gericht folgt dies aus der zwischen EIU und EVU geltenden Vertragsfreiheit. Das EIU könne sich auf allgemeine zivilrechtliche Grundsätze zur Lückenschließung berufen. Demgegenüber bestehe auf Seiten des EVU das kollidierende Recht auf diskriminierungsfreie Behandlung, so dass eine Abwägung zwischen beiden Rechtsgütern vorgenommen werden müsse[656]. Dabei geht das Gericht davon aus, dass die Privatautonomie die EIU zu jedweder Gestaltung berechtigt, die nicht durch EIBV oder das Diskriminierungsverbot untersagt wird.

---

654 Koenig/Neumann, VerwArch 2008, 1 (17 f. FN 102).
655 Koenig/Neumann, VerwArch 2008, 1 (17 ff.).
656 OVG Münster, Beschl. v. 16.2.2006, N+R 2006, 80 (83).

Dies ist jedoch verkürzt. Überzeugend ist zwar die Feststellung, dass die Vertragsfreiheit grundsätzlich auch in monopolistisch geprägten Märkten gilt. Denn sowohl die EIU als auch die Marktteilnehmer können sich trotz der noch ausstehenden materiellen Privatisierung auf die Grundrechte berufen[657]. Dennoch ist es verkürzt, die Vertragsfreiheit auf ein Abwehrrecht zugunsten der EIU zu reduzieren. Denn neben der abwehrrechtlichen Funktion des Grundrechts ist von den Gerichten auch die objektiv-rechtliche Funktion[658] der Privatautonomie zu beachten: Danach beinhaltet die Vertragsfreiheit auch die staatliche Verpflichtung, dass sich für einen Vertragsteil nicht Selbst- in Fremdbestimmung umkehrt[659]. Der Richter muss in Extremfällen den schwächeren Vertragspartner vor Fremdbestimmung zu schützen.

Rechtsdogmatisch beanspruchen die Grundrechte über eine die Auslegung der Generalklauseln – also gerade wieder § 242 BGB – Wirkungen im Zivilrecht. Diese vom Bundesverfassungsgericht in der Lüth-Entscheidung entwickelte und in späteren Entscheidungen hin zu einer Inhaltskontrolle von Verträgen in Bürgschaftsfällen ausgebaute Wirkung von Grundrechten[660] hat gerade in der zivilrechtlichen Literatur Kritik erfahren. Die Befugnis des Richters, Verträge inhaltlich aufgrund objektiver Grundrechtswirkungen kontrollieren zu dürfen, sollte zu Recht auf Extremfälle begrenzt bleiben. Denn ohne extreme Störungen der Vertragsparität wäre eine gerichtliche Inhaltskontrollkompetenz gerade im Wettbewerbsrecht schädlich. Ein gewisses Maß an Ungleichheit zwischen den Vertragspartner, die sich auch in der Vertragsgestaltung niederschlägt, muss im Sinne der Theorie des freien Wettbewerbs[661] nicht negativ, sondern grundsätzlich positiv als Vorhandensein von Wettbewerb gedeutet werden. Wettbewerb lebt gerade von Dynamiken, die zu zeitweiligen Ungleichheiten führen. Machtdisparitäten werden toleriert, soweit die Konkurrenten die Möglichkeit haben, den Vorsprung aufzuholen. Eine Inhaltskontrolle von Verträgen ist also im Hinblick auf den Wettbewerb grundsätzlich kontraproduktiv.

Von einer Vertragsparität beim Netzzugang im Schienenverkehr kann nicht ausgegangen werden. Die EVU für den Einstieg in die wirtschaftliche Betätigung auf einen Nutzungsvertrag mit den Infrastrukturbetreibern angewiesen. Da die

---

657 2. Teil 5. a) bb).

658 Hier wirken die Grundsätze von der mittelbaren Grundrechtsbindung und die Schutzpflichtensystematik zusammen, vgl. Maunz/Dürig-Di Fabio, GG, Art. 2 Abs. 1 Rn. 111.

659 Maunz/Dürig-Di Fabio, GG, Art. 2 Abs. 1 Rn. 107; Dreier-Dreier (Hrsg.), 2. Aufl., Art. 2 I Rn. 63; a. A. Manssen, Privatrechtsgestaltung durch Hoheitsakt, S. 195 f., der die objektive Wirkung der Vertragsfreiheit versteht als ein staatliches Erfordernis, für eine ungestörte Ausübung der Privatautonomie Vorkehrungen zu treffen.

660 BVerfGE 89, 214 (229 ff.).

661 2. Teil 3. b) bb) bbb).

Netzbetreiber ein allenfalls eingeschränktes Interesse an einer Zugangsgewährung Dritter haben, normieren GWB und AEG Kontrahierungszwänge. Sie werden flankiert durch das oben dargestellte öffentlich-rechtliche Instrumentarium der Bundesnetzagentur, das über die Vorkehrungen des allgemeinen Wettbewerbsrechts hinausgeht. Diese Gesamtschau verdeutlicht, dass auch der Gesetzgeber schon abstrakt von einem ausgeprägten Ungleichgewicht zwischen EIU und EVU ausgeht.

Nicht entschieden werden muss hier, ob im Hinblick auf die Frage, ob Zurückbehaltungsrechte subsidiär dem allgemeinen Zivilrecht entnommen werden können, die Grundsätze der Inhaltskontrolle angewendet werden können. Dagegen spricht, dass neben einem strukturellen Ungleichgewicht der Vertragspartner eine ungewöhnliche Belastung für eine Partei bestehen muss[662]. An letzterem kann man zweifeln, wenn der Netzbetreiber sich allein auf ein Zurückbehaltungsrecht beruft.

Aber die Befugnis zu einer vollständigen Inhaltskontrolle des Infrastrukturnutzungsvertrages steht an dieser Stelle nicht zur Diskussion. In Rede stehen die Voraussetzungen einer subsidiären – ergänzenden – Anwendbarkeit des allgemeinen Zivilrechts. Dazu kann die Vertragsfreiheit nicht einseitig im Sinne eines gegen den Staat gerichteten Abwehrrechts gedeutet werden. Sie beansprucht in Fällen überlegener Marktmacht auch objektive Wirkungen[663], indem sie über die Generalklauseln in das Zivilrecht hineinstrahlt und auch im Zivilrecht über das Diskriminierungsverbot hinausgehende Wirkungen entfaltet. Eine verfassungskonforme Auslegung von § 242 BGB hätte das OVG daher auch zur Prüfung der Frage veranlassen können, inwieweit sich die Herleitung eines zusätzlichen Zurückbehaltungsrecht zugunsten der EIU mit der objektiven Wirkung der Vertragsautonomie vereinbaren lässt.

Dies gilt umso mehr unter Berücksichtigung des in § 1 Abs. 1 AEG in aller Klarheit normierten Zieles, der Wettbewerbsförderung. Sie entfaltet hier eine die mittelbare Drittwirkung der Vertragsfreiheit verstärkende Wirkung. Denkbar und notwendig ist, dass die Parteien subsidiär auf Grundsätze des allgemeinen Zivilrechts zurückgreifen, soweit spezialgesetzlich keine Regelungen vorgesehen sind. Dabei ist aber immer zu berücksichtigen, inwieweit die Heranziehung die gestörte Vertragsparität weiter ins Ungleichgewicht bringt. Richtschnur zur Ermittlung dieser Frage sind das Diskriminierungsverbot und die konkrete Ausgestaltung der regulierungsrechtlichen Vorgaben.

662 Maunz/Dürig-Di Fabio, GG, Art. 2 Abs. 1 Rn. 108.

663 Maunz/Dürig-Di Fabio, GG, Art. 2 Abs. 1 Rn. 124, wobei nicht klar wird, worin der Unterschied zur in Rn. 107 ff. hergeleiteten Schutzpflicht besteht; Säcker, ZWeR 2008, 348 (357), verortet die Berechtigung zu einer Inhaltskontrolle von Verträgen – von verfassungsrechtlichen Erwägungen unabhängig – in § 138 Abs. 1 BGB.

d) Fazit

Die vom OVG Münster zugrunde gelegten Prämissen können nicht alle bejaht werden: die EIBV sieht mit § 5 EIBV ein spezielles Zurückbehaltungsrechts vor, von dem das EIU Gebrauch machen muss.

6. Zivilrechtliche Folgen eines Verstoßes gegen das Diskriminierungsverbot aus § 14 Abs. 1 S. 1 AEG

Fraglich ist, welche zivilrechtlichen Wirkungen das Diskriminierungsverbot in § 14 Abs. 1 S. 1 AEG zeitigt. Hingewiesen wurde bereits auf die die Privatautonomie der Parteien beschränkende Funktion, im Vordergrund stand aber bislang seine Bedeutung als Prüfungsmaßstab der Bundesnetzagentur. Denkbar wären vertragliche Schadensersatzansprüche aus einer (Neben-)Pflichtverletzung des Nutzungsvertrages (§ 280 Abs. 1 BGB), aber auch deliktische Ansprüche aus § 823 Abs. 2 BGB, soweit man das Diskriminierungsverbot als Verbotsnorm iSd Vorschrift einordnet. Für diese Streitigkeiten wären gem. § 13 GVG die ordentlichen Gerichte zuständig.

a) Diskriminierungsverbot als Verbotsnorm iSd § 134 BGB

Fraglich ist, ob der Infrastrukturnutzungsvertrag bei einem Verstoß gegen das Diskriminierungsverbot unmittelbar nichtig ist (§ 134 BGB) und darüber hinaus auch zivilrechtliche Sekundäransprüche wie Schadensersatz- und Unterlassungsansprüche nach sich zieht. Gestritten wird auch über die Frage, ob das Diskriminierungsverbot aus § 14 Abs. 1 Nr. 1 AEG Verbotsnorm iSd § 134 BGB ist. Folge wäre, dass gegen das Diskriminierungsverbot verstoßende Netznutzungsverträge nichtig wären.

aa) Literatur: Diskriminierungsverbot als Gebotsnorm

In der Literatur wird die Ansicht vertreten, dass das Diskriminierungsverbot keine Verbots-, sondern eine Gebotsnorm sei[664]. Sie sei allein an die EIU adressiert.

664 So BeckAEG/Komm-Gerstner, § 14 Rn. 52 ff.; Bredt, N+R 2009, 235 (241).

Hierzu wird ausgeführt, dass die Vorgaben des AEG als Erlaubnis mit Verbotsvorbehalt ausgestaltet seien. Kontrolliert werden die Normen von der Bundesnetzagentur. Hebt die Bundesnetzagentur SNB oder Entgeltgrundsätze auf (gem. §§ 14e, f AEG), so habe die entsprechende Verfügung nur ex-nunc-Wirkung und nicht die für das Zivilrecht typische Wirkung ex-tunc zur Folge[665]. Bis dahin streite für das Handeln des EIU die Vermutung der Eisenbahnrechtskonformität[666]. Weiter wird versucht, den Gebotsnormcharakter des eisenbahnrechtlichen Diskriminierungsverbotes mit einem Vergleich zwischen sektorspezifischem Recht und Kartellrecht zu begründen: In §§ 19, 20 GWB sei als Rechtsfolge normiert, dass ein Verstoß unmittelbare Wirkung entfalte. Da diese Rechtsfolge in § 14 Abs. 1 Satz 1 AEG nicht enthalten sei, spreche dies dafür, dass sie nur den Charakter einer Gebotsnorm habe[667]. Die Rechtsprechung zu dieser Frage ist uneinheitlich[668].

bb) Eigene Auffassung: Verbotsnorm

Nach der hier entwickelten Konzeption des eisenbahnrechtlichen Diskriminierungsverbotes als Norm des Gemeinrechts muss die obige Auffassung abgelehnt werden. Denn die Argumente betreffen nur den halben Anwendungsbereich der Norm. Unberücksichtigt bleibt die zivilrechtliche Dimension, die dem Diskriminierungsverbot als die Privatautonomie einschränkende Norm zukommt. Ob § 14 Abs. 1 S. 1 AEG eine Verbotsnorm iSd § 134 BGB ist, muss daher auch unter Berücksichtigung zivilrechtlicher Maßstäbe bestimmt werden. Der Verbotsnormcharakter kann jedenfalls nicht unter Hinweis auf die – zusätzlichen – öffentlich-rechtlichen Wirkungen abgesprochen werden.

Das Diskriminierungsverbot als Norm des Gemeinrechts weist hinsichtlich der Rechtsfolgen abhängig von einer öffentlich-rechtlichen oder zivilrechtlichen Einbindung Unterschiede auf. Die Rechtsfolgen zivilrechtlicher Normen sind von denen des öffentlichen Rechts typischerweise verschieden[669]. Im Zivilrecht fallen Tatbestand und Rechtsfolge häufig zusammen: Die Erfüllung des Tatbestands des § 823 Abs. 1 BGB führt etwa unmittelbar zu einer Schadensersatzverpflichtung, ein etwa auf § 134 BGB gestütztes Urteil hat nur deklaratorische Bedeutung, weil ein gegen die Norm verstoßendes Rechtsgeschäft unmittelbar nichtig ist. Im öffentlichen Recht fallen Tatbestand und Rechtsfolge dagegen – wie

665 Bredt, N+R 2009, 235 (241).
666 BeckAEG/Komm-Gerstner, § 14 Rn. 54.
667 BeckAEG/Komm-Gerstner, § 14 Rn. 52 f..
668 LG Berlin, Urteil vom 14.5.2009 – AZ 93 O 47/08 –, S. 9; dagegen LG Frankfurt a. M. Urt. v. 15.12.2004 – AZ. 3 – 08 O 72/04.
669 Mestmäcker, DB 1968, 787 (789).

in der öffentlich-rechtlichen Dimension des § 14 Abs. 1 S. 1 AEG – auseinander: Öffentlich-rechtliche Folgen hat ein Verstoß gegen das Diskriminierungsverbot erst in dem Moment, in dem die Bundesnetzagentur gem. § 14e AEG Widerspruch erhebt oder eine Anordnung iRd Ex-Post-Kontrolle erlässt. Vor dem Hintergrund dieser Differenz wird die Unterscheidung zwischen Gebots- und Verbotsnorm verständlich.

Diese Diskrepanz wurde im Wettbewerbsrecht, das wie das Regulierungsrecht von engen Verzahnungen der Teilrechtsordnungen geprägt ist, bereits in den 1960er Jahren diskutiert: Die Befugnis der Kartellbehörden, Verträge für unwirksam zu erklären, könne weitergehende zivilrechtliche Wirkungen etwa nicht per se ausschließen[670]. Auch im Wettbewerbsrecht müssen die Teilrechtsordnungen voneinander unterschieden werden. Tatbestand und Rechtsfolge fallen im öffentlichen Recht aus dem Grund auseinander, um Interessen Dritter oder die Auswirkungen einer behördlichen Verfügung auf die gesamte Marktstruktur in die Entscheidung mit einzubeziehen und dadurch die Verhältnisse auf einem ganzen Markt gestalten zu können[671]. Daher überzeugt die Auffassung, es spreche eine Vermutung für die Eisenbahnrechtskonformität[672], bis die Eisenbahnrechtswidrigkeit durch die Behörden festgestellt wurde, nicht. Zivilrechtlich kann ein Verstoß gegen Normen des AEG ex-ante Wirkungen zeitigen. Die zeitlichen Verzögerungen, die im öffentlichen Recht der Ermittlung des Sachverhaltes, insbesondere der Belange der übrigen Marktteilnehmer geschuldet sind, will nicht bestehendes missbräuchliches Verhalten temporär legalisieren. § 134 BGB kann also grundsätzlich auf Infrastrukturnutzungsverträge angewendet werden. Vor der Feststellung der Nichtigkeit eines Infrastrukturnutzungsvertrages wäre dann jedoch noch zu prüfen, ob sich aus dem Gesetz, also § 14 AEG, nicht „ein anderes ergibt“, also die Nichtigkeitsfolge gerade nicht gewollt ist. Nach der Zivilrechtsprechung könnte insbesondere in dem Fall, in dem der Verstoß gegen das Diskriminierungsverbot durch überhöhte (Netz-)Entgelte bedingt wird, eine Aufrechterhaltung des Vertrages zu dem zulässigen Preis in Betracht kommen[673].

---

670 Mestmäcker, DB 1968, 787 (790).

671 Mestmäcker, DB 1968, 787 (790).

672 BeckAEG/Komm-Gerstner, § 14 Rn. 54.

673 Palandt-Ellenberger, BGB, 68. Auflage 2009, § 134 Rn. 26 f.

b) Zivilrechtliche Sekundäransprüche: Schadensersatz/ Unterlassung

Fraglich ist, ob ein Verstoß gegen das eisenbahnrechtliche Diskriminierungsverbot zu zivilrechtlichen Sekundäransprüchen, also Schadensersatz- oder Unterlassungsansprüchen führen kann. Zwar werden im AEG anders als im Wettbewerbsrecht[674] und im TKG zivilrechtliche Folgen von Verstößen nicht ausdrücklich angeordnet. Der Gesetzgeber scheint also in diesem Rechtsregime davon auszugehen, dass ein Verstoß gegen kartell- oder sektorspezifische Normen per se keine zivilrechtlichen Wirkungen zeitigt. Eine solche zivilrechtliche Wirkung folgt aber aus der Tatsache, dass das Regulierungsrecht zum großen Teil aus zivilrechtlichen Normen besteht. Die Infrastrukturnutzungsverträge, die dem Kern des Zugangsregimes zuzuordnen sind, gehören dem Zivilrecht an. Dann müssen aber auch die Rechtsfolgen des Zivilrechts Anwendung finden.

Folgeproblematik der Anerkennung zivilrechtlicher Ansprüche besteht darin, dass die staatlichen Institutionen stärker als bislang kooperieren müssten. Problematisch wäre etwa die Konstellation, dass ein ordentliches Gericht einem Wettbewerber einen Unterlassungsanspruch zuspricht, die Bundesnetzagentur sich jedoch mangels Verstoßes gegen die Vorschriften über den Netzzugang im Eisenbahnrecht weigert, einzuschreiten.

Die in dem Fall erforderliche Abstimmung kann jedoch nicht als durchschlagendes Argument gegen parallele zivilrechtliche Ansprüche angeführt werden. Das Netzwirtschaftsrecht wird in Zukunft gerade im institutionellen Bereich wesentlich stärker als heute von gegenseitigen Abstimmungs- und Mitteilungspflichten geprägt sein[675]. Entscheidend für die Anerkennung zivilrechtlicher Sekundäransprüche dürfte die Erkenntnis sein, dass das Diskriminierungsverbot auch zivilrechtliche Vertragspflichten normiert. Dann ist es nur konsequent, bei einer Verletzung dieser Vertragspflichten und der Bejahung der weiteren zivilrechtlichen Voraussetzungen (Verschulden, Rechtswidrigkeit, Schaden) Schadensersatzansprüche zuzuerkennen. Die Erwähnung zivilrechtlicher Rechtsfolgen in TKG und GWB hat nach hier vertretener Auffassung allein deklaratorische Funktion.

674 Über § 33 GWB, vgl. Bechtold, GWB, § 19 Rn. 103.

675 Schmidt-Aßmann, VBlBW 2000, 45 (51) spricht von einem „Kontrollverbund“, der neben den behördlichen Institutionen auch die Verwaltungsgerichtsbarkeit umfasst.

7. Verknüpfungen im System der Entgeltregulierung

Ebenso wie in der Zugangsregulierung ordentliche Gerichte und Verwaltungsgerichte parallel für das Regulierungsziel der Wettbewerbsförderung eingespannt werden, existiert auch im Bereich der Entgeltregulierung eine Überlappung der gerichtlichen Zuständigkeiten. Vorrangig ist wiederum die Bundesnetzagentur mit der Aufgabe betraut, die Entgeltgrundsätze und –höhen zu überprüfen, vgl. § 14 Abs. 4, 5 AEG[676]. Für den Rechtsschutz sind insoweit die Verwaltungsgerichte zuständig.

Daneben existiert aber auch eine Netzentgeltkontrolle durch die ordentlichen (Kartell-) Gerichte. Sie stützen sich auf die §§ 315 Abs. 3, 134 BGB sowie die §§ 19, 20 GWB[677]. Wie in den Ausführungen zum regulierungsrechtlichen Rechtsschutz dargelegt[678], dass weder auf materieller noch auf prozessualer Ebene ein Vorrangverhältnis des Regulierungs- gegenüber dem Zivilrecht vorliegt. Die Gesetze sind parallel anwendbar, die Gerichte parallel zuständig[679].

a) Monopolpreis-Rechtsprechung des BGH

Der BGH greift zur Kontrolle von Netzentgelten iRd so genannten Monopolpreis-Rechtsprechung[680] auf § 315 BGB zurück. Er wendet die Norm analog an und unterwirft damit Endkundenentgeltbestimmungen von Netzbetreibern im Bereich der Daseinsvorsorge einer Inhaltskontrolle. Voraussetzung ist, dass der Kunde auf die Inanspruchnahme der Leistung angewiesen ist und der Anbieter eine Monopolstellung innehat[681]. Die Monopolpreisrechtsprechung wird vor allem im Energiesektor praktiziert[682].

---

676 „Originäre Zuständigkeit“ der BNetzA, vgl. Bredt, N+R 2009, 235.

677 Bredt, N+R 2009, 235 (236).

678 Vgl. 3. Teil 2. c) cc).

679 A. A. Bredt, N+R 2009, 235 (241) für Einwände, die über § 14f Abs. 1 und 2 AEG bereits vor Vertragsschluss hätten vorgebracht werden können.

680 Vgl. die Nachweise bei Palandt – Grüneberg, BGB, § 315 Rn. 4.

681 Wielsch, JZ 2008, 68 (69); Metzger, ZHR 172 (2008), 458 (472 ff.).

682 Zur Anwendung der Monopolpreisrechtsprechung in den einzelnen Sektoren Bredt, N+R 2009, 235 (237).

b) Kritik

Diese Rechtsprechung wird vehement kritisiert. Es wird geltend gemacht, dass der BGH die Subsidiarität des BGB gegenüber GWB und sektorspezifischen Gesetzen leugne, sich die Kompetenzen der insoweit zuständigen Regulierungsbehörden aneigne und § 315 BGB systemwidrig in ein richterliches Vertragsinhaltskontrollelement pervertiere[683].

c) Stellungnahme

Dem muss entgegengehalten werden, dass eine Subsidiarität zwischen BGB und sektorspezifischem Recht nicht besteht. Sektorspezifisches Recht beinhaltet Spezialvorschriften, die aber einen Rückgriff auf das allgemeine Zivilrecht – vor allem dann, wenn keine sondergesetzlichen Modifikationen existieren – nicht nur nicht ausschließen, sondern im Gegenteil voraussetzen. Dies gilt besonders dann, wenn der Zweck des AEG – die Wettbewerbsförderung – es erfordert[684]. Wie im vorhergehenden Kapitel ausgeführt, ist jedoch stets das bestehende Ungleichgewicht hinsichtlich der Vertragsparität zu berücksichtigen. Die Auslegung der Bestimmungen des AEG hat daher im Rahmen einer verfassungskonformen Auslegung zu berücksichtigen, dass die Privatautonomie objektive Wirkungen zeitigt.

Für die Entgeltregulierung im Eisenbahnsektor ist die Frage der Anwendbarkeit zivilrechtlicher Normen freilich problematischer, da mit §§ 14 Abs. 4, 5 AEG und der Zuständigkeit der Bundesnetzagentur ein spezialgesetzliches Verfahren vorgesehen ist. Wie mehrfach ausgeführt, zeitigen die Normen des AEG (auch Abs. 4, 5), da sie die Vertragsfreiheit der Marktteilnehmer einschränken, auch unmittelbare zivilrechtliche Wirkungen.

Das spricht für die Erwägung, dass § 14 Abs. 4, 5 AEG unmittelbar als Prüfungsmaßstab für die ordentlichen Gericht herangezogen werden könnte. Diskutiert wird in der Rechtsprechung jedenfalls die Anwendung von § 315 Abs. 3 BGB durch die ordentlichen Gerichte. Sie ist im Eisenbahnrecht umstritten[685]. Für eine parallele zivilrechtliche Prüfung der eisenbahnrechtlichen Entgeltmaßstäbe spricht einmal mehr der Gedanke wechselseitiger Auffangordnungen. Richtig ist zwar, dass es dogmatisch nicht überzeugt, ein aufwändiges Entgeltregulierungsverfahren zu installieren, dass einem – ebenso aufwändige – zivilgerichtlichen Verfahren gegenüber gestellt wird[686]. Deutlich schwerer wiegt jedoch der Ein-

683 Staudinger/Rieble (2009) BGB-Kommentar, § 315 Rn. 60.

684 So auch Bredt, N+R 2009, 235 (236) am Beispiel der AGB-Kontrolle.

685 Ablehnend Bredt, N+R 2009, 235 (237 f.).

686 Säcker, ZWeR 2008, 348 (360).

wand, dass eine wirksame eisenbahnrechtliche Entgeltregulierung durch die Bundesnetzagentur momentan nicht stattfindet. In diesem Fall zwingt die gebotene wettbewerbsfördernde Auslegung des AEG dazu, dass zivilrechtliche Instrumente die öffentlich-rechtlichen Defizite ausgleichen, zumindest solange, bis sich eine effektive Handhabe der – europarechtlich gebotenen – Entgeltregulierung herausgebildet hat. Dieser Gedanke spricht auch gegen eine Verdrängung des § 315 BGB durch das Kartellrecht. Im Kartellrecht ist eine für den Betroffenen negative Beweislastverteilung vorgesehen, die durch die Grundsätze der sekundären Darlegungs- und Beweislast nur unzureichend kompensiert werden; nach den Grundsätzen des § 315 BGB hat der Monopolist die Billigkeit der Preisgestaltung darzulegen und zu beweisen[687].

687 Metzer, ZHR 2008, 458 (472).

Fazit und Thesen

Der Dualismus der Rechtsordnung, die Unterscheidung zwischen öffentlichem Recht und Privatrecht ist weder verfassungsrechtlich noch rechtsdogmatisch zwingend vorgegeben. Die Einteilung ist eine Entscheidung des nationalen Gesetzgebers. Konzeptionell werden beide Teilordnungen in den Dienst der Steuerungsleistung der Gesamtordnung gestellt. Soweit ein Hoheitsträger handelt, ist dieser besonderen verfassungsrechtlichen Bindungen unterworfen, die im öffentlichen Recht – das dann im Regelfall anwendbar ist – schon verarbeitet sind. Durch die Existenz eines öffentlichen Rechts erübrigt sich oft ein unmittelbarer Rückgriff auf das Verfassungsrecht. Dadurch wird es dem Gebot des Vorrangs des einfachen Rechts gerecht. Die Einteilung der Rechtsordnung in Teilrechtsordnungen führt daher sowohl zu einer Erhöhung von Komplexität, aber durch die Implementierung verfassungsrechtlicher Bindungen im öffentlichen Recht auch zu einer Komplexitätsreduktion.

Das Paradigma der wechselseitigen Auffangordnungen beschreibt das Idealverhältnis der Teilrechtsordnungen zueinander. Soweit die Steuerungsleistungen einer Teilordnung nicht ausreichen, um das übergeordnete Steuerungsziel optimal zu verwirklichen, muss die andere ergänzend eingreifen.

Das Regulierungsrecht ist durch eine besonders enge Verzahnung der Teilrechtsordnungen geprägt. Daher ist der Begriff „Regulierungsverwaltungsrecht" unglücklich gewählt. Die zivilrechtliche Seite der Regulierung wird damit nicht deutlich genug herausgestellt. Das Regulierungsrecht ist vielmehr durch einen „doppelfunktionalen Charakter" geprägt, indem es als Privatrecht die Wettbewerbsorientierung der Aufgabenerfüllung durch Private und als öffentliches Recht die Gemeinwohlorientierung der Leistungserbringung schützt[688].

Die auf Anwendungs-, Auslegungs- und prozessualer Ebene befindlichen Verknüpfungen der Teilrechtsordnungen erhöhen die Relevanz der Abgrenzungsfrage zwischen den Teilordnungen. Keine der bislang erarbeiteten Theorien zur Abgrenzung zwischen privatem und öffentlichem Recht leistet eine nahtlose und überzeugende Zuordnung. Auch die häufig herangezogenen Kombinationstheorien werden durch ihre Komplexität unscharf. Die Zuordnung ist in Grenzsituation daher immer eine Frage des Einzelfalles. Hierzu sind die erarbeiteten

688 Säcker, AöR 130 (2005), 180 (220).

Abgrenzungstheorien heranzuziehen. Wenn der Rechtsweg in Frage steht, kann es dann auch sachgerecht sein, dass die Gerichte Zweckmäßigkeitserwägungen in die Entscheidung einfließen lassen.

Eine alle Grenzfragen lösende umfassende materielle Theorie zur Abgrenzung der Teilrechtsordnungen kann nicht entwickelt werden, weil eine normbezogene Unterscheidung, die an die materielle Rechtsnatur anknüpft, nicht existiert. Das eisenbahnrechtliche Diskriminierungsverbot in § 14 Abs. 1 Satz 1 AEG ist nach einer Theorie, die an die materielle Rechtnatur einer Vorschrift anknüpft, keiner Teilrechtsordnung zurechenbar. Die Vorschrift ist vielmehr in Abhängigkeit von der konkreten Konstellation eine zivilrechtliche oder eine öffentlich-rechtliche Norm.

Damit existiert ein weiteres Beispiel für die Gemeinrechtsthese, nach der bestimmte Normen nicht abstrakt-generell, sondern immer nur im konkreten Funktionszusammenhang einer Teilrechtsordnung zugeschlagen werden können[689]. Die Anerkennung eines Gemeinrechts widerspricht daher nicht dem Dualismus der Rechtsordnung. Es wird keine dritte Normkategorie neben dem öffentlichen Recht und dem Privatrecht eröffnet, sondern nur herausgestellt, dass eine allein nach materiellen Grundsätzen ermittelbare Rechtsnatur von Normen nicht existiert.

Das Diskriminierungsverbot in § 14 Abs. 1 S. 1 AEG ist dem Zivilrecht zuzuordnen, soweit die – verbleibende – Privatautonomie zwischen Netzbetreiber und Nutzungspetenten beschränkt wird. Für Streitigkeiten sind insoweit gem. § 13 GVG die ordentlichen Gerichten zuständig. Soweit die Norm den Prüfungsmaßstab für die Bundesnetzagentur enthält, ist die Norm dem öffentlichen Recht zuzuschlagen und gem. § 40 Abs. 1 VwGO der Verwaltungsrechtsweg eröffnet.

Im Eisenbahnregulierungsrecht sind der Zivil- (Kartell-) und der Verwaltungsrechtsweg parallel eröffnet. Dadurch besteht die Gefahr der Rechtsunsicherheit durch divergierende Entscheidungen. Ihr kann durch eine verstärkte Kooperation von Behörden und Gerichten vorgebeugt werden, um die Einheitlichkeit der Entscheidungen zu gewährleisten. Orientieren können sich die Gerichte am entstehenden Verwaltungsverbund, für den gegenseitige Abstimmungs- und Stellungnahmepflichten normiert sind. Die Kooperationsformen auf institutioneller Ebene werden in Zukunft im Regulierungsrecht eine bedeutend gewichtigere Rolle spielen als heute[690]. Kooperationen kompensieren rechtsstaatliche Defizite, die durch die geringe konditionale gesetzliche Programmierung der Regulierungsbehörden bedingt sind.

Alternative zivil- und verwaltungsgerichtliche Rechtsschutzmöglichkeiten sollten im Sinne der Zielsetzung des Eisenbahnregulierungsrecht, der Wettbe-

689 Manssen, Privatrechtsgestaltung durch Hoheitsakt, S. 91.

690 Dazu: Schmidt-Aßmann, VBlBW 2000, 45 (51).

werbsförderung, so lange aufrechterhalten werden, wie der Eisenbahnsektor von marktbeherrschenden Unternehmen dominiert wird. Angesichts der Mammutaufgabe, mit der die Bundesnetzagentur beauftragt wurde, kann eine Entlastung durch die ordentlichen Gerichte unter der Prämisse, dass eine gegenseitige Abstimmung der Entscheidung gewährleistet wird, nur wettbewerbsförderlich sein. Eine Vereinheitlichung des Rechtswegs sollte daher äußerst behutsam angegangen werden, unter Beachtung der jeweiligen im Hinblick auf das Regulierungsrecht zutage tretenden prozessualen Schwächen der Verwaltungsgerichtsbarkeit einerseits und der ordentlichen Gerichtsbarkeit auf der anderen Seite. Bildlich gesprochen sollte sich die Rechtsprechung verpflichtet fühlen, im Sinne einer wirksamen Regulierung prozessual für die Durchsetzung der wechselseitigen Auffangordnungen zu sorgen.

Regulierung umfasst alle Maßnahmen, die primär der Wettbewerbserzeugung und -erhaltung in monopolistisch geprägten Märkten dienen. Die definitorische weite Verwendung des Begriffs der regulierungsrechtlichen Maßnahme ist notwendig, weil Regulierung auch solche hoheitlichen Eingriffe umfasst, die nicht der konventionellen Handlungsformenlehre zuzurechnen sind. Zentral ist der Regulierungsbegriff auf die Wettbewerbsförderung ausgerichtet. Damit muss Regulierung einerseits an ökonomische Erkenntnisse anknüpfen, darf aber andererseits diese Erkenntnisse nicht unreflektiert übertragen. Diese Art der Auseinandersetzung mit dem Wettbewerb ist eine für die Rechtswissenschaften neue Aufgabe, weil anders als im allgemeinen Wettbewerbs- und Kartellrecht nunmehr eine normative – positive – Wettbewerbsdefinition erforderlich wird, die bislang nicht existiert. Das Fehlen äußert sich in einer auffälligen Orientierungslosigkeit bei der Bewertung der Regulierungsmaßnahmen.

Die Wettbewerbsfinalität des AEG hat Auswirkungen auf die Auslegung der regulierungsrechtlichen Instrumente. So sehr man handwerkliche Fehler im AEG bei der Definition wichtiger Grundbegriffe oder der Umsetzung europarechtlicher Vorgaben rügen kann, so klar und eindeutig hat der Gesetzgeber den Zweck der Eisenbahnregulierung an prominenter Stelle in § 1 Abs. 1 Satz 1 AEG verortet. Diese Zielsetzung ist bei behördlichen und gerichtlichen Gesetzesauslegung in besonderem Maße zu berücksichtigen. Sektorspezifisches Recht ist Ausnahmerecht, das eingesetzt wird, wenn das allgemeine Wettbewerbs- und Kartellrecht nicht weiter führt. Daher ist grundsätzlich einer „kartellrechtsanalogen" Auslegung von Begriffen eine Absage zu erteilen. Hätte das Kartellrecht ausgereicht, der ökonomischen Sondersituation Herr zu werden, wäre der Einsatz des Regulierungsrechtes entbehrlich gewesen. Die Wettbewerbsfinalität der Regulierungsinstrumente ist bei der – teleologischen – Auslegung des AEG als überragender Wertungsgesichtspunkt zu berücksichtigen.

Eine an diesen Direktiven orientierte Auslegung des AEG macht es erforderlich, die engen Verzahnung der Teilrechtsordnungen zu berücksichtigen. Aus zivil- oder öffentlich-rechtlicher Sicht sollte beispielsweise der jeweils zuständige Richter erkunden, inwieweit die jeweils andere Teilrechtsordnung wirkungsvolle Problemlösung bereitstellt. Hieran hat er aus teleologischer Sichtweise die Reichweite der Regulierungsinstrumente abhängig zu machen. Dazu ist der Blick über den Tellerrand der eigenen Teilrechtsordnung unabdingbar. Die Monopolpreisrechtsprechung des BGH kann in diesem Zusammenhang als Beispiel angeführt werden. Wo eine öffentlich-rechtliche Preisregulierung unzureichend existiert, sind die Instrumente der Zivilrechtsordnung in Stellung zu bringen. Zu einer solchen wettbewerbsfördernden Auslegung gehört auch, die Zugehörigkeit von Streitigkeiten zur jeweils anderen Teilrechtsordnung nicht als – u. U. willkommenes – Argument anzusehen, die eigene Prüfungsreichweite einzuschränken.

Die Heranziehung zivilrechtlicher Normen im Regulierungsrecht ist nicht allein von den jeweiligen zivilrechtlichen Voraussetzungen abhängig. Auch wenn ein solcher Rückgriff auf Normen des BGB zur Lückenschließung grundsätzlich geboten ist, sind die Besonderheiten des Regulierungsrechtes dabei zu berücksichtigen. Grundsätzlich ist bei der Frage einer analogen Anwendung zivilrechtlicher Normen zu beachten, dass das BGB im Grundsatz von einer ungestörten Privatautonomie ausgeht, das AEG das Vertragsinstrument jedoch vorrangig aus Flexibilitätserwägungen einsetzt. Vertragsinhalt und –schluss sind in hohem Maße „durchreguliert". Insoweit besteht die Gefahr, dass dieses Regime durch die unreflektierte Übertragung zivilrechtlicher Normen unterminiert wird. Aus verfassungsrechtlicher Perspektive sind etwa die objektiven Wirkungen der Privatautonomie zu berücksichtigen. Die Privatautonomie kann nicht allein als Abwehrrecht gegen staatliche Eingriffe in Stellung gebracht werden, sondern streitet in seiner objektiven Wirkung zugunsten einer möglichst effektiven Gewährleistung des Wettbewerbs und gegen Vermachtungen. Die konkrete Berufung auf zivilrechtliche Zurückbehaltungsrechte im Regulierungsrechtsverhältnis ist wegen § 5 EIBV spezialgesetzlich ausgeschlossen. Insoweit fehlt es an einer Regelungslücke.

Soweit im Eisenbahnregulierungsrecht zivilrechtliche Instrumente im Netzzugangssystem verwendet werden, geschieht dies vorrangig aus Gründen der Flexibilität. Der Rechtsanwender hat sich von der Vorvorstellung zu lösen, dass privatrechtliche Instrumente zwangsläufig Privatautonomie der handelnden Akteure voraussetzt.

Das strikte Denken in den Teilrechtsordnungen muss überwunden werden, wenn das Kernziel der Regulierung verwirklicht werden soll. Der grundlegende und vielfach diskutierte Befund der Verzahnung der Teilrechtsordnungen im Regulierungsrecht muss dazu führen, die Zuordnung zu einer Teilrechtsordnung als Argumentationstopos nicht zu überhöhen, sondern im Gegenteil seine Relevanz für die jeweilige andere Teilrechtsordnung zu erkennen und nach Möglichkeiten zu suchen, die Systemrationalität in die jeweilige andere Ebene zu überführen. Das Verwaltungsrecht ist jedenfalls offen für solche Übernahmen aus der zivilrechtlichen Ebene[691].

691 Schmidt-Aßmann, Das allgemeine Verwaltungsrecht als Ordnungsidee, S. 296.

Literaturverzeichnis

Aehringhaus, Stefan: Netzzugangsregelungen und ihre behördliche Durchsetzung, Münster 2003.

Angenendt, Nicole: Entflechtungsvorgaben in Netzwerkindustrien, N+R 2007, 134 ff.

Arndt, Helmut: Schöpferischer Wettbewerb und klassenlose Gesellschaft, in: Herdzina, Klaus (Hrsg.), Wettbewerbstheorie, Köln 1975, S. 324 ff.

Bartosch, Andreas / Jaros Krzysztof: Regulierung des Eisenbahnwesens in Deutschland: EBA vs. BKartA? WuW 2005, 15 ff.

Basedow, Jürgen: Bahnprivatisierung und Gemeinschaftsrecht, EuZW 2007, 65 ff.

–: Die Nutzung fremder Infrastrukturen im Privatrecht, ZHR 170 (2006), 178 ff.

–: Wettbewerb in Gleisnetzen in: Berger, Klaus-Peter (Hrsg.), Festschrift für Otto Sandrock zum 70. Geburtstag, Heidelberg 2000, S. 13ff.

Bockmann, Iris: Urteilsanmerkung zu BGH, Urteil vom 24. Mai 2007 – III ZR 467/04 – , MMR 2007, 586 ff.

Bredt, Stephan: Zivilgerichtliche Prüfung von Eisenbahninfrastrukturnutzungsentgelten, N+R 2009, 235 ff.

Brohm, Winfried: Strukturen der Wirtschaftsverwaltung: Organisationsformen und Gestaltungsmöglichkeiten im Wirtschaftsverwaltungsrecht, Stuttgart 1969.

Bullinger, Martin: Regulierung als modernes Instrument zur Ordnung liberalisierter Wirtschaftszweige, DVBl. 2003, 1355 ff.

–: Öffentliches Recht und Privatrecht in Geschichte und Gegenwart, in: Löwisch, Manfred (Hrsg.), Beiträge zum Handels- und Wirtschaftsrecht: Festschrift für Fritz Rittner zum 70. Geburtstag, München 1991, S. 69 ff.

–: Öffentliches Recht und Privatrecht, Stuttgart, Berlin, Köln, Mainz 1968.

–: Die funktionelle Unterscheidung von öffentlichem Recht und Privatrecht als Beitrag zur Beweglichkeit von Verwaltung und Wirtschaft in Europa in: Hoffmann-Riem, Wolfgang / Schmidt-Aßmann, Eberhard (Hrsg.): Öffentliches Recht und Privatrecht als wechselseitige Auffangordnungen, Baden-Baden 1996, S. 239 ff.

Bumke, Christian: Kapitalmarktregulierung – Eine Untersuchung über Konzeption und Dogmatik des Regulierungsverwaltungsrechts; Die Verwaltung 41 (2008), S. 227 ff.

Burgi, Martin: Übergreifende Regelung des Rechts der Regulierungsverwaltung – Realisierung der Kodifikationsidee? NJW 2006, 2439 ff.

–: Rechtsregime in: Hoffmann-Riem, Wolfgang / Schmidt-Aßmann, Eberhard / Voßkuhle, Andreas (Hrsg.), Grundlagen des Verwaltungsrechts Bd. I, München 2006, § 18.

Burmeister, Joachim: Der Begriff des „Fiskus" in der heutigen Verwaltungsrechtsdogmatik, DÖV 1975, 695 ff.

Busche, Jan: Privatautonomie und Kontrahierungszwang, Tübingen 1999.

Bydlinski, Franz: Der Sinn der Unterscheidung von Privatrecht und Öffentlichem recht, AcP 194 (1994), 319 ff.

Calliess, Christian: Öffentliches und privates Nachbarrecht als wechselseitige Auffangordnungen DV 2001, 168 ff.

von Danwitz, Thomas: Was ist eigentlich Regulierung? DÖV 2004, 977 ff.

Delbanco, Heike: Die Bahnstrukturreform – Europäische Vorgaben und deren Umsetzung in nationales Recht.

–: Der Zugang zum Netz der Eisenbahnen des Bundes, in: Blümel, Willi / Kühlwetter, Hans-Jürgen (Hrsg.), Aktuelle Probleme des Eisenbahnrechts IV, S. 179 (193 ff.).

Ehlers, Dirk: Verwaltung in Privatrechtsform, Berlin 1984.

Ende, Lothar / Kaiser, Jan: Wie weit ist die Liberalisierung der Schiene? WuW 2004, 26 ff.

Engel, Christoph: Verhandelter Netzzugang, Baden-Baden 2002.

Ernert, Alexander / Staebe, Erik: „Instandhaltungsbedarf" der Eigenbahnregulierung: zwei Jahre Eisenbahninfrastruktur-Benutzungsverordnung (EIBV), N+R 2007, 153 ff.

Ernert, Alexander / Lerche, Christoph: Die Reichweite des eisenbahnrechtlichen Zugangsanspruchs zu Instandhaltungseinrichtungen – ein sektorspezifischer Anwendungsfall der Doktrin von wesentlichen Einrichtungen; N+R 2009, 166 ff.

Ernert, Alexander: Zugangs- und Entgeltregulierung in der Eisenbahnwirtschaft, Berlin 2007.

Fehling, Michael: Regulierung als Staatsaufgabe im Gewährleistungsstaat Deutschland – Zu den Konturen eines Regulierungsverwaltungsrechts – in: Hill (Hrsg.): Die Zukunft des öffentlichen Sektors, Baden-Baden 2006, S. 105.

–: Zur Bahnreform – Eine Zwischenbilanz im Spiegel erfolgreicherer „Schwesterreformen" DÖV 2002, 793 ff.

–: Mitbenutzungsrechte Dritter bei Schienenwegen, Energieversorgungs- und Telekommunikationsleitungen vor dem Hintergrund staatlicher Infrastrukturverantwortung, in: AöR 121 (1996), 59 ff.
–: Öffentlicher Verkeh,r in: Fehling, Michael / Ruffert, Matthias (Hrsg.), Regulierungsrecht, Tübingen 2010, § 10.
Förster, Susanne: Regulierungsbehördliche Betretungs- und Einsichtnahmerechte gegenüber öffentlichen Eisenbahninfrastrukturunternehmen, N+R 2009, 102 ff.
Frenzel, Eike: Die Änderungen des Eisenbahnrechts nach der AEG – Novelle 2005 – Zugleich Anschauungsunterricht zur Gesetzgebungspraxis des Bundes, NZV 2006, 57 ff.
Frotscher, Werner / Kramer, Urs: Sechs Jahre nach der Bahnreform – Das Allgemeine Eisenbahngesetz auf dem Prüfstand, NVwZ 2001, 24 ff.
Gaupp, Dirk: Der Netzzugang im Eisenbahnwesen, Hamburg 2004.
Geppert, Martin / Helmes, Patrick: BGH: Neuerdings unzuständig für das Zivilrecht, MMR 2007, 564 ff.
Gersdorf, Hubertus: Marktöffnung im Eisenbahnsektor, ZHR 168 (2004), 576 ff.
–: Entgeltregulierung im Eisenbahnsektor, Berlin 2007.
Grimm, Dieter: Die Trennung von öffentlichem und privatem Recht, in: Dilcher, Horn, Sozialwissenschaften im Studium des Rechts, Bd. IV 1978, S. 57.
Grün, Anselm, Privatbahnen im Wettbewerb – aktuelle Streitfälle, in: Kühlwetter, Hans-Jürgen / Brauner, Roman J. (Hrsg.), Die Eisenbahnen im Recht 2005, Luzern 2005.
Grün, Anselm / Ostendorf, Patrick: Kapazitätszuweisungen und Lösung von Nutzungskonflikten beim Zugang zum deutschen Schienennetz nach dem neuen Eisenbahnrecht, N+R 2006, 59 ff.
Hase, Friedhelm: Das Verwaltungsrechtsverhältnis – Überlegungen zu einem Grundbegriff des Öffentlichen Rechts, Die Verwaltung 2005, 453 ff.
Haucap, Justus / Kruse, Jörn: Ex-Ante-Regulierung oder Ex-Post Aufsicht für netzgebundene Industrien? WuW 2004, 266 ff.
Haus, Florian: Zugangsverweigerung und Bestimmtheitsgrundsatz, NVwZ 2002, 432 ff.
–: Zugang zu Netzen und Infrastruktureinrichtungen, Köln Berlin, Bonn, München 2002.
Heinig, Hans Michael: Der Sozialstaat im Dienst der Freiheit, Zur Formel vom „sozialen“ Staat in Art. 20 Abs. 1 GG, Tübingen 2008.
Heinrichs, Horst-Peter / Hentschel, Kristin / Mäßen, Christian: Die Rechtsprechung zum „Sondertrassenzuschlag“ – hilfreiche Fingerzeige für die künftige Regulierungspraxis; N+R 2008, 27 ff.

Heise, Michael, Das Verhältnis von Regulierungsrecht und Kartellrecht im Bereich der Netzwirtschaften, Berlin 2008.

Hentschel, Regulatorische Entscheidungen aus den Verfahren in 2006/2007 in: Aktuelle Probleme des Eisenbahnrechts XIII, S. 153 ff.

Hermes, Georg: Staatliche Infrastrukturverantwortung: Rechtliche Grundstrukturen netzgebundener Transport- und Übertragungssysteme zwischen Daseinsvorsorge und Wettbewerbsregulierung am Beispiel der leitungsgebundenen Energieversorgung in Europa, Tübingen 1998.

–: Gemeinschaftsrecht, „neutrale“ Entscheidungsträger und Demokratieprinzip, in: Gaitanides, Charlotte / Kadelbach, Stefan / Rodriguez Iglesias, Gil Carlos (Hrsg.), Europa und seine Verfassung: Festschrift für Manfred Zuleeg zum siebzigsten Geburtstag, Baden-Baden 2005, S. 410 ff.

–: Die Regulierung der Energiewirtschaft zwischen öffentlichem und privatem Recht – Zugleich ein Beitrag zum Kontrahierungszwang, ZHR 166 (2002), 433 ff.

Hoffmann-Riem, Wolfgang: Öffentliches Recht und Privatrecht als wechselseitige Auffangordnungen – Systematisierungen und Entwicklungsperspektiven, in: Hoffmann-Riem, Wolfgang / Schmidt-Aßmann, Eberhard (Hrsg.): Öffentliches Recht und Privatrecht als wechselseitige Auffangordnungen, Baden-Baden 1996, S. 261 ff.

–: Rechtsformen, Handlungsformen, Bewirkungsformen in: Hoffmann-Riem, Wolfgang / Schmidt-Aßmann, Eberhard (Hrsg.): Grundlagen des Verwaltungsrechts, Band II, München 2008, § 33.

–: Reform des allgemeinen Verwaltungsrechts – Vorüberlegungen, DBVl. 1994, 1381 ff.

Höppner, Thomas: Die Regulierung der Netzstruktur, Berlin 2009.

–: Netzveränderungen im Zugangskonzept – Verpflichtung zur Anpassung der Infrastruktur im Rahmen des Essential-Facilities-Konzepts unter Berücksichtigung US-amerikanischer Erfahrungen, Baden-Baden 2009.

Horstmann, Karl – Peter: Netzzugang in der Energiewirtschaft; Köln, Berlin, Bonn, München 2001.

Hufen, Friedhelm: Verwaltungsprozessrecht, 7. Auflage, München 2008.

Hünnekens, Georg: Rechsfragen der wirtschaftlichen Infrastruktur, Köln 1995.

Jestaedt, Bernhard: Die wettbewerbliche einstweilige Verfügung, in: Ahrens, Hans-Jürgen (Hrsg.), Der Wettbewerbsprozess – Ein Praxishandbuch, 6. völlig neu bearbeitete und erweiterte Auflage, Köln 2009.

Jochimsen, Reimut: Theorie der Infrastruktur: Grundlagen der marktwirtschaftlichen Entwicklung, Tübingen 1966.

Kantzenbach, Erhard: Die Funktionsfähigkeit des Wettbewerbs, 2. Auflage, Göttingen 1967.

Kling, Michael / Thomas, Stefan: Kartellrecht, München, 1. Auflage 2007.
Knauff, Matthias: Regulierungsverwaltungsrechtlicher Rechtsschutz, VerwArch 98 (2007), 382 ff.
Koenig, Christian / Neumann, Anne / Schellberg, Margret: Neue Spielregeln für den Zugang zur Eisenbahninfrastruktur als Voraussetzung für chancengleichen Wettbewerb auf der Schiene, WuW 2006, 139 ff.
Koenig, Christian / Kühling, Jürgen / Winkler, Kay: Pflichten zur Veränderung von Netzinfrastrukturen – Eine Analyse der telekommunikations- und energierechtlichen Netzzugangsrecht, WuW 2003, 228 ff.
Koenig, Christian / Neumann, Andreas: Ausübung von Leistungsverweigerungsrechten durch regulierten Netzbetreiber – Das Beispiel des eisenbahnrechtlichen Schienenzugangsanspruchs – VerwArchiv 99 (2008), 1 ff.
Koenig, Christian / Rasbach, Winfried: Trilogie komplementärer Regulierungsinstrumente: Netzzugang, Unbundling, Sofortvollzug, DÖV 2004, 733 ff.
Koenig, Christian / Schellberg, Margret / Schreiber, Kristina: Unbundling-Regulierung im Eisenbahnsektor, Wirtschaft und Wettbewerb, WuW 2007, 981 ff.
Kramer, Urs: Liberalisierung und Diskriminierung bei monopolträchtiger Infrastruktur oder umkehr zum „Leitungsstaat“? N+R 2004, 134 ff.
–: Die aktuelle Entwicklung des deutschen Eisenbahnrechts – Auf dem Weg zu einem perfekt regulierten Markt? NVwZ 2006, 26 ff.
–: Das Recht der Eisenbahninfrastruktur, Stuttgart, München, Hannover, Berlin, Weimar, Dresden 2002.
Kube, Hanno: Öffentliche Aufgaben in Privater Hand – Sachverantwortung und Finanzierungslast, DV 2008, 1 ff.
Kühling, Jürgen / Ernert, Alexander: Das neue Eisenbahnwirtschaftsrecht – Hochgeschwindigkeitstrasse für den Wettbewerb? NVwZ 2006, 33 ff.
Kühling, Jürgen: Sektorspezifische Regulierung in den Netzwirtschaften – Typologie, Wirtschaftsverwaltungsrecht, Wirtschaftsverfassungsrecht, München 2004.
–: Die Zukunft der Eisenbahnentgeltregulierung zwischen Vertragsverletzungsverfahren und Reformoption; N+R 2009, 36 ff.
Ladeur, Karl-Heinz / Möllers, Christoph: Der Europäische Regulierungsverbund der Telekommunikation im deutschen Verwaltungsrecht, DVBl. 2005, 525 ff.
Lang, Markus: Die Grundrechtsberechtigung der Nachfolgeunternehmen im Eisenbahn-, Post- und Telekommunikationswesen; NJW 2004, 3601 ff.
Lange, Markus: Die Kartellrechtspraxis des Bundeskartellamtes im ÖPNV, ZWeR 2007, 445 ff.
Lau, Ulrich: Die Rechtsprechung des OVG Münster zum Eisenbahnregulierungsrecht, N+R 2009, 43 ff.

Leisner, Walter: Unterscheidung zwischen privatem und öffentlichem Recht, JZ 2006, 869 ff.
Ludwigs, Markus: Die Rolle der Kartellbehörden im Recht der Regulierungsverwaltung, WuW 2008, 534 ff.
Manssen, Gerrit: Privatrechtsgestaltung durch Hoheitsakt, Tübingen 1994.
Masing, Johannes: Soll das Recht der Regulierungsverwaltung übergreifend geregelt werden, NJW 2006, Beilage zu Heft 22, 18 ff.
–: Die US – amerikanische Tradition der „regulated industries" und die Herausbildung eine europäischen Regulierungsverwaltungsrecht, AöR 128 (2003), S. 558 ff.
–: Grundstrukturen eines Regulierungsverwaltungsrechts – Regulierung netzbezogener Märkte am Beispiel Bahn, Post, Telekommunikation und Strom; DV 2003, 1 ff.
Maurer, Hartmut: Allgemeines Verwaltungsrecht, 17. Auflage, München 2009.
Menger, Christian-Friedrich: Zum Stand der Meinungen über die Unterscheidung von öffentlichem und privatem Recht in: ders. (Hrsg.) Festschrift für Hans J. Wolff zum 75. Geburtstag, München 1973, 149 ff.
Mestmäcker, Ernst – Joachim: Schnittstellen von Wettbewerb und Regulierung im europäischen Recht, in: Gaitanides, Charlotte / Kadelbach, Stefan / Rodriguez Iglesias, Gil Carlos (Hrsg.), Festschrift für Manfred Zuleeg zum siebzigsten Geburtstag, Baden-Baden 2005, S. 397 ff.
Mestmäcker, Ernst-Joachim: Das Verhältnis des Rechts der Wettbewerbsbeschränkungen zum Privatrecht, DB 1968, 787 ff., 835 ff.
Metzger, Axel: Energiepreise auf dem Prüfstand: Zur Entgeltkontrolle nach Energie- Kartell- und Vertragsrecht, ZHR 172 (2008), 458 ff.
Möllers, Christoph / Pflug, Ludger: Verfassungsrechtliche Rahmenbedingungen des Schutzes kritischer IT-Infrastrukturen, in: Kloepfer, Michael (Hrsg.), Schutz kritischer Infrastrukturen, Baden-Baden 2010, S. 47 ff.
Neumann, Andreas: Das Eisenbahnrecht in den Jahren 2008/2009, N+R 2009, 176 ff.
Nipperdey, Hans Carl: Kontrahierungszwang und diktierter Vertrag, Frankfurt am Main 1920.
Örtel, Astrid: Die Oligopolproblematik in Wettbewerbstheorie und europäischer Fusionskontrollpraxis, Frankfurt am Main 2005.
Pestallozza, Christian: Privatverwaltungsrecht: Verwaltungsrecht unter Privaten, JZ 1975, 50 ff.
Picot, Arnold: Theorien der Regulierung und ihre Bedeutung für den Regulierungsprozess in: ders. (Hrsg.), 10 Jahre wettbewerbsorientierte Regulierung von Netzindustrien in Deutschland, Bestandsaufnahme und Perspektiven der Regulierung, München 2008, S. 9 ff.

Poppen, Mathias: Der Wettbewerb der öffentlichen Hand, Grundlagen und Grenzen unter besonderer Berücksichtigung des § 4 Nr. 11 UWG, Hamburg 2007.

Radbruch, Gustav: Rechtsphilosophie, 1932, Nachdruck, Heidelberg 1999.

Raiser, Ludwig: Die Zukunft des Privatrechts, in: ders. (Hrsg.), Die Aufgabe des Privatrechts: Aufsätze zum Privat- und Wirtschaftsrecht aus drei Jahrzenten, Kronberg 1977, S. 208 ff.

Röhl, Hans Christian: Soll das Recht der Regulierungsverwaltung übergreifend geregelt werden? JZ 2006, 831 ff.

Ronellenfitsch, Michael: Daseinsvorsorge und Wirtschaftlichkeit des Eisenbahnwesens, DVBl 2008, 201 ff.

–: Die Eisenbahnsicherheit im Bundesstaat, in: ders. / Schweinsberg, Ralf (Hrsg.), Aktuelle Probleme des Eisenbahnrechts XI, 2006, S. 30 ff.

Ruffert, Matthias: Regulierung im System des Verwaltungsrechts – Grundstrukturen des Privatisierungsfolgenrechts der Post und Telekommunikation –, AöR 124 (1999), 237 ff.

Ruge, Reinhard: Kontinuität und Wandel im eisenbahnrechtlichen Netzzugang: Das 3. Gesetz zur Änderung eisenbahnrechtlicher Vorschriften, DVBl. 2005, 1405 ff.

–: Diskriminierungsfreier Netzzugang im liberalisierten Eisenbahnmarkt in Deutschland, AöR 131 (2006), 1 ff.

–: Entscheidungsanmerkung zum Beschluss des VG Köln vom 20.6.2005, N + R 2005, 170 ff.

Rüthers, Bernd, Rechtstheorie, 2. Auflage, München 2005.

Säcker, Franz Jürgen: das Regulierungsrecht im Spannungsfeld von öffentlichem und privatem Recht, AöR 130 (2005), 180 ff.

–: Die privatrechtliche Dimension des Wettbewerbsrechts – Zur systematischen Harmonisierung von Vertrags- und Wettbewerbsrecht, ZWeR 2008, 348 ff.

–: Die wettbewerbsorientierte Anreizregulierung von Netzwirtschaften, N+R 2009, 78 ff.

–: Freiheit durch Wettbewerb. Wettbewerb durch Regulierung. Die Reform des deutschen Energierechts im Lichte der Erfahrungen des US-amerikanischen Energierechts, Diskussionsbeiträge zum Energie- und Telekommunikationsrecht Nr. 1, ZNER 2004, 98 ff.

Schmidt, Thomas: Die Entwicklung der Eisenbahnregulierung seit 2005; NVwZ 2008, 526 ff.

Schmitt, Thomas / Staebe, Erik: Instrumente der Marktverhaltensregulierung im Eisenbahnrecht, VerwArch 100 (2009), 228 ff.

Schmidt-Aßmann, Eberhard / Röhl, Hans Christian: Grundpositionen des neuen Eisenbahnverfassungsrechts (Art. 87e GG), DÖV 1994, 577 ff.

–: Öffentliches Recht und Privatrecht: Ihre Funktionen als wechselseitige Auffangordnungen, Einleitende Problemskizzen, in: Hoffmann-Riem, Wolfgang / Schmidt-Aßmann, Eberhard (Hrsg.): Öffentliches Recht und Privatrecht als wechselseitige Auffangordnungen, Baden-Baden 1996, S 7 ff.
–: Das allgemeine Verwaltungsrecht als Ordnungsidee, 2. Auflage, Heidelberg 2006.
–: Aufgaben und Funktionswandel der Verwaltungsgerichtsbarkeit vor dem Hintergrund der Verwaltungsrechtsentwicklung, VBlBW 2000, 45 ff.
–: Verwaltungsverfahren und Verwaltungskultur, NVwZ 2007, 40 ff.
–: Regulierte Selbstregulierung als Element verwaltungsrechtlicher Systembildung, DV 2001, Beiheft 4, 253 ff.
–: Planung unter dem Grundgesetz, DÖV 1974, 541 ff.
Schoch, Friedrich: Privatisierung von Verwaltungsaufgaben, DVBl. 1994, 962 ff.
Schorkopf, Frank: Regulierung nach den Grundsätzen des Rechtsstaates – Zielvorstellungen guter Ordnung im neueren Verwaltungsrecht, JZ 2008, 20 ff.
Serong, Sven: Die regulatorische Kontrolle der Benutzungsbedingungen für die Eisenbahninfrastruktur; N+R 2009, 108 ff.
von Simson, Werner: Das demokratische Prinzip des Grundgesetzes, in: VVDStRL 29 (1971): Die Erfüllung von Verwaltungsaufgaben durch Private, S. 1 ff.
Smith, Adam: An Inquiry into the Nature and Causes of the Wealth of Nations, Vol. II, 1776.
Sonntag, Christian: IT-Sicherheit kritischer Infrastrukturen, München 2005.
Staebe, Erik: Grundfragen der Trassenpreisregulierung nach der dritten AEG – Novelle, WuW 2006, 492 ff.
Steinmann, Anne / Kirchhartz, Jan / Danz, Daniela: Grundlagen von Minderung und Anreizsystem bei Schienenwegen; N+R 2009, 114 ff.
Steinmann, Anne / Kirchhartz, Jan / Kaufmann, Christina: Entgeltgrundsätze und Entgeltgestaltung; N+R 2009, 182 ff.
Stelkens, Ulrich: Verwaltungsprivatrecht- Zur Privatrechtsbindung der Verwaltung, deren Reichweite und Konsequenzen, Berlin 2005.
Stolleis, Michael: Öffentliches Recht und Privatrecht im Prozess der Entstehung des modernen Staates in: in: Hoffmann-Riem, Wolfgang / Schmidt-Aßmann, Eberhard (Hrsg.): Öffentliches Recht und Privatrecht als wechselseitige Auffangordnungen, Baden-Baden 1996, S. 41 ff.
Thoma, Anselm Christian, Regulierte Selbstregulierung im Ordnungsverwaltungsrecht, Berlin 2008.
Topel, Julia: Das Verhältnis zwischen Regulierungsrecht und allgemeinem Wettbewerbsrecht nach dem europäischen Rechtsrahmen in der Telekommunikation und dem TKG, ZWeR 2006, 27 ff.

Trute, Hans-Heinrich / Broemel, Roland: Die Regulierung des Zugangs in den Netzwirtschaften, ZHR 170 (2006), 706.
Trute, Hans-Heinrich: Die Verwaltung und das Verwaltungsrecht zwischen gesellschaftlicher Selbstregulierung und staatlicher Steuerung, DVBl. 1996, 950 ff.
–: Das Telekommunikationsrecht in: Schmidt-Aßmann, Eberhard / Sellner, Dieter / Hirsch, Günter / Kemper, Gerd-Heinrich / Lehmann-Grube, Hinrich (Hrsg), Festgabe 50 Jahre Bundesverwaltungsgericht, Köln, Berlin, Bonn, München 2003, S. 857 ff.
–: Wechselseitige Verzahnungen zwischen Privatrecht und öffentlichem Recht in: Hoffmann-Riem, Wolfgang / Schmidt-Aßmann, Eberhard (Hrsg.): Öffentliches Recht und Privatrecht als wechselseitige Auffangordnungen, Baden-Baden 1996, S. 167 ff.
Voßkuhle, Andreas: Beteiligung Privater an der Wahrnehmung öffentlicher Aufgaben und staatliche Verantwortung; VVDStRL 62 (2003), S. 266 ff.
Weizsäcker, Carl Christian von: Energiewirtschaft und Wettbewerb, in: Energiewirtschaftliches Institut an der Universität Köln (Hrsg.), Energiepolitik für den Wirtschaftsstandort Deutschland, München 1995, S. 9 ff.
Wielsch, Dan: Die Kontrolle von Energiepreisen zwischen BGB und GWB, JZ 2008, 68 ff.
Wißmann, Hinnerk: Richterliche Kontrolldichte im Öffentlichen Wirtschaftsrecht – Zur Harmonisierung von Regulierungs- und Kartellrechtsordnung, Festschrift Rainer Schmidt, 2006, S. 627 ff.
Wolff, Hans: Der Unterschied zwischen öffentlichem und privatem Recht, AöR 76 (1950), 205 ff.
Zellhofer, Georg: Der Wettbewerb auf den Europäischen Schienenverkehrsmärkten, Wien, Graz 2003.
Zimmerlich, Antje / Müller, Ulf: Entgeltberechnung bei Infrastrukturzugang (§ 19 IV Nr. 4 GWB), N+R 2006, 46 ff.

FSC
www.fsc.org
MIX
Papier | Fördert
gute Waldnutzung
FSC® C083411

Kolibri 360 GmbH
Ferdinand-Jühlke-Straße 7
99095 Erfurt, Deutschland
produktsicherheit@kolibri360.de